Jason Liesendahl

Gott kann auch nicht alles.
Einführung in die Prozesstheologie

Jason Liesendahl

GOTT KANN AUCH NICHT ALLES

Einführung in die Prozesstheologie

ruach.jetzt

Autor: Jason Liesendahl
Umschlaggestaltung, Satz: Grafikbüro Sonnhüter
Bildnachweise Umschlag: Kwangmoozaa, Flas100,
Evgenia Vasileva (shutterstock)
Lektorat: Lisa Felbinger & Marco Michalzik

Verlag: ruach.jetzt GmbH, Arnoldistraße 26, 54295 Trier, kontakt@ruach.jetzt
ISBN: 978-3-949617-41-6

Druck: BALTO print, Utenos g. 41B, 08217 Vilnius (Litauen)

Die Deutsche Nationalbibliothek verzeichnet diese Publikation
in der Deutschen Nationalbibliografie; detaillierte bibliografische Daten
sind im Internet über https://dnb.dnb.de abrufbar.

INHALTSVERZEICHNIS

VOR WOR T

VORWORT

von Mira Ungewitter

Gott kann auch nicht alles. Trotz meiner Vorliebe für provokante Titel, ist dies zugegebenermaßen ein Satz, der mich und meine Glaubensprägung – oder sagen wir Plural: Glaubensprägungen – erstmal zusammenzucken lässt. Eine Art theologisches Stoppschild am Ende einer Straße. Ich halte an einer imaginären inneren Linie an, um mich zu vergewissern, sicher weiterfahren zu können. Um dann abzubiegen auf den spannenden Weg der Prozesstheologie. Denn genau das ist mir bei der Lektüre von Jasons Buch passiert. Ich habe mich auf die Einladung, ihn auf seiner Reise durch die Prozesstheologie lesend zu begleiten, eingelassen. Natürlich war mir der Begriff Prozesstheologie als Theologin geläufig. Ich hatte eine grobe Vorstellung, wohin die Reise gehen könnte. Ähnlich wie Bilder von einem fernen Land, das man demnächst zu bereisen gedenkt. Nicht völlig unbekannt, aber auch das Gegenteil von ortskundig.

Was dann folgte, hat mich selbst überrascht. Das Gelesene hat mich so aufgewühlt, dass ich nachts nicht schlafen konnte. Schlaflosigkeit mag auf den ersten Blick kein erstrebenswerter Zustand sein, zeigt aber, dass sich in mir etwas bewegte. Ich möchte sogar so weit gehen zu glauben, dass Gott in mir etwas bewegte. Einer dieser Momente, in denen Gedanken, Beobachtungen und Erfahrungen, die schon länger in mir zirkulieren, von anderen Menschen in Worte gekleidet werden und nun einen neuen Sinn entfalten. Dies bezieht sich auf die Momente in meinem Leben, die mir im Positiven wie im Negativen den Atem rauben. Augenblicke voller Schönheit und Staunen. Gefolgt von Momenten größter Trauer. Auf den Tag am Meer folgt eine Nacht an einem Sterbebett. In all diesen Widersprüchen fühle ich das große Geheimnis: Gott. Dies ist nur ein Ausschnitt aus meinem Leben, ganz zu schweigen davon, wie schwer es fallen kann, Gott und den Zustand dieser Welt verstehen zu wollen. Vielleicht ist das letztendlich unmöglich, aber wäre zumindest ein bisschen davon nicht schön? Die Theologie ringt seit jeher darum, immer wieder Worte, Ansätze für die unglaubliche Komplexität dieser Welt, dieses Universums und der Vorstellung Gottes darin zu finden. Berührt hat mich dabei, dass die Denkansätze der Prozesstheologie, die im Buch beschrieben werden, die Spannungen aushalten, aber eine Art Einklang finden, neu über Gott nachzudenken.

Ohne dem Inhalt vorzugreifen, ringt das Buch unter anderem mit der Frage nach der Allmacht – auf Latein: der Omnipotenz – Gottes und dem Zustand der Welt. Wenn ich das Wort Omnipotenz höre, muss ich an ein Fernsehinterview mit der im Buch ebenfalls zitierten evangelischen Theologin Dorothee Sölle denken. Die sinngemäß auf die Frage nach der Omnipotenz Gottes leicht süffisant mit der Gegenfrage antwortete, welcher Teil der Menschheit denn dieses Bedürfnis nach Omnipotenz am stärksten verkörpere? Und zack: Schon schaut das Patriarchat um die Ecke. Auch ich glaube, dass unsere Theologie häufig mehr über uns verrät als über Gott – mein theologisches Denken eingeschlossen. Daher ist es keine große Überraschung, dass mir die Prozesstheologie auch auf Anhieb sympathisch war, weil sie nahe an der Feministischen Theologie gebaut ist, beziehungsweise mit ihr eine Wegstrecke teilt.

Das heißt nicht automatisch, dass ich alles sofort unterschreiben würde, aber die Tendenz der Hörigkeit, auch meines eigenen Glaubens, an dieser Stelle zu verlassen und einen neuen Raum der Möglichkeiten zu beschreiten, hat meine Neugier geweckt. Darüber hinaus bin ich der festen Überzeugung, dass ein starker Glaube, wie auch immer man stark hier definieren möchte, sich nicht durch die Abwesenheit von Zweifeln, auch an der Allmacht, auszeichnet. Sondern in dem, was ich meinem Glauben an neuen Gedanken zu-Mute.

Meine Empfehlung: Auf den Prozess einlassen.

Mira Ungewitter

VORWEG

VORWEG

»Glaubst du eigentlich, dass Gott allmächtig ist?« Diese Frage stellte mir ein guter Freund bei einem Kaffee zuhause auf meinem Sofa. Im Freundeskreis war es bereits seit langer Zeit normal, dass wir Glaubensthemen sehr grundsätzlich und offen diskutierten. Aber diese Frage von Eun-San hatte noch einmal eine andere Qualität. Zwar hatten wir unterschiedliche Prägungen, aber einen gewissen Einschlag einer evangelikalen Frömmigkeit und Ähnlichkeiten in theologischen Grundannahmen teilten wir. Wir engagierten uns in der Düsseldorfer MOSAIK-Gemeinde[1] und hatten uns über die Jahre bereits intensiv über verschiedene Fragen ausgetauscht: Was denken wir über die Bibel? Wie stehen wir zu Homosexualität? Wird der Großteil der Menschheit einmal in der Hölle enden? Die Frage nach Gottes Allmacht hat mich daher nicht weiter überrascht. Allerdings war es eine Frage, die mich bislang nicht beschäftigt hatte. Ich antwortete also, dass die Allmacht ja Teil des apostolischen Glaubensbekenntnisses sei und ich mir diese Frage daher noch nie gestellt hatte. In dem Moment, als ich diese Worte sagte, wurde mir jedoch bewusst, dass mir diese Argumentation nicht ausreichte. Nur weil eine theologische Sichtweise in einem Bekenntnis festgehalten wurde, war damit nicht alles zu dem Thema gesagt. Also fragte ich zurück, wie er auf die Frage gekommen sei. Mein Freund antwortete kurz, er habe diesen Podcast von Tripp Fuller gefunden, in dem es unter anderem um die Prozesstheologie gehe. Das sagte mir gar nichts und wir wechselten das Thema. Fürs Erste. Denn über den besagten Podcast »Homebrewed Christianity« lernte ich die Grundideen dieser theologischen Denkrichtung kennen und merkte schnell, dass diese Gedanken das Potential haben, meinen Glauben auf neue Füße zu stellen. Das kam mir sehr gelegen, da mich bereits seit Jahren einige Unstimmigkeiten begleiteten, für die ich kein Handwerkszeug finden konnte. Immer mal wieder hatte ich Predigten über die Frage nach dem Leid gehört oder Bücher zu dieser Frage gelesen. Mich verstörte es, dass einerseits oft davon gesprochen wurde, dass die göttliche Weisheit der menschlichen unendlich überlegen sei und man daher damit leben müsse, keine Antworten zur Frage nach dem Leid geben zu können. Der „göttliche Plan" sei einfach viel zu kompliziert. Dann wurden aber andererseits Erklärungen geliefert, die in Form von teils spektakulären Geschichten den göttlichen Plan verständlich machen sollten. Nicht selten fühlte sich das schlimm an. Die Antwortversuche, die mir begegnet sind, klärten für mich letztlich nichts, sie lösten großes Unbehagen aus. Ein weiteres loses Ende meines theologischen Strickpullis waren feministische Anliegen. Die Idee, dass vor Gott alle Menschen gleich sind, mündet für mich nachvollziehbar in der politischen und gesellschaftlichen Forderung der Gleichberechtigung. Allerdings ist dies keine Idee, die in der Bibel durchgängig zu finden ist. Immer wieder lässt sich in der Bibel die Vorstellung einer Ordnung finden, in der Männer, Frauen, Kinder und Sklaven hierarchisch und mit ungleichen Rechten eingegliedert werden. Hätte Gott da nicht von vornherein für Klarheit sorgen und erklären können, wie eine gerechte Gesellschaft funktioniert? Und wie ist das überhaupt mit Gottes Wirken in der Welt, was tut Gott hier? Wie kann man dieses

Wirken erkennen und was in der Welt als Gottes Handeln deuten? Die vielleicht wesentlichste und tiefgreifendste Frage ist für mich jedoch die nach dem Gebet gewesen. Ist Gebet nicht überspitzt gesagt eine arrogante, vielleicht sogar despektierliche Gottesanrede? Wenn Gottes Plan doch vollkommen ist, warum Gott dann noch sagen, was im göttlichen Plan unbedingt noch berücksichtigt werden soll? Ist Gebet nicht eine Haltung, es besser als Gott zu wissen? Was genau soll denn Gebet bezwecken, wenn Gott ohnehin bereits alles weiß? Diese Auswahl an Fragestellungen hatte mich also längere Zeit begleitet und vieles davon ließ sich für mich nicht zufriedenstellend lösen. Schlimmer noch: Ich hatte das Gefühl, dass mein Glaube von gewissen Vorgaben bestimmt war, die einem kreativen Weiterkommen in derartigen Fragen den Spielraum nahmen. An dieser Stelle wurde die Beschäftigung mit der Prozesstheologie für mich interessant. Sie eröffnete mir eine kreative Auseinandersetzung mit theologischen und sehr alltagsnahen Fragen, indem sie eine sehr weitreichende und für mich neue Denkvoraussetzung setzte: *Gott kann auch nicht alles.*

Ich habe eine Reise hinter mir. Was ich in diesem Buch vorhabe, ist, eine Zwischenstation meiner eigenen Entwicklung festzuhalten. Meine Reflexion der eigenen christlichen Prägung hat mich in Kontakt mit einem überschaubaren Kreis von Theolog:innen gebracht, die sich mit der Prozesstheologie befassen. Insbesondere ist hier Tom Oord zu nennen, der im Frühjahr 2019 für verschiedene Seminare im deutschsprachigen Raum unterwegs war und im Zuge dessen auch in Düsseldorf war, wo ich ihn kennenlernen durfte. Aber auch gemeinsame Podcastaufnahmen mit Julia Enxing und Manuel Schmid sind für mich Meilensteine, die mich begleiten. Für mich ist die Prozesstheologie mehr als ein Trend oder eine einfache Modeerscheinung in der Theologie. Aus meiner Sicht ist hier ein vielversprechender Ansatz anzutreffen, der es Menschen wie mir ermöglichen kann, heute noch gläubig zu sein. Gut möglich, dass die Prozesstheologie noch weite Verbreitung finden wird, auch wenn sie bislang selbst in akademischen Zirkeln kaum wahrgenommen wird. Das vorliegende Buch soll dazu einen Beitrag leisten.

An dieser Stelle möchte ich für einen ersten Überblick einige der wichtigsten Vertreter:innen vorstellen. In den USA gibt es das Zentrum für Prozessstudien (Center for Process Studies) in Claremont. Hier arbeiten einige der wichtigsten Theolog:innen der Prozesstheologie: John Cobb, Phillip Clayton, Monica Coleman, u. v. m. Darüber hinaus sind eine Reihe weiterer Autor:innen zu nennen: Catherine Keller und Marjorie Hewitt Suchocki, David Griffin und der verstorbene Charles Hartshorne. Dann sei der eigentliche Influencer der Prozesstheologie, Tripp Fuller, erwähnt, der in seinem »Homebrewed Christianity Podcast« viele bekannte Theolog:innen unterschiedlicher Richtungen interviewt und dabei auch die Prozesstheologie vorantreibt.

Zu erwähnen wäre darüber hinaus noch, dass insbesondere in den 90er Jahren in der evangelikalen Bewegung unter dem Begriff *Offener Theismus* Diskussionen geführt wurden, in denen der Prozesstheologie nahe Gedanken thematisiert wurden. Jedoch haben diese Gedanken keinen nennenswerten Eingang in die evangelikale Glaubenswelt erhalten. Der Offene Theismus teilt viele Grundannahmen mit der Prozesstheologie, auch wenn es wichtige Unterschiede gibt. Ein Unterschied ist z.B. der, dass die Prozesstheologie eher philosophisch argumentiert und der Offene Theismus mehr an biblischer Argumentation interessiert ist. Manche haben nun den Begriff der *Relationalen Theologie* als eine Art Überbegriff gewählt. Der bereits erwähnte Theologe Tom Oord ist hier zu nennen.

Die Themen, die in der Prozesstheologie behandelt werden, haben mich gepackt und zu spannenden Gedankengänge und Diskussionen angeregt. Ganz unverhohlen sage ich daher, dass es meine Mission ist, die Prozesstheologie unter deutschen Interessierten ins Gespräch zu bringen. Ich glaube nicht, dass die Prozesstheologie Antwort für jede Frage ist oder die Rettung für alle, die sich gerade in einem theologischen Wandlungsprozess befinden. Für manche mag das zutreffen, was mich freuen würde. Ich denke jedoch, dass die Beschäftigung mit der Prozesstheologie helfen dürfte, bereichern wird und an so mancher Stelle Themen auf die Agenda bringen kann, die sonst oft nicht beachtet werden. Mein Anspruch ist, dass ich die Kernideen der Prozesstheologie in einer Weise verarbeite, die es geneigten Leser:innen ermöglicht, in den Kaninchenbau hineinzustolpern. Mögen die Leser:innen gelockt werden und schlussendlich ebenfalls begeisterte Anhänger des kleinen Prozesstheologie-Häufchens werden – das wäre die maximale Ausbeute. Aber wenn das Lesen halbwegs unterhaltsam ist, wäre ich auch mehr als glücklich.

Noch eine Sache, bevor es wirklich losgeht. Ein wichtiges Anliegen der Prozesstheologie ist es, eine patriarchale Sichtweise auf Gott zu hinterfragen und ihr etwas entgegenzusetzen. Das Anliegen teilt die Prozesstheologie mit der feministischen Theologie. Oft benutze ich daher geschlechtsneutrale Formulierungen. Jedoch macht mich ein Gedanke von John Cobb[2] nachdenklich, der anmerkte, dass eine neutrale Anrede Gottes auf Dauer distanziert und unpersönlich wirkt. Er spricht lieber von Gott als einem Er, als unpersönlich von Gott zu reden. Das überzeugt mich. Da Gott in der Mehrheit der theologischen Literatur als ein Er beschrieben wird, habe ich mich jedoch entschlossen, konsequent die weibliche Form zu verwenden.

GOT TES PRO BLE M

Kapitel 1

KAPITEL 1: GOTTESPROBLEM

Diesen Moment werde ich wahrscheinlich nie vergessen: Während einer Englisch-Nachhilfestunde kam meine Mutter aufgeregt ins Zimmer und sagte mir, dass ein Flugzeug ins World Trade Center geflogen sei. Das war am 11. September 2001. Den Rest des Tages verbrachte ich tief geschockt vor dem Fernseher und sog alle Informationen in mich auf, die von sichtbar betroffenen Moderator:innen vermittelt wurden. Schnell war klar: Diese Ereignisse waren von historischer Bedeutung. Die Welt würde nun in gewisser Weise eine andere sein. Diese furchtbaren Ereignisse und deren Bilder haben sich wie nur sehr wenige andere in mein Gedächtnis gebrannt. Die verzweifelten Menschen, die aus den Fenstern der oberen Stockwerke winkten, um sich bemerkbar zu machen, nur um festzustellen, dass keine Hilfe kommen würde. Schließlich sahen einige von ihnen keinen anderen Ausweg, als aus dem Fenster zu springen. Der Qualm und die Hitze des Feuers ließen ihnen keine Wahl. Als dann die beiden Türme in sich zusammenbrachen, war das Ausmaß dieses Anschlags unbeschreiblich.

Selten hat es Situationen gegeben, in denen Millionen Menschen vor den Fernsehgeräten live dabei zusahen, wie sehr viele andere Menschen ums Leben gekommen sind. Man hat zugesehen und war gleichzeitig hilflos, ohnmächtig, schockiert, erstarrt. Das alles hat etwas mit uns gemacht. Ereignisse wie diese gehen nicht spurlos an uns vorbei. Sie werfen eine Menge Fragen auf: Wie kommen Menschen dazu, solche perfiden Pläne zu schmieden? Woher kommt dieser unbändige Hass? Was machen jetzt all die Menschen, die Angehörige verloren haben? Wie fühlt es sich für Piloten an, wieder in ein Cockpit zu steigen? Und wie ist das eigentlich für Muslime, die seitdem ständig unter Generalverdacht stehen?

Was mich überrascht hat, war der Umgang einiger Medien mit dem Thema. Beispielsweise titelte die BILD am Tag nach dem Anschlag: »Großer Gott, steh uns bei«. Da war keine Anklage an Gott, keine Frage nach dem Warum und auch keine Schuldzuweisung zu lesen, sondern quasi ein Bekenntnis der Größe Gottes. Ein Gebet. Ein Hilferuf. Eine Bitte um Beistand. Hier hat die Bildzeitung gute Worte gefunden, was angesichts dieser Tragödie gar nicht leicht gewesen sein dürfte. Angesichts des Leides finden wir oft kaum Worte, die passend sind.

Die Anschläge des 11. September waren für mich sehr einschneidend. Zum einen war es für mich der Beginn von politischer Auseinandersetzung. Zum anderen gewann für mich die Frage nach Gottes Rolle im Leid an Bedeutung. In den Folgemonaten saß ich in einer christlichen Veranstaltung und hörte einen Vortrag, der die aktuelle Situation aufgriff. In diesem Vortrag wurden per Beamer zwei Bilder nebeneinander an die Wand geworfen. Das eine Bild war ein bekanntes Gemälde des mittelalterlichen Künstlers Pieter Bruegel, das den Turmbau zu Babel darstellte. Daneben war ein Foto mit Trümmern des World Trade Centers zu sehen. Das Erstaunliche war, dass sich die Bilder optisch sehr ähnlich waren. Die Botschaft war klar: Der Hochmut der Menschen aus der Geschichte vom Turmbau zu Babel wurde mit Gottes Gericht beantwortet. Das Attentat in New York ist folglich auch von Gott zugelassen worden, um vor dem Endgericht zu warnen. Nur so ließen sich die Menschen aufrütteln und für die rettende Botschaft des Evangeliums öffnen. Dieser Ansatz war für mich damals neu, jedoch ist es wahrscheinlich nicht überraschend, dass dieser Ansatz mich nicht lange getragen hat. Vielmehr entstanden eine Menge neuer Fragen: Leid als Gottes Megafon, das eine taube Menschheit mit Gottes Rettungsangebot erreichen soll – was für zynischer Glaube ist das? Welche düstere Gottesvorstellung liegt hier zugrunde? Und wie abgestumpft müssen Menschen sein, die in so einer Botschaft Hoffnung finden? Manchmal ist die Theologie der BILD wohl näher an der Wahrheit als die von so mancher Predigt.

THEODIZEE: GOTT UND DAS LEID

Während des Geschichtsstudiums beschäftigte ich mich näher mit dem Nationalsozialismus und der Shoa. Dies verschärfte die Frage nach dem Leid für mich und forderte mich in einer tieferen Weise zum Nachdenken und Nachforschen heraus. Waren die Terroranschläge auf das World-Trade-Center für mich Auslöser einer Suche nach theologisch Tragfähigem, so wurde die Beschäftigung mit der Shoa die ultimative Belastungsprobe für alle theologischen Ansätze, die eine Tragfähigkeit beanspruchen. Nach dem Studium wurde dies für mich sehr konkret. Der als »Hitlerjunge Salomon« bekannte Jude

Sally Perel überlebte die Shoa, da er seine jüdische Identität verbergen und sogar Mitglied der Hitlerjugend sein konnte. Vor einigen Jahren besuchte er die Schule, an der ich unterrichtete. Nach seiner Lesung meinte er, dass er keine Antwort auf die Frage kenne, warum Gott die Shoa zugelassen habe. Aber wenn jemand eine Antwort wüsste, dann könne man ihm gerne schreiben. Welcher theologischer Ansatz zur Begegnung der Leidfrage vermag also angesichts der Shoa zu bestehen?

Natürlich ist der Holocaust ein besonderes Beispiel und im alltäglichen Leben erleiden Menschen andere Dinge. Manches Leid lässt sich gut erklären und wir sehen einen Sinn darin. Manches Leid wird bewusst in Kauf genommen, es ist der Preis für etwas Wertvolles. Manchmal ist das Leben wie ein Muskel. Erst durch die Belastung kann etwas Gesundes heranwachsen. Es gibt Hürden, die wir nehmen müssen. Lernen, Wachstum und Fortschritt kosten uns etwas. Aber dann gibt es Krebs, Unfälle, Naturkatastrophen, Fehlgeburten, Vergewaltigung, Hungersnöte und eine Unzahl von Geschichten, bei denen wir alle wissen, dass die Welt so nicht sein sollte. Und es gab die Shoa, die in der Einzigartigkeit noch einmal heraussticht. Theolog:innen sprechen vom „originär Bösem", um diese Art von Leid zu fassen. Daraum soll es jetzt gehen. Hier entscheidet sich für viele, ob der christliche Glaube überhaupt nachvollziehbar ist. Was wir als Christ:innen hierzu zu sagen haben, ist bedeutungsvoll. Für mich kann der christliche Glaube seine Relevanz nur entfalten, wenn er angesichts des originär Bösen in der Welt sprachfähig ist. Und das ist eine sehr schwierige Aufgabe.

Es gibt theologische Erklärungsversuche für die Shoa, die man jedoch entschieden zurückweisen muss. Die Shoa war keine göttliche Strafe für Ungehorsam oder Unglauben. Es war auch nicht die Schuld der Jüdinnen und Juden, die den Nazis unterlegen gewesen wären. Letztlich verbieten sich aus meiner Sicht Erklärungen auf einer grundsätzlichen Ebene. Für die Shoa kann es keine Erklärung geben, die Gottes fehlenden Schutz für die Juden akzeptabel machen würde. Wer solch eine Erklärung dennoch versucht, dürfte sich den Vorwurf der Judenfeindlichkeit gefallen lassen müssen. Nichts könnte hier als theologische Rechtfertigung gelten, Gott kommt aus dieser Nummer nicht heraus. Es ist auch nicht so, dass uns bloß die Phantasie fehlt, um so eine Erklärung zu finden. Eine Erklärung ist uns nicht bloß unbekannt, es darf eine solche Erklärung nicht geben. Sie würde das Leid des jüdischen Volkes verspotten. Damit ist aber längst nicht alles gesagt. Vielmehr kann diese Erkenntnis ein Startpunkt für eine theologische Reise sein.

Nach dem zweiten Weltkrieg haben sich verschiedene Theolog:innen mit der Frage beschäftigt, wie man nach Auschwitz überhaupt noch von Gott reden könne. Der Völkermord an den Juden und Jüdinnen ist für die Theologie eine besondere Herausforderung. Hier wurde die Frage nach dem Warum zu einer lauten Anklage an Gott: Was ist das für ein Gott, der die Shoa tatenlos geschehen lässt? Insbesondere in der jüdischen Theologie wurde diese Frage durchdacht: Wie konnte es sein, dass die Juden als Volk Gottes einem Völkermord ausgesetzt wurden? Hatte Gott nicht versprochen, sich um sein Volk zu kümmern? Wie könnte man angesichts der Shoa noch von Gottes Treue sprechen?

Der jüdische Philosoph Hans Jonas hat dieses theologische Problem in einem berühmt gewordenen Vortrag mit der Überschrift »Der Gottesbegriff nach Auschwitz. Eine jüdische Stimme« besonders eindrücklich in Worte gefasst.[3] Er sprach davon, dass für den jüdischen Glauben der Holocaust schwerer zu begreifen sei, als für den christlichen. Für das Judentum sei diese Welt ausschlaggebend, während im Christentum die Hoffnung auf den Himmel mehr Gewicht habe. Wenn es aber auf dieses Leben ankomme und hier Gottes Erlösung, Gerechtigkeit und Schöpfungshandeln zu erwarten seien, dann stehe für den jüdischen Glauben alles auf dem Spiel, da nach Auschwitz Gott selbst in Frage gestellt werden müsse. Denn Gott könne nach Auschwitz nicht mehr als »Herr der Geschichte« angesehen werden.

Hans Jonas hat nun gezeigt, dass der Kern des Problems aus drei Aussagen besteht, die Glaubende über Gott bekennen wollen. Zum einen wollen wir Gott als absolut mächtig, dann als absolut gütig und als verstehbar glauben. Mich erinnert dies an das Dillemma mit Handwerker:innen. Von denen möchten wir auch, dass sie schnell, günstig und sorgfältig sind. Man wird in der Regel aber immer nur zwei dieser Eigenschaften antreffen. Sorgfältige Handwerker:innen sind meist nicht günstig und zusätzlich schnell. Schnelle Handwerker:innen sind entweder nicht sorgfältig oder nicht günstig. Man bekommt immer nur zwei der drei Eigenschaften. Im Bezug auf Gott scheint es ähnlich zu sein. Wir glauben, dass Gott gütig ist und daher Dinge wie der Holocaust nicht in seinem Sinn sind. Gott möchte das Beste für seine Schöpfung. Und wir glauben, dass Gott fähig ist, so etwas wie den Holocaust zu verhindern, weil Gott die Dinge in der

Hand hat. Die Verstehbarkeit Gottes ist nicht ganz so selbsterklärend, aber dafür umso wichtiger. Es geht hier um die Frage, ob wir etwas von Gott erkennen können. Es geht nicht darum, Gott völlig begreifen zu können, es geht darum, überhaupt etwas von Gott begreifen zu können. Es geht darum, sagen zu können, dass Gott sich mitteilt und wir überhaupt fähig sind, etwas von Gott wahrzunehmen. Beispielsweise glauben wir, dass Gott sich durch die Bibel mitteilt. Im Fachjargon nennt man das »Offenbarung«. Bei der Verstehbarkeit Gottes geht es also darum, dass es zu einer Beziehung und zu Kommunikation zwischen Gott und Mensch kommen kann. Laut Jonas ist es aber nicht möglich, alle drei Eigenschaften Gottes angesichts des Leides gleichermaßen für wahr zu halten. Eine Eigenschaft muss immer dran glauben, wird uminterpretiert oder ganz fallen gelassen. Manchmal wird die Güte Gottes bis zur Unkenntlichkeit angepasst, beispielsweise wenn Tragödien als eine Strafe Gottes verstanden werden, oder wenn Leid als krasser Warnschuss verstanden wird, um noch größeres Leid in der jenseitigen Hölle zu verhindern.

Neben der Frage, ob Gott sich nicht weniger zerstörerische Wege hätte ausdenken können, mit denen sie auf sich aufmerksam macht, gibt es noch andere verstörende Untertöne. Man wird den Eindruck nicht los, dass diese Art des Glaubens davon ausgeht, dass wir Menschen Gott triggern können. Es scheint, dass unsere Abgründe Gott dazu bringen können, uns nicht mehr zu lieben, sondern sich in bedrohlicher Weise gegen uns zu stellen. Wenn das Leid im Hier und Jetzt nur ein Schatten dessen wäre, was Menschen in der Ewigkeit blüht, dann muss dieser strafende Gott eine unvorstellbar dunkle Seite haben. Kann man sich eine Höllenqual vorstellen, für die der Holocaust »nur« ein Warnschild gewesen ist? Will man die strafende Gottheit als Erklärung heranziehen, dann muss diese unendlich dunkler sein, als die menschliche Bosheit. Das lässt sich mit Gottes Güte nicht zusammenbringen.

Andere Erklärungsversuche haben ihre Schwierigkeiten mit der Verstehbarkeit Gottes. Hier spielt der strafende Gott oft keine Rolle. Das Leid der Welt wird als Paradox gesehen. Auf der einen Seite wird an der Liebe Gottes festgehalten. Gott möchte nicht, dass Menschen durch Krankheit, Krieg, Gewalt oder Naturkatastrophen leiden. Gott möchte das Wohlergehen der Menschen fördern. Und es wird an Gottes absoluten Fähigkeiten festgehalten. Man betont, dass Gott die Kontrolle hat und ihm nichts aus der Hand gleitet. Gott gilt als König der Welt, als Herr der Geschichte. Man verkündet, dass die Welt einem perfekten Plan Gottes folgt. Allerdings ist es ein göttlicher Plan, dem man vertrauen muss. Verstehen kann man diesen Plan daher nicht immer, da Gottes Wege höher sind als unsere Wege. Unser Verstand ist begrenzt und von der Sünde gezeichnet, Gottes Weisheit ist unendlich. Damit ist der Plan Gottes oft nur unkenntlich in einem Nebel versteckt. Es wird also eine Leerstelle aufgemacht, die der Glaube nicht füllen kann. Dieses Paradox lässt man bewusst so stehen. Man spielt die Mysteriums-Karte aus: Warum hat Gott dieses oder jenes zugelassen? Wir wissen es nicht. Was wir aber wissen ist, dass Gott gute Absichten verfolgt und weiß, was er tut. Oft wird hier Römer 8, 28 angeführt, wo davon gesprochen wird, dass alle Dinge zum Besten dienen würden, jedenfalls für die Menschen, die Gott lieben. Die Glaubenden können mit dieser Variante oft leben. Sie finden Trost darin, dass Gott die Kontrolle hat und erleben Kräftigung darin, dass Gott sich den Leidenden zuwendet. Es mag sein, dass in leidvollen Situationen, in denen man das Gefühl von Ohnmacht und Kontrollverlust empfindet, der Glaube an Gottes Kontrolle nahe liegt. Es erscheint besser, zu glauben, dass Gott die Kontrolle hat, als anzunehmen, dass niemand die Kontrolle hat. Man sagt, dass Gottes Hand hart ist, aber es ist wenigstens Gottes Hand.

Dennoch ist es ein Paradox, das einen Preis abverlangt. Glaubt man an einen Sinn hinter dem Leid, den man nur nicht verstehen kann, dann trennt man die eigene Lebenserfahrung vom eigenen Glauben. Auf der einen Seite spürt man die Sinnlosigkeit und Leere. Auf der anderen Seite soll hinter dem Leid aber ein guter Plan stecken? Eine Lektion? Im 12. Kapitel des Hebräerbriefs wird genau dieses Motiv bedient (Hebräer 12,5 ff). Der Autor geht davon aus, dass den Menschen die Sünde aberzogen werden muss. Der Kampf gegen die Sünde wird hier mit verschiedenen Bildern beschrieben, beispielsweise mit der strengen Erziehung Gottes. Gott würde zwar seine Söhne schlagen, aber der Schmerz würde eine Frucht in Form von Frieden und Gerechtigkeit nach sich ziehen. Solche Texte können unheimlich belastend sein. Sie werfen die Frage auf, was der erlebte Schmerz im Leben bewirken sollte.

Jerry Sittser hat in seinem Buch »Wenn Gott dein Gebet nicht erhört« sehr eindrücklich über seine eigenen Erfahrungen mit scheinbar sinnlosem Leid geschrieben.[4] Nach der morgendlichen Familienandacht, in der er für seine Familie um Schutz gebeten hatte, wurden seine Frau und Kinder bei einem Unfall aus dem Leben gerissen. Nach Jahren des Ringens, Trauerns und der Wut kam er für sich zu dem Schluss, dass Gottes Absichten darin bestanden, ihn zu einem besseren Vater zu machen, sodass er lernte, sich besser um sein verbliebenes Kind zu kümmern. An dieser Stelle wird deutlich, dass das Suchen nach Erziehungszielen hinter dem Leid problematisch ist. Hätte Gott in seiner Wahl der Methoden nicht besser vorgehen können? Kann man nur durch den Tod von drei Menschen lernen, ein besserer Vater zu werden? Hätte es da nicht deutlich humanere Wege geben können? Ich halte den Text aus dem Hebräerbrief für einen der schwächsten der Bibel und würde davon abraten, das Motiv der Erziehung als Interpretationsmuster zu verwenden, um Schicksalsschläge im Leben von Menschen zu deuten. Natürlich könnte man darauf bestehen, dass Gottes Ziele dem Menschen unbekannt sind. Da müsste man jedoch spitz formulieren: Wenn das von Gott zugefügte Leid im Leben der Menschen einen Lernprozess erzielen soll, sie dann aber nicht sagt, was genau durch diese Lektion gelernt werden soll – warum dann das alles?

Wenn Leid Gottes Weg wäre, den Menschen zu bessern oder zu einem guten Ziel zu führen, dann wird das Leid zu einem Werkzeug für ein gutes Ziel. Man sagt, der Zweck heilige die Mittel. Entsprechend könnte man formulieren: Der göttliche Zweck heiligt das Leid. Das Leid wird zu etwas Notwendigem. Es entspringt dem göttlichen Plan. Oft wird dann angeführt, dass dieser Plan jedoch unbekannt sei. Für mich ist dies jedoch vor allem ein rhetorischer Kunstgriff, ein Joker, den man ziehen kann, wenn es schwierig wird. Der Theologe Tom Oord spricht hier kritisch von der »Geheimnis-Karte«[5], die ausgespielt werde. Biblisch argumentiert man, dass Gottes Wege mit den Menschen höher seien als unsere (Jesaja 55,9) und belässt Gottes Plan damit im Unbekannten.

Aber inwiefern ist der vermutete Plan Gottes wirklich unbekannt? Die Geheimnis-Karte verschleiert nicht Gottes Absichten oder Hintergedanken. Diese Denkweise geht davon aus, dass mit dem Leid ein gutes Ziel verfolgt wird. Das ist völlig offenkundig, so wie die von Ärzten zugefügten Verletzungen während einer Operation einem höheren Ziel folgen. Man mag nicht verstehen, was genau der Arzt macht, aber man kann das höhere Ziel verstehen. Leid ist in dieser Vorstellung insofern geheiligt, als dass es als notwendig verstanden wird. Die zugefügte Not ist dringend erforderlich und es gibt keine bessere Alternative zu dieser Not. Das wiederum führt zu der Frage, was einen gütigen Gott nötigt, zu derartigen Mitteln greifen zu müssen, wie wir es in unserer Welt erleben? Leid als notwendig zu sehen, verschiebt das Problem einfach nur um eine Ebene und führt zu neuen Fragen. Man kann daher sagen, dass nicht der unbekannte Plan Gottes der eigentliche Zug dieser Argumentationsweise ist. In Wirklichkeit wird hier nicht Gottes Plan in ein Geheimnis gehüllt, sondern etwas Anderes wird hinter dem Begriff des Geheimnisses versteckt: In der Gleichung wird die Verstehbarkeit Gottes weitestgehend beibehalten, dafür aber die Existenz des Bösen geleugnet. Das Böse ist dann nicht mehr wirklich böse, es ist in Gottes Plan eingewoben und dadurch gut, geheiligt und zweckmäßig. Das Leid ist in dieser Argumentation gewollt, notwendig, von Gott genehmigt, geduldet und Teil seines Plans. Dieser Gedanke ist bei Papst Alexander, der im 16. Jahrhundert lebte, in einem längeren Gedicht mit dem Titel »An Essay on Man« zusammengefasst.[6] Ein »Alle Dinge dienen denen, die Gott lieben, zum Guten« wird bei ihm zu einem »Alle Dinge sind gut«. Denn eine Wahrheit sei klar, dass nämlich, was auch immer ist, richtig sei. Für mich hält diese Art der Theologie dem Belastungstest der Shoa nicht stand. Unter die Shoa kann man keinen Stempel mit der Aufschrift »richtig« setzen. Das ist für mich gänzlich unmöglich.

Ich kann verstehen, wenn immer wieder Menschen sagen, dass sie Gottes Rolle im Leid nicht nur nicht verstehen, sondern hierüber den Glauben verlieren. An dieser Stelle ist eine Unterscheidung sehr wichtig. Es ist die eine Sache, nach erfahrenem Leid weiter zu gehen und nach vorne zu schauen, und eine völlig andere, das erfahrene Leid mit Sinn und Zweck aufzuladen. Will man eine persönliche Krise aufarbeiten, dann ist neben der Frage, wie man mit der Trauer und Schmerz umgeht, der Blick nach vorne ein entscheidender Punkt. Wir brauchen eine Perspektive und wollen trotz der Tragödien des Lebens weitergehen. Also kann Teil dieses Prozess die Frage sein, welche guten Dinge aus dem Leid entstehen können. Diese Frage ist aber nach vorne gerichtet, nicht nach hinten. Sie ist nicht dafür gedacht, das hinten Liegende zu beschönigen, als notwendig zu erklären oder zu rechtfertigen. Man beginnt damit anzuerkennen, dass Leid absurd sein kann. Es ist Teil der Lebenswirklichkeit, man kann es nicht immer vermeiden oder rückgängig machen. Man muss damit leben. Aber es ist nutzlos. Es ist zu nichts gut. Es ist nicht gerechtfertigt oder notwendig. Es gibt keinen dahinter liegenden Plan. Und dann macht man sich auf den Weg, um das eigene Leben weiterzuleben. Man richtet den Blick also auf das Gute, das nach dem Leid kommen kann. Aber nicht wegen des Leides, sondern trotz des Leides.

Für diesen Blick nach vorne braucht es jedoch keinesfalls eine Absage an Gottes Verstehbarkeit. Für den christlichen Glauben ist es sehr entscheidend, dass man von der Verstehbarkeit Gottes reden kann. Gott teilt sich mit und schafft es, sich bemerkbar zu machen. Wenn es keine Kommunikation zwischen Gott und Schöpfung gäbe, dann verlöre der Glaube die Kraft, das Böse beim Namen zu nennen. Und wenn alles zum Plan Gottes gehört, wie kann man dann noch von Sünde reden? Das Böse darf sich nicht hinter einem geheimnisvollen Plan Gottes verstecken können. Das wissen wir auch. Eigentlich. Wir wissen, dass ein göttlicher Plan, der sich das absurde Leid in der Welt zunutze macht, ein schrecklicher Plan ist. Man muss eine Menge Kraft aufbringen, um diese Erkenntnis beiseite zu schieben. Das Problem dabei ist nicht nur, dass wir den Plan Gottes nicht verstehen – sondern dass wir Gott nicht mehr verstehen. Das bedeutet, dass wir nicht mehr wissen, was wir damit meinen, wenn wir von Gottes Liebe reden. Dieses Problem ist nicht neu. Der christliche Glaube ringt von Anfang an damit. Denn im Zentrum des christlichen Glaubens steht eine leidvolle Erfahrung, die wir sehr eng mit Gottes Liebe verbinden.

DIE ABSURDITÄT DES KREUZES

Das Besondere am christlichen Glauben ist, dass hier eine Geschichte erzählt wird. Das Christentum ist keine Philosophie mit Aussagen, die man für wahr oder falsch halten kann. Es geht vor allem um das Leben von Jesus von Nazareth. In den Berichten der Evangelien wird Jesus aus unterschiedlichen Blickwinkeln beschrieben und ein faszinierendes Bild eines Mannes gezeichnet, der die Welt sehr stark geprägt hat. Was Jesus gesagt und getan hat, ist für viele Menschen zum Vorbild geworden. Sein Einsatz für die Menschen am gesellschaftlichen Rand, seine Lebensweisheiten und seine spirituellen Lehren sind bereits genug Anlass, dass man sich mit Jesus eingehender beschäftigen sollte. Für den christlichen Glauben ist aber vor allem das Lebensende von Jesus bedeutsam geworden.

Jesus starb keinen gewöhnlichen Tod, sondern wurde durch die Römer hingerichtet. Dieser Tod war kein heldenhafter Tod: Jesus starb als verurteilter Terrorist nach Folter und öffentlicher Demütigung einen abscheulichen Tod. Und dennoch haben die Autoren des Neuen Testaments diesem Tod eine besondere Bedeutung gegeben. Im zweiten Teil der Bibel bekommt man ein Gespür dafür, wie schwer es den ersten Christ:innen gefallen sein muss, den Tod Jesu theologisch einzuordnen. Das wird beispielsweise in einer Begebenheit kurz nach Jesu Tod deutlich, als sich zwei seiner Nachfolger auf den Weg von Jerusalem in die Nachbarstadt Emmaus machten. Jesus war gestorben und keiner wollte dieser Realität ins Auge sehen. Es schien das Ende der Jesus-Bewegung zu sein. Doch dann kam das Gerücht auf, dass er auferstanden sei. Er hat die Kreuzigung nicht überlebt, das war allen klar. Aber jetzt soll er von den Toten zurück ins Leben gekommen sein. So ein Gerücht gibt Gesprächsstoff. Unterwegs auf der Straße gesellt sich ein Fremder zu den beiden Reisenden und er steigt in das Gespräch ein. Scheinbar hat er von den Ereignissen um die Hinrichtung Jesu nichts mitbekommen. Als einer der Reisenden erklärte, dass er keine Ahnung habe, wie er die Ereignisse der letzten Tage einordnen solle, setzt der Fremde zu einer Erklärung in Form einer rhetorischen Frage an: Habe der Messias nicht sterben *müssen*? (Lukas 24,25 ff)

Gute Frage. Musste es eigentlich so kommen? Hatte Gott seine Hände im Spiel? War das von vornherein so gedacht? Oder war abzusehen, dass, wer sich mit den Mächtigen anlegt, am Ende am Kreuz landet? Der Fremde ist der auferstandene Jesus. Der Leser weiß es, die beiden Reisenden noch nicht. Und nun kommt eine bemerkenswerte Wendung. Die beiden Reisenden bekommen eine Bibelstunde. Jesus erklärt ihnen alles, was die jüdische Bibel über den Messias zu sagen hatte. Nur, dass im Lukasevangelium von diesen Erklärungen nichts wiedergegeben wird. Wie kann man so etwas auslassen? Das ist kein künstlicher Spannungsbogen, sondern eher wie ein schwieriges Rätsel, dessen Lösung man selbst herausfinden soll. Aber warum? Vielleicht wollte Lukas mit dieser Erzählung eine für ihn sehr wesentliche Aussage treffen. Während die urchristlichen Gemeinden, für die er sein Evangelium geschrieben hat, immer noch darüber diskutierten, was denn nun der Tod Jesu zu bedeuten hatte, erzählt Lukas eine Geschichte über zwei Menschen, die genau diese Diskussion führten – mit einem Fremden, den sie nicht erkennen. Das klingt nach einem Wink mit dem Zaunpfahl. Es ist, als wolle Lukas sagen, dass – wer sich an der Frage aufhängt, wie Jesu Tod nun zu verstehen sei – das Eigentliche übersieht.

Lukas löst die theologische Frage nach der richtigen Bedeutung des Todes Jesu nicht auf. Er liefert auch keine abschließenden Antworten für diese theologische Debatte. Aber er zeigt, wie man Jesus erkennen kann. In der Geschichte kommen die Reisenden langsam aber sicher in Emmaus an. Sie beschließen, gemeinsam dort zu übernachten und zu Abend zu essen. Sie setzen sich. Dann nimmt der Fremde das Brot, bricht es und gibt es ihnen. Dieses Abendmahl war das Zeichen, das

Jesus seinen Nachfolgern kurz vor seinem Tod mit auf den Weg gegeben hat. Jetzt erkannten die Nachfolger Jesus. Ihnen gingen die Augen auf und im selben Moment verschwand Jesus. Was eine seltsame Geschichte. Aber was will Lukas sagen? Er will theologischen Diskussionen sicher keinen Riegel vorschieben. In der Geschichte kommt Theologie recht gut weg, beispielsweise, wenn es den Reisenden warm ums Herz wird, als Jesus ihnen die Schriften erklärte. Aber Lukas weist darauf hin, dass es am Ende nicht um richtige Antworten geht, sondern um das Sehen und Erleben. Den auferstandenen Jesus kann man da erleben, wo Menschen diese Art von Tischgemeinschaft erleben, die Jesus so wichtig war. Brot und Wein mit anderen teilen, Platz schaffen für Außenstehende, das ist wichtiger und schafft mehr Durchblick als theologische Debatten über die Bedeutung des Todes Jesu. Diese Gedanken helfen, die Debatte um den Tod Jesu an den richtigen Platz zu verorten. Das Ringen um gute Antworten ist erwünscht und notwendig. Aber es muss bei allem Nachdenken möglich sein, sich anschließend an einen Tisch zu setzen, Brot und Wein zu teilen und Jesus im Hier und Jetzt zu sehen.

Das theologische Gespräch ging auch im Neuen Testament weiter. Man hat eine Fülle von Umschreibungen gefunden, mit denen der Tod Jesu so in Worte gefasst werden konnte, dass man Antworten auf offene Fragen finden würde. Oft hat man mit Bildern aus dem Alten Testament gearbeitet. Mit Jesu Sterben wurde Heil und Erlösung verbunden. Jesu Tod wurde als ein Opfer zur Vergebung der Sünden gedeutet, oder als Sieg über die Mächte der Welt und des Todes. Und auch in der Kirchengeschichte hat man viel darüber diskutiert, wie man den Tod Jesu und seine theologische Bedeutung fassen kann.[7]

Aber bei allen unterschiedlichen Interpretationen, die man im Laufe der Jahrhunderte hervorgebracht hat, gibt es eine grundlegende Entscheidung, die man treffen sollte, um sich einen Reim aus Jesu Tod zu machen. Es geht um die Frage, ob Jesu Tod notwendig war oder nicht. Dahinter steckt dieselbe Frage nach Gottes Rolle im Leid der Welt. Hat Jesu Tod zu einem göttlichen Plan gehört, der zu einem guten Ziel hinführen soll? Oder ist es ein sinnloser Tod wie so viele andere in dieser Welt? Haben Folter, Verrat, Ungerechtigkeit, Demütigung, Hass, Schmerz, Gewalt und grausamer Mord als Werkzeug Gottes hergehalten? Steckt hinter all dem Gott? War Jesu Tod eine göttliche Inszenierung? Aber was wäre dann mit all den Figuren, die an Jesu Hinrichtung beteiligt waren? Ist der Verräter Judas am Ende ein Diener Gottes gewesen, der den göttlichen Plan in Gang setzte? Hat Pontius Pilatus, der römische Statthalter, am Ende genau das Richtige getan, indem er den unschuldigen Jesus zu Unrecht hinrichten ließ? Diese Fragen betreffen den Kern dessen, worum es im Christentum geht. Für viele macht sich der christliche Glaube daran fest, dass wir Menschen an Gottes Erlösungsplan des Kreuzestodes Jesu glauben müssen, um gerettet zu werden. Viele haben die christliche Botschaft immer als genau das verstanden: Gott hat den Tod Jesu benutzt, herbeigeführt, geplant, beschlossen und zugelassen, um dadurch den Menschen vergeben zu können. Zugespitzt wäre Jesus in dieser Argumentation von Gott getötet worden.

Das wirft natürlich eine Menge weiterer Fragen auf: Warum ist es nötig, dass zur Rettung der Menschheit ein Unschuldiger sterben muss? Ist der Mord an einem Unschuldigen nicht an sich eine ungerechte

Tat? Was soll an einer brutalen Hinrichtung gut sein? Was für ein Plan soll das sein? Auch hier sehen viele das Leid Jesu in Zusammenhang mit einem strafenden Gott, der Jesus anstelle der sündigen Welt für die Sünde bestraft. Daraus ergeben sich wieder neue Fragen: Wieso muss Gott jemanden strafen, um vergeben zu können? Warum muss Gott dem Übel der Welt in einer Weise begegnen, die neues Übel schafft? Wie man diese Fragen auch beantwortet, erachtet man den Tod Jesu als für die Rettung der Welt notwendig, dann ist das eine Herangehensweise, die im Leid einen göttlichen Plan erkennen will. Es gibt viele christliche Denker:innen, die diesen Weg gegangen sind. Diese Sichtweise gehört ohne Frage zum Mainstream. Spannend wird es, wenn man auch andere Sichtweisen zur Kenntnis nimmt. Was würde es beispielsweise bedeuten, wenn der Tod Jesu nicht notwendig war und sich an Kreuz und Auferstehung kein Plan Gottes erkennen lässt? Was wäre, wenn Jesu Tod sinnlos war und Gott sich gefreut hätte, wenn Jesus 80, 90 Jahre alt geworden wäre?

Ich denke, dass Gott alles versucht hat, um den Tod Jesu zu verhindern, aber letztlich konnte Gott Jesus nicht retten. Die Botschaft des Kreuzes ist nicht, dass Gott auch im Leid die Strippen zieht, sondern dass Gott sich auch durch die dunkelsten Seiten der Menschen nicht davon abbringen lässt, die Welt zu lieben. Am Kreuz können wir Gottes Reaktion auf Folter, Ungerechtigkeit, Hass, Schmerz und Gewalt erkennen – eine Reaktion, die nicht Bosheit mit noch mehr Bosheit beantwortet, sondern mit Heilung, Vergebung, Neuschöpfung, Veränderung und Auferstehung. Gott lässt sich auch durch die dunkelsten Bosheiten der Menschheit nicht zu Gegengewalt verführen. Und wenn das bedeutet, dass Gott selbst von seinen Feinden hingerichtet wird, dann erduldet die göttliche Liebe auch das. Gott liebt ihre Feinde bis zum Äußersten. Mehr geht nicht.

Gott nutzt das Leid nicht für ihre Zwecke, sondern möchte es verhindern. Und da, wo das nicht geht, möchte Gott Leid transformieren. Das geht aber nur, wenn die Wahrheit über das Leid ans Licht gebracht wird. Das Böse muss beim Namen genannt werden, vorher kann es keine Wiedergutmachung geben. Am Kreuz wird daher Gottes Haltung dem Bösen sowie dem daraus resultierenden Leid gegenüber deutlich. Gott zieht der Bosheit des Leides jede Maske ab: Es ist ungerecht. Gott verabscheut Leid und nennt das Böse beim Namen. Gott kommt dem Bösen der Welt so nahe, wie es geht, so dass die Wahrheit über das Böse völlig offenbar werden kann. Die Geschichte von Kreuz und Auferstehung zeigt aber, dass das absurde Leid nicht das Ende der Geschichte ist, sondern dass Gott im Leid involviert ist, um etwas Neues zu schaffen. Da, wo sinnloses Leid das letzte Wort zu haben scheint, gibt es neues Leben, Hoffnung und eine göttliche Geisteskraft, die nie aufhört, ein weiteres Kapitel von Heilsgeschichte zu schreiben. Gott will mit der Menschheit weitergehen, das ist die Botschaft vom Kreuz.

DER TOD JESU ALS DER TOD GOTTES

Jesus war ein Mensch. Er war ein gläubiger Jude. Möglicherweise hat er in seinen jungen Jahren eine uns nicht bekannte Erfahrung mit Gott gemacht, die ihn für sein ganzes Leben geprägt hat.[8] Deswegen hat Jesus sein Leben der Sache Gottes gewidmet. Er predigte, zog durch das Land, half Menschen, heilte und teilte ordentlich gegen die Mächtigen seiner Zeit aus. Seine Botschaft drehte sich um das anbrechende Reich Gottes. Nicht der römische Kaiser, Gott selbst würde in naher Zukunft die Geschicke der Welt prägen. So eine Botschaft ist mutig und zeugt von einem großen Gottvertrauen. Viele Menschen glaubten ihm und seiner Botschaft. Seine Bewegung nimmt zwischenzeitlich stark an Fahrt auf. Er hat einen gewissen Erfolg. Wie wird es für Jesus gewesen sein, als er kurz vor seiner Gefangenschaft in Jerusalem den Gegenwind der Mächtigen wahrgenommen hat? Er dürfte sich bewusst gewesen sein, welches Risiko er mit einem öffentlichen Auftritt in Jerusalem eingeht. Seine Nachfolger:innen kannten das Risiko ebenfalls. Einer meinte im Vorfeld der Reise nach Jerusalem zynisch, dass sie alle mit Jesus gehen und ebenfalls sterben sollten (Johannes 11,16). Am Abend seiner Gefangenschaft hatte sich Jesus mit seinen Jüngern zurückgezogen. Etwas außerhalb der Stadt kampierte er auf dem Ölberg. Von dort aus hätte es einen Fluchtweg in Richtung Osten gegeben. Offenbar hat Jesus damit gerungen, ob er diese Flucht antreten soll. In einem dramatischen Höhepunkt betet Jesus und ringt mit Gott um den richtigen Weg. Jesus entscheidet sich hier gegen eine Flucht. Kurz darauf finden ihn Soldaten und er wird verhaftet. Einer seiner engsten Vertrauten hatte den Soldaten den entscheidenden Hinweis gegeben und sie zu Jesus geführt.

Was macht so ein Verrat mit dem Glauben eines Menschen? Kann es sein, dass in diesem Moment der Glaube Jesu in eine Krise gekommen ist? Hat Jesus hier an Gott gezweifelt? Es ist auffällig, dass die Evangelisten Matthäus und Markus ein letztes Gebet von Jesus überliefern. Am

Kreuz hängend soll Jesus den Psalm 22 gebetet haben, in dem es um das Gefühl geht, von Gott verlassen zu sein. Es scheint so, als wäre Jesus in dieser Situation an einem heftigen Tiefpunkt angekommen. Statt einer spektakulären Umwälzung der Verhältnisse durch Gott erlebt Jesus Gottes Abwesenheit. Es ist nicht nur so, dass Gottes Hilfe auf sich warten lässt, sie kommt überhaupt nicht. Da ist kein rettendes Wunder. Kein übernatürliches Eingreifen. Die Mächtigen gewinnen. Wie immer.

Vielleicht ist am Kreuz nicht nur Jesus gestorben, sondern auch der Glaube an Gott in Jesus. Und in den Freunden von Jesus. Man sagt, dass die Hoffnung zuletzt stirbt. Am Kreuz scheint Gott gestorben zu sein. In der christlichen Theologie hat man diesem Gedanken noch die Krone aufgesetzt: Christ:innen glauben, dass Jesus Gott war. Das Verstörende am Kreuz ist daher, dass Christ:innen glauben, dass hier nicht nur ein besonderer Mensch hingerichtet wurde. Sie glauben, dass Gott am Kreuz starb. Gott ist gestorben? Ist Gott also tot?

KEIN DEUS EX MACHINA

Das Theater hat eine lange Geschichte, die bis weit in die Antike reicht. Man weiß von so manchen Theaterstücken, die vor tausenden von Jahren aufgeführt wurden. Manchmal kamen die im Theater erzählten Geschichten an einen Punkt, in dem der Held aus eigener Kraft nicht weiter kam. Er war am Ende seiner Möglichkeiten und menschliche Kräfte würden ihm nicht mehr helfen können: Die Situation war restlos verfahren. Im Theater wurde zu solchen Gelegenheiten eine kranähnliche Maschine eingesetzt. An ihr schwebte eine Götterfigur über die Bühne, die eine überraschende Wendung in das Stück bringen konnte. Man nennt das *Deus ex machina.* Die antiken Dichter sollten allerdings nur in Ausnahmefälle auf so ein Eingreifen eines Gottes setzen, denn der Einsatz einer solchen Theatermaschine ist zwar besonders überraschend, wirkt aber im Gesamtzusammenhang des Stücks wenig plausibel. Wer also darauf zurückgreift, steht im Verdacht, keine sonderlich guten Geschichten schreiben zu können.

Aus dramaturgischer Sicht fällt auf, dass bei der Kreuzigungsgeschichte eben kein *Deus ex machina* zum Einsatz kommt. Jesus wird verhaftet und hingerichtet. Die Situation ist verfahren, jedoch findet kein göttliches Eingreifen statt. Gott lässt Jesus sterben – ohne dass dies durch wundersame Spezialeffekte verhindert würde. Das ist ein zentraler Punkt, denn hier können wir etwas Grundlegendes über das Wesen Gottes erkennen. Das behauptete zumindest Dietrich Bonhoeffer.

Er erlebte den Aufstieg der Nationalsozialisten und fand zunächst eine Möglichkeit, sich im Ausland in Sicherheit zu bringen. Jedoch verspürte er den Ruf, zurück nach Deutschland zu kommen, um dort die Untergrundkirche in ihrem Widerstand gegen Hitler zu unterstützen. Später wurde Bonhoeffer in Deutschland verhaftet, verbrachte längere Zeit in Gefängnissen und wurde schließlich kurz vor Kriegsende hingerichtet. Im Gefängnis wurde Bonhoeffer mit einer bitteren Wahrheit konfrontiert. Oftmals waren es nicht die Christ:innen, die sich gegen Hitler stellten. Die Mehrheit der deutschen Christ:innen ließ sich von Hitler einlullen und stellte sich nicht gegen den Nationalsozialismus. Bonhoeffer traf daher im Gefängnis ganz andere Menschen an, die wie er Widerstand leisteten. Scheinbar hatten Atheisten mehr mit ihm gemeinsam als die meisten Kirchgänger. Das brachte Bonhoeffer auf den Gedanken, dass die christliche Religion am Ende sei. Er dachte über ein religionsloses Christentum nach. Bonhoeffer erlebte die Ohnmacht des Guten. Die Nazis schienen zu gewinnen, der Widerstand erstickte. Wie konnte es sein, dass das Gute verliert? Wo war Gott in all dem? Unter diesem Eindruck schrieb Bonhoeffer ein paar herausfordernde Gedanken auf, wie ich finde.

»Gott lässt sich aus der Welt herausdrängen ans Kreuz, Gott ist ohnmächtig und schwach in der Welt und gerade und nur so ist er bei uns und hilft uns. Es ist (...) ganz deutlich, dass Christus nicht hilft kraft seiner Allmacht, sondern kraft seiner Schwachheit, seines Leidens. (...) Die Religiosität des Menschen weist ihn in seiner Not an die Macht Gottes in der Welt, Gott ist der Deus ex machina. Die Bibel weist den Menschen an die Ohnmacht und das Leiden Gottes; nur der leidende Gott kann helfen.«[9]

Für ihn machte sich das Wesen Gottes nicht an seiner Macht fest, sondern – ganz im Gegenteil – an seiner Ohnmacht. Von Bonhoeffer lernte ich, dass Gott eben keiner Theatermaschine gleicht, die dann erscheint, wenn alles andere nichts mehr bringt. Im Gegenteil: Die Gottesvorstellung des wundersam eingreifenden Gottes stirbt mit Jesus am Kreuz.

Das bringt uns auch wieder zurück zu Hans Jonas, denn selbiger sprach davon, dass man in der Frage nach dem Leid drei göttlichen

Attribute in Einklang bringen müsse: Gottes Güte, Verstehbarkeit und die Allmacht. Jonas schlug vor, die Allmacht Gottes neu zu denken. Als ich davon zum ersten Mal gelesen hatte, war ich überrascht. Ich kannte mittlerweile so einige christliche Prediger, die Gottes Güte bis zur Unkenntlichkeit entstellt hatten, um Unstimmigkeiten in ihrer Theologie zu beseitigen. Andere taten dasselbe mit der Verstehbarkeit Gottes. Aber hier kam jemand auf die Idee, einen anderen Weg zu gehen. Völlig begeistert erzählte ich davon meinem Freund Adaumir und stellte ihm vor, dass zuvor wirklich noch niemand auf die Idee gekommen sei, die Allmacht Gottes neu zu denken. Er lachte: »Doch, das haben schon Menschen gedacht: Die Atheist:innen.«

Da ist etwas Wahres dran. Denker:innen wie Bonhoeffer oder Jonas haben Atheist:innen zusätzlich Argumente geliefert. Es gibt diesen frommen Reflex, der den Atheismus als großes Schreckgespenst fürchtet, weil der Atheismus die eigenen Zweifel triggert. Daher sind theologische Strömungen, die mit dem Atheismus flirten, von ganz besonderer Provokation. Denn eine ganze Reihe Theolog:innen haben philosophische Gedanken, die den Atheismus begründen, für die Theologie aufgegriffen und fruchtbar gemacht. Diese Denkrichtung ist die Gott-ist-tot-Theologie oder die sogenannte radikale Theologie. Vieles aus dieser Richtung ist brillant. Eine der wichtigsten Vertreter:innen der »Theologie nach dem Tode Gottes« ist Dorothee Sölle, die neben tollen Büchern auch wunderbare Gedichte geschrieben hat. Ein heutiger Vertreter wäre Pete Rollins. Auch die Prozesstheologie hat eine gewisse Ähnlichkeit mit der Gott-ist-tot-Theologie, da auch hier der Gedanke der Allmacht Gottes stark kritisiert und neu formuliert wird. Diese Denker:innen sind auf etwas gestoßen, das wichtig ist. Es ist eine ungemütliche Denkrichtung, die einiges abverlangt. Sie orientiert sich am Kreuz. Sie denkt Gott konsequent als den Gekreuzigten und muss sich immer wieder am Kreuzestod Jesu messen lassen. Ich möchte mit dem Begriff des Psychoanalytikers Jaques Lacan fragen: Was kann Gott für uns heute sein, wenn der »große Andere« gestorben ist?

MACHT UND HERRSCHAFT

Kapitel 2

KAPITEL 2: MACHT UND HERRSCHAFT

Spricht man von Gott, dann gibt es eine ganze Reihe von Konzepten, Ideen und Gedanken, die bereits im Gepäck sind. Das ist auch deswegen so, weil das Christentum im Westen über viele Jahrhunderte einen großen Einfluss hatte und seine Spuren hinterlassen konnte. Dies wirkt bis heute in den Köpfen der Menschen nach. Einige dieser Spuren beinhalten, dass man sich Gott als das höchste Wesen vorstellt. Außerdem wird Gott vor allem mit Macht in Verbindung gebracht. Stellt man sich die Gesellschaft als Pyramide vor, dann würde man Gott ganz oben vermuten. Besser gesagt: Man würde Gott sogar außerhalb denken – hoch über der Pyramide.

Man könnte sagen, dass Gott über allen Menschen steht, besonders über den Regierenden und Machthabenden dieser Welt. Gott stellte die Naturgesetze auf und setzt sie durch. Gott bestimmt, wie die Dinge laufen sollen. Ihre Macht muss entsprechend viel größer sein als die aller Regierenden, denn Gott ist allmächtig. Manchmal sprechen Theolog:innen auch davon, dass Gott souverän ist. Damit ist gemeint, dass Gott die absolute Kontrolle über alles hat, durch nichts eingeschränkt und von niemandem abhängig ist. Gottes Macht ist unendlich und hat keine Grenzen oder Einschränkungen. Allmacht, so wie man den Begriff häufig versteht, bedeutet, dass Gott tun und lassen kann, was sie will. Niemand könnte sie aufhalten oder in ihrem Tun behindern. Gott ist anscheinend die Supermacht schlechthin.

Ein anderes Wort, das in der christlichen Welt für diese Gesellschaftspyramide verwendet wird, ist das Wort Schöpfungsordnung. Dieses Wort hat eine unrühmliche Geschichte, in der Menschen hierarchisch aufgeteilt wurden. Zu sagen, dass Gott über allem stehe, brachte und bringt nicht selten mit sich, dass Menschen auf unterschiedliche Stufen gestellt wurden und werden: Männer über Frauen, Weiße über Schwarze, Reiche über Arme, Einheimische über Geflüchtete, Erwachsene über Kinder. Aber das ist hochproblematisch! Es ist falsch! Der Rückgriff auf Gott, die allmächtig ist und diese Unterschiede aufrecht erhalten würde, hat nur dann charmante Vorteile, sofern man selbst möglichst weit oben in der Pyramide angesiedelt ist.

Wir wissen, dass die Macht der Mächtigen dieser Welt begrenzt ist. Es sind ja weltliche Mächte. Es liegt nahe, Gottes Macht ins Unendliche zu steigern und sich so eine unendliche Macht vorzustellen, die durch nichts begrenzt werden kann. Gott so zu beschreiben, hört sich zunächst gut an, ergibt aber spätestens auf den zweiten Blick große Schwierigkeiten. Die entstehen schon, wenn man sich den Begriff Macht einmal genauer ansieht und danach fragt, was Macht überhaupt ist.

Macht hat zunächst etwas damit zu tun, dass Inhaber:innen von Macht etwas bestimmen oder bewirken, oder zumindest Einfluss auf ein Geschehen nehmen können. Darüber hinaus ist Macht laut Hans Jonas ein Beziehungsbegriff. Das bedeutet, dass Macht nur haben kann, wer über ein Gegenüber Macht ausübt. Macht beschreibt demnach immer ein Verhältnis – und das geht nur, wenn jemand da ist, zu dem man ein gewisses Verhältnis haben kann. Ohne Gegenüber ist Macht ein leerer Begriff: Eine Königin ist nichts ohne Untertanen, die von ihr beherrscht werden könnten. Macht entsteht erst im Zusammenspiel mit etwas, das nicht gänzlich vereinnahmt werden kann. Das Gegenüber kann überwunden werden, aber möchte man sinnvoll von Macht sprechen, dann braucht es eine Möglichkeit zum Widerstand, eine Gegenkraft oder eine Form der Selbstbehauptung.

John Cobb, einer der führenden Prozesstheologen, hat den logischen Widerspruch des Begriffs Allmacht ebenfalls bedacht. Er meinte, dass, wenn Gott alle Macht hätte, die Geschöpfe gar keine hätten. Das würde dazu führen, dass Gott die Geschöpfe letztlich nur das machen ließe, was Gott selbst wünsche. Diese Form von Macht schätzt er als sehr gering ein.[10]

Im Bezug auf Gott könnte man sagen, dass Gott im Vergleich zu den Geschöpfen deutlich mehr Macht hat, also mehr bewirken kann. Aber wenn Gott überhaupt Macht haben soll, dann muss das Geschaffene ebenfalls eine Art von Macht haben. Hat Gott jedoch alle Macht, dann hätte das Geschöpf gar keine. Und damit würde sich auch die Macht Gottes selbst auflösen. Macht muss also geteilt sein, damit man überhaupt von Macht sprechen kann. Das Christentum wäre eine furchtbar langweilige Angelegenheit, wenn man behaupten würde, dass Gott gar keine Macht hat. Die wenigsten Christ:innen tun das. Eine Gottheit, die nicht in der Welt wirksam ist, dürfte völlig belanglos und uninteressant sein. Andererseits ist es auch schwer denkbar, dass Gott absolute Macht hat. Die Idee der absoluten Macht wirft die Frage nach dem Bösen auf. Und sie lässt keinen Raum für Geschöpfe.

VERFÜHRERISCHE UNFREIHEIT

Die Idee, dass Gott alle Macht hat und der Mensch gar keine, wird bereits am Anfang der Bibel behandelt. Im dritten Kapitel wird von einer Unterhaltung zwischen einer Schlange und Eva berichtet. Ob die Schlange nun der inkarnierte Teufel ist oder eine literarische Figur, sei hier nicht weiter erörtert. Einigkeit besteht darin, dass die Schlange Halbwahrheiten benutzt und ein verzerrtes Bild von Gott transportiert.

Sie stellt beispielsweise Gott als geizig dar, wenn sie das Gebot Gottes hinterfragt, ob Gott wirklich gesagt habe, dass sie keine Früchte von den Bäumen des Gartens essen dürften (1. Mose 3,1). Gott hatte alle Bäume des Gartens als Geschenk angeboten. Zum Genuss. Nur ein einziger Baum wurde ausgenommen. Die Frau gibt anschließend Gottes Gebot nur teilweise korrekt wieder, denn sie fügt hinzu, dass der Baum des Lebens nicht angefasst werden dürfe, weil man sonst sterben müsse. Vom Anfassen hatte Gott nichts gesagt. Eine Kleinigkeit – aber es scheint so, als würde die Versuchungsgeschichte sich aufbauen und nun zum Höhepunkt kommen.

Der nächste Satz der Schlange ist die Kernaussage der gesamten Geschichte. In ihr findet man eine fatale Fehlinformation über Gott. Die

Schlange sagt nämlich, dass sie nicht sterben, sondern offene Augen bekommen würden. Sie würden sogar wie Gott werden und das Gute vom Bösen unterscheiden können (1. Mose 3,4 f). Welche fehlerhafte Vorstellung von Gott wird nun durch die Schlange geprägt? Sie erklärt zunächst, was es bedeutet, Gott zu sein. Sie sagt, dass Gott zwischen Gut und Böse unterscheidet. Das an sich wäre noch nicht falsch. Sie geht aber noch einen Schritt weiter und behauptet, dass die Freiheit zu entscheiden Gott alleine zukommt. Sie unterstellt, dass den Menschen die Augen verschlossen seien, was wohl eine Metapher für Unmündigkeit sein dürfte. Gott wisse aber, dass die Augen der Menschen geöffnet werden könnten, so dass sie mündige Entscheidungen treffen könnten. So wie Gott.

Daraus ergibt sich ein Zerrbild des Verhältnisses von Gott und Mensch. Die problematische Aussage ist, dass die Menschen sich von Gott darin unterscheiden, dass Gott Entscheidungsfreiheit und Urteilskompetenz hat, der Mensch aber nicht. Die Lüge besteht darin, dass der Mensch erst Entscheidungsfreiheit bekommen könnte, wenn er sich von Gott abwendet. Unterscheiden sich Gott und Mensch grundsätzlich darin, dass nur Gott frei ist, zwischen Gut und Böse zu entscheiden? Gott und Mensch unterscheiden sich in vielen Dingen. Auf der ersten Seite der Bibel wird aber gerade betont, dass Gott und Mensch Ähnlichkeiten haben. Der Mensch ist als Gottes Ebenbild geschaffen. Und was auch immer man unter der Ebenbildhaftigkeit verstehen mag, die Freiheit zu handeln, Entscheidungen zu treffen und Urteile zu fällen, sind in der Paradieserzählung eben nicht die Dinge, die Gott dem Menschen abnimmt. Das Erstaunliche ist ja gerade, dass Gott den Menschen mit der absoluten Minimalzahl an Geboten entgegentritt. Das jüdische Gesetz kennt 613 Gebote. In Deutschland gelten 1681 Bundesgesetze und 2711 Bundesrechtsverordnungen. Die EU kommt sogar auf 18167 Verordnungen und 750 Richtlinien. Doch im Garten Eden gibt Gott Adam und Eva gerade einmal ein einziges Gebot. Für die ersten Menschen gibt es keine Regeln über Sex, Diebstahl, Körperverletzung, Erbrecht oder Straßenverkehr. Es gibt nur einen verbotenen Baum. Weniger Regeln geht nicht. Die Botschaft ist klar: Gott lädt die Menschen ein, das Leben selbst zu entdecken. Gott macht die Tür extrem weit auf und gibt den Menschen die maximale Freiheit. Wir wissen, dass es Freiheit gibt, denn wir entscheiden ständig die unterschiedlichsten Dinge. Natürlich sind wir alle ins Leben geworfen und werden von vielen Dingen beeinflusst. Oft ist uns gar nicht bewusst, welchen Einfluss Erziehung, Kultur, eigene Erlebnisse oder das soziale Umfeld haben. Philosophen haben sich schon sehr lange (ohne vernünftiges Ergebnis) mit der Frage beschäftigt, bis wohin die Prägung durch äußere Einflüsse geht und wo unsere eigene Freiheit der Entscheidung anfängt. Die Angelegenheit ist tückisch. Es ist daher trügerisch zu glauben, dass unser Wille völlig frei sei. Aber zu einem gewissen Grad haben wir eben doch Freiheit.

Was die Schlange jedoch einflüstert, ist ein direkter Angriff auf unsere Freiheit. Denn sie stellt die Situation so dar, als sei Gott völlig frei, die Menschen jedoch überhaupt nicht. Der verführerische Gedanke, den die Schlange einbringt, wurde von Eva offensichtlich aufgenommen. Sie wurde blind für die ihr angebotene Freiheit und sah in Gott auf einmal ein einschränkendes Wesen. Dabei hatte Gott den Menschen die überaus freie Wahl gegeben: Sie durften frei wählen, von welchen Bäumen des Gartens sie essen möchten. Vielleicht ist das der eigentliche Sündenfall, dass nämlich der Mensch den Glauben an die eigene Freiheit zugunsten einer höheren Autorität abgibt und dieser das Entscheiden komplett überlasst. Für mich ist das die Grundhaltung, die Menschen in Unmündigkeit führt. Aus der Schöpfungsgeschichte geht deutlich hervor, dass Gott den Menschen nicht kontrollieren möchte. Vielmehr schafft Gott die Voraussetzungen, dass der Mensch selber kreativ werden und die von Gott zur Verfügung gestellte Welt gestalten darf. Gott diktiert dem Menschen gerade nicht, wie die Dinge zu laufen haben. Es heißt zum Beispiel, dass Gott die Tiere zu dem Menschen brachte, um zu sehen, wie er sie benennen würde. Das hört sich an, als wollte Gott sich überraschen lassen – Gott und Mensch in freundschaftlicher Kooperation, so war das gedacht. Weder sollte der Mensch Gott aus seinem Leben drängen noch wollte Gott jegliche Freiheit für sich beanspruchen. Gott hat dem Menschen Freiraum geschaffen, aber auch der Mensch sollte Freiheit für Gott erschaffen, indem dieses eine Gebot befolgt würde. Als Symbol dafür, dass wahre Gemeinschaft nur dann funktioniert, wenn einander Raum geschenkt wird, steht in der Geschichte der Baum der Erkenntnis von Gut und Böse. Wenn wir der Schlange nicht auf den Leim gehen wollen, dann muss unser Glaube davon geprägt sein, dass Gott Macht und Freiheit teilt. Gott behält nicht jegliche Macht für sich. Es gibt einen Bereich, in dem die Schöpfung Macht hat. Man könnte auch sagen, dass Gottes Macht Grenzen hat. Es ist eine Macht, die an einer gewissen Stelle Halt macht und dem Menschen Raum schenkt. Die Grenze der Macht Gottes könnte also dort gesucht werden, wo die Freiheit der Schöpfung anfängt.

Der Gedanke einer Begrenzung von Gottes Macht findet sich nicht nur in der Geschichte von Adam und Eva. Auch andere biblische Autor:innen haben diesen in Worte gefasst. Man kann beispielsweise verschiedene Textstellen finden, in denen davon geredet wird, dass Gott etwas nicht kann: Gott kann nicht lügen (Hebräer 6,18), nicht bereuen (4. Mose 23,19) oder nicht zum Bösen versucht werden (Jakobus 1,13). Gott kann nicht – das steht mehrfach in der Bibel. Was macht ein Satz, der mit »Gott kann nicht« anfängt mit der Idee, dass Gott alles kann? Eine sehr aufschlussreiche Bibelstelle, die uns in dieser Frage weiterbringen kann, findet sich im 2. Timotheusbrief, der über Gott sagt, dass wenn wir untreu wären, Gott treu bliebe, da Gott sich selbst nicht verleugnen könne (2. Timotheus 2,13). In dieser Stelle wird auf den Punkt gebracht, worin Gottes Begrenzung liegt. Alle Aussagen darüber, was Gott nicht kann, werden hier zusammengefasst. Gott kann sich selbst nicht untreu werden. Wenn es eine Begrenzung für Gott gibt, dann ist es Gottes Charakter bzw. Wesen. Und Gottes Wesen ist die Liebe. Man könnte daher auch sagen, dass Gott nur Dinge tun kann, die mit ihrer Liebe übereinstimmen. Gegen ihre Liebe kann Gott nicht verstoßen. Gott kann nicht aufhören zu lieben, weil sie dann aufhören würde, Gott zu sein.

Die Theologie der Schlange ist eine Theologie der Kontrolle. Gott wird hier als geizig und einnehmend dargestellt. Eine solche Theologie nimmt Menschen Lebensraum, engt ein und lässt Freiheit als etwas Bedrohliches wirken. Dagegen könnte man eine Theologie der Liebe formulieren, die Gott als großzügig darstellt. Gott hat kein Interesse an Kontrolle, sondern möchte andere ermächtigen, befähigen, freisetzen und auf eigene Beine stellen. So verstanden sind

Geschöpfe der Schöpfungskraft dann am nächsten, wenn sie selbst etwas erschaffen und mit Gott zusammen das Leben kreativ gestalten. Gottes Gebote sind so keine Bevormundung, die von der Prämisse ausgehen, dass Menschen ausschließlich schlechte Entscheidungen treffen könnten und daher besser ferngesteuert werden. Gott ist vielmehr eine Entwicklungshelferin, die dem Menschen beibringt, Freiheit in einer gesunden und lebensfördernden Weise zu gebrauchen. Das Leben ist kein Malen nach Zahlen, das Leben ist eine Kunstform.

ANTI-HERRSCHAFT

In der Welt, wie ich sie kenne, ist Macht jedoch etwas ganz anderes. Die Theologie der Kontrolle scheint einen überaus großen Siegeszug erreicht zu haben. Die Idee, dass Kontrolle der beste Weg ist, um das Leben zu bestreiten und Gesellschaft zu organisieren, ist bis in die tiefsten Poren unserer Lebensart eingedrungen. Oft können wir Macht gar nicht denken, ohne sie als Kontrolle zu denken. Ein neugieriger Blick in die Bibel zeigt, dass die Theologie der Kontrolle auch eine Herausforderung für die biblischen Autor:innen war. Man kann sehen, wie Gott an verschiedenen Stellen als kontrollierend beschrieben wird. Man sieht aber auch, wie dem widersprochen wird und eine ganz andere Art göttlicher Macht durch die Geschichten der Bibel durchscheint. Wenn man in der Bibel das Wort »allmächtig« sucht, dann wird man je nach Übersetzung mehrere Stellen finden. Laut bibleserver.com gibt es beispielsweise in der Lutherübersetzung 85 Erwähnungen. Wer sich nur den deutschen Bibeltext anguckt, wird zu der Auffassung gelangen, dass die Allmacht Gottes eine biblische Lehre ist. Es überrascht daher, dass verschiedene Theolog:innen meinen, die Rede von Gottes Allmacht komme in der Bibel trotzdem nicht vor. Im biblischen Hebräisch gibt es jedenfalls kein Wort für Allmacht. Das Konzept der Allmacht sei eine nachträgliche Verzerrung.[11] In der Geschichte von Abraham wird Gott als »El Shaddai« benannt. Manche meinen, die wörtliche Übersetzung müsste lauten: »Mit Brüsten bestückt.« Andere glauben, dass mit diesem Gottesnamen eher Berge assoziiert werden sollten. Übersetzt wird El Shaddai aber mit allmächtig.[12]

Wenn es um Übersetzungsfragen geht, dann wirken theologische Debatten oft sehr verkopft. Und wenn – wie so oft – selbst Expert:innen zu unterschiedlichen Meinungen kommen, dann gewinnt man wenig, wenn man sich zu sehr auf sprachliche Aspekte beruft. Besonders in der Frage nach der Allmacht Gottes bringen wir schon viele Vorstellungen mit uns, die es schwer machen, gewisse Noten und Untertöne in biblischen Texten auszumachen. Zieht man jedoch die Möglichkeit in Betracht, dass die Idee von Allmacht vielleicht doch nicht so deutlich in der Bibel benannt wird, dann kann man so manche erstaunliche Entdeckung machen. Denn die Vorstellung von Gottes Macht entwickelt sich in den biblischen Schriften.

Im Frühjudentum der Antike glaubte man an Stammesgötter, deren Machtbereich auf eine Region beschränkt war. Das lässt sich beispielsweise auch daran erkennen, wie die Götter bezeichnet worden sind. In der jüdischen Urgeschichte ist oft von »Der Gott Abrahams, Isaaks und Jakobs« oder »Der Gott Israels« oder eben »die Götter Ägyptens«

die Rede. Die Macht eines Gottes wurde also lokal auf das eigene Territorium und das eigene Volk beschränkt verstanden. Später kam dann eine bedeutende neue Entwicklung, denn im jüdischen Glauben wurde die polytheistische Vorstellung vieler Götter überwunden. Während in umliegenden Kulturen viele Götter für einzelne Lebensbereiche wie Krieg, Liebe, Recht oder Naturkräfte benannt wurden, wurde im jüdischen Glauben zum zentralen Bekenntnis, dass Gott einer sei (5. Mose 6,4). Das ist bemerkenswert: Gott ist nicht eine von vielen. Sie hat keine Konkurrenz im Nachbarland. Und sie ist für alle Lebensbereiche zuständig. Dass sich dieses Bekenntnis über Tausende von Jahren erhalten hat, ist mehr als erstaunlich. Das Volk Israel ist immer wieder von umliegenden Großmächten eingenommen und sogar ins Exil verschleppt worden. Man sollte erwarten, dass sich die jüdische Kultur nicht gegen die der Besatzungsmächte hätte behaupten können. Es liegt nahe, dass das unterlegene Volk die Götter der Sieger anerkennt, denn im Fall einer militärischen Niederlage gilt der eigene Gott ebenfalls als von den Göttern der Sieger besiegt. Warum aber hält das jüdische Volk an einem besiegten Gott fest?

Genau diese Diskussion findet man in den Schriften des Alten Testaments. Es scheint so, als seien sich biblische Autor:innen und Erzählgemeinschaften unsicher darüber, wie mächtig Gott eigentlich sei. Immer wieder wird ausgedrückt, dass Menschen unglücklich darüber sind, wie Gott in der Welt wirkt. Auf der einen Seite gab es eine Erwartungshaltung an Gott und auf der anderen Seite die erlebte Wirklichkeit – und viel zu oft passte beides nicht zusammen. Daher bemühen sich viele biblische Autor:innen, aufkommende Zweifel an Gottes Macht auszuräumen. Besonders im Alten Testament widmete man sich ernsthaft diesen Fragen. Damals wie heute funktionieren eben keine platten Antworten. Die Ehrlichkeit dieser Auseinandersetzung zeigt einmal mehr die Qualität biblischer Texte. Vieles daran ist faszinierend. Auf der einen Seite wird an dem Bekenntnis festgehalten, dass der biblische Gott der Einzige ist. Und auf der anderen Seite ist dieser Gott auf der weltpolitischen Bühne immer wieder auf der Verliererseite. Babylon, Griechenland, Rom – alle möglichen Supermächte der Antike und ihre Götter scheinen dem verhältnismäßig kleinen Volk Israel klar überlegen. Aber gerade hier liegt die besondere Stärke des jüdischen Gottesglaubens: Das Volk Israel hat an Gottes Macht geglaubt, obwohl es nicht seiner Lebenswirklichkeit entsprochen hat. Und die Israelit:innen haben diesen Widerspruch auch nicht achselzuckend hingenommen, sondern sich dem ausgesetzt. Sie haben Fragen gestellt, Antworten formuliert, Antworten über den Haufen geworfen, neu hinterfragt, mit Gott gerungen, gezweifelt, gehofft und sind verzweifelt. Unter diesen Voraussetzungen sind Texte wie beispielsweise der Psalm 33 erstaunlich, denn sie bekennen die Macht Gottes nicht aus einer Position der Überlegenheit, sondern aus der Erfahrung von Unterlegenheit gegenüber antiken Supermächten. Dort wird davon gesprochen, dass Könige nicht durch die Anzahl der Truppen und den Mut der Soldaten siegen würden. Gott helfe vielmehr denjenigen, die ehrfürchtig seien (Psalm 33,17).

In diesem Psalm wird Gott als die Wassermassen zusammenhaltend beschrieben. Wassermassen stehen im historischen Kontext häufig bildlich für Armeen. Diese Texte sind ein deutliches Bekenntnis zur Macht Gottes: Wer die Wassermassen beherrscht, kann auch feindliche Mächte aufhalten. Nur warum werden solche Liedtexte an die nachfolgenden Generationen weitergegeben, wenn die Realität doch zeigt, dass Gott das Volk Israel gerade nicht vor den Feinden schützen konnte? Vielleicht steckt hier eine Ahnung dahinter, eine spirituelle Erfahrung von Gottes Macht, die trotz der Umstände Hoffnung geben konnte. Die Autor:innen sind auf etwas gestoßen, das trotz militärischer Niederlagen nicht losgelassen wurde. Vielleicht war es die Erfahrung, dass Gottes Worte eine ganz besondere Macht haben. Sie schafft Leben und erweist sich als äußerst wirksam in der Welt. Dass sich diese Texte so lange für Menschen als relevant herausgestellt haben, könnte damit zu tun haben, dass durch die Zeit hinweg Menschen von Gott angesprochen wurden und sich dadurch der Glaube an Veränderung, Hoffnung und neue Möglichkeiten erfahren ließ und lässt. Das ist paradox. Menschen werden von Gott angesprochen und erleben, dass Hoffnung entsteht, wo nichts zu hoffen ist, weil die Umstände keinen Anlass zu Hoffnung geben. Diese Macht ermächtigt und bestärkt. Das ist eine völlig andere Form von Macht als die von Kaisern und Regent:innen. Dieser Gott ist nicht bloß eine Steigerung weltlicher Macht. Der Gott Israels ist nicht wie Cäsar mit einem größeren Knüppel. Die Art, wie dieser Gott Herrschaft ausübt, unterscheidet sich grundlegend von der Art der Supermächte. Auch im Neuen Testament wird man diese Entdeckung machen. Wir sind es nur nicht mehr gewohnt, diese Unterschiede zu bemerken.

Das Christentum ist in seiner Geschichte immer wieder mit den Supermächten verschmolzen und war oft in der Position, selbst Herrschaft auszuüben. Das prägt bis heute unsere Sicht. Wenn wir lesen, dass die ersten Christ:innen Jesus als »Herrn«, »König« oder »Höchsten« ansprachen, dann liegt hier leider nahe, die eigene Verbindung zur Macht bestätigt zu sehen. Man könnte meinen, dass Gott wie ein weltlicher Herrscher ist – nur mit viel mehr Durchschlagskraft. Dabei macht Jesus immer wieder deutlich, dass seine Art der Herrschaft völlig anders ist. Die Ironie ist doch gerade, dass Jesus »Herrscher« genannt wird und dabei kein Staatsgebiet hatte, keine Armee und keinen bewaffneten Befreiungskrieg gegen die Römer angestrebt hat. Alles, was man von einem gewöhnlichen Herrscher erwarten würde, trifft auf Jesus nicht zu. Und genau das dürfte für seine Zeit so provokativ gewesen sein. Wenn man statt Cäsar einen Wanderprediger als höchste Autorität öffentlich bekennt, dann hat das Sprengkraft. Es bestätigt nämlich nicht die bestehenden Machtverhältnisse, sondern sie werden frech angeprangert und abgelöst durch eine völlig andere Kategorie von Herrschaft, die man Anti-Herrschaft nennen könnte. Jesus hat das einmal auf den Punkt gebracht, als er seinen Nachfolgern erklärte, dass die Regenten der Nationen selbige beherrschen und große Gewalt gegen sie ausübten. Gerade das solle aber unter den Jünger:innen nicht so sein (Matthäus 20,26).

Beherrschung, Kontrolle, Gewalt, Zwang – das sind die Methoden von Regenten. Sie ordnen die Gesellschaft in ein Oben und ein Unten und schaffen Ungleichheiten zwischen den Menschen. Die einen sind Diener oder Sklaven, andere werden bedient. Einige sind die Ersten, andere sind die Letzten. Je höher man in diesen Hierarchien aufsteigt, desto mehr Privilegien kann man genießen, die allerdings nur auf dem Rücken anderer entstehen können – und das auch nur, wenn eine Ordnung mit Gewalt aufrechterhalten bleibt. Jesus dreht das Denken in Hierarchien auf den Kopf: Sein Leben ist gerade kein Kampf, um in der gesellschaftlichen Ordnung aufzusteigen und möglichst viele hinter sich zu lassen. Er bewegt sich nach unten, an den Rand der Gesellschaft. Jesus verstand sich und sein Wirken als ein Lösegeld (Matthäus 20,28), was eine unglaublich faszinierende Metapher ist. In der Antike wurden Sklaven mit einem Lösegeld gekauft und wechselten so den Besitzer. Man konnte Jesus zu Lebzeiten nie vereinnahmen, um gesellschaftliche Ungleichheiten zu legitimieren. Ganz im Gegenteil. Jesus hat den gesellschaftlichen Ungleichheiten immer wieder den Kampf angesagt und sich mit den politischen und religiösen Anführern seiner Zeit angelegt. Immer wieder provozierte er und malte ein ganz anderes Bild von Gott und seiner Schöpfung. Er investierte sein Leben in das Hinterfragen gesellschaftlicher Kategorien und Ungleichheiten und um sich für Befreiung einzusetzen. Das machte Jesus bereits deutlich, als er anfing, öffentlich aufzutreten. Lukas berichtet von einer der ersten Predigten Jesu. Er las dazu einen berühmten Text aus dem Alten Testament vor, der für seinen letzten Satz bekannt war: »Der Geist Gottes des HERRN ist auf mir, (...) zu verkündigen (...) einen Tag der Rache unsres Gottes« (Jesaja 61, 1ff). Manche glauben, dass dieser Satz in den jüdischen Gemeinden immer wieder zur Sprache kam, um den Widerstandswillen gegen die römischen Besatzer wach zu halten und sich daran zu erinnern, dass Gott versprochen hatte, die Feinde Israels zu besiegen. Man hielt sich an der Hoffnung auf einen Gott fest, der mit voller Gewalt Rache üben würde. Genau diesen Text liest Jesus für seine Predigt vor. Doch er macht etwas Unerwartetes, denn er bricht den Text genau vor dem Satz ab, der für seine Zuhörer so wichtig war. Und so bekam diese Textstelle einen ganz anderen Charakter:

»Der Geist des Herrn ist auf mir, weil er mich gesalbt hat und gesandt, zu verkündigen das Evangelium den Armen, zu predigen den Gefangenen, dass sie frei sein sollen, und den Blinden, dass sie sehen sollen, und die Zerschlagenen zu entlassen in die Freiheit und zu verkündigen das Gnadenjahr des Herrn ~~und einen Tag der Rache unsers Gottes~~« (Lukas 4,18 ff.).

In der Zuhörerschaft hat man offensichtlich gemerkt, was Jesus hier getan hatte. Die Leute waren verwundert und fragten sich, was für eine »Gnadenbotschaft« dieser Jesus verlauten ließ. Gute Botschaft für Arme, Gefangene, Blinde und Unterdrückte. Und ein »Jahr der Gnade«. Das Jahr der Gnade ist eine jüdische Tradition, bei der Verschuldeten die Schulden erlassen und Sklaven in die Freiheit entlassen wurden. Darum ging es Jesus.

Zur Überraschung aller ging es Jesus nicht um Gewalt oder Rache. Sein Einsatz für Freiheit funktionierte anders als die Methoden der Cäsaren, die eine ungerechte Gesellschaftsordnung mit Gewalt aufrechterhielten. Während die römischen Kaiser eine Gesellschaft unter dem erstaunlichen Motto »Pax Romana« (Römischer Friede) prägten, in der es große Ungleichheiten und Ungerechtigkeiten gab, die aber durch eine Gewaltherrschaft aufrecht erhalten wurden, predigte Jesus eine andere Art Frieden. Jesus sagte, dass er einen Frieden schenken würde, den die Welt nicht geben könne (Johannes 14,27). Warum nicht? Weil die damalige Welt (und heute ist es nicht grundlegend anders) Frieden vor allem als gewaltsame Aufrechterhaltung von Ungleichheiten kannte. Jesus dagegen hat eine Gemeinschaft initiiert, in der radikale

Gleichheit gelebt wurde. Der Geist Jesu ist die Geisteskraft, die eine völlig andere Art des Zusammenlebens anstrebt. Es ist eine Gemeinschaft ohne Hierarchie. Ohne Ersten und Letzten. Alle werden zu Dienenden. Niemand wird Meister, Herr oder Vater genannt.

Auch an einer anderen Stelle wird Jesu Verhältnis zu Macht deutlich. Jesus wurde im Laufe seines Wirkens von seinen Anhängern immer wieder dazu gedrängt, im politischen Betrieb mitzuspielen und den Mächtigen Konkurrenz zu machen. Zu einer späteren Gelegenheit waren viele Menschen gekommen, um Jesus predigen zu hören (vgl. Johannes 6). Anschließend stellte sich das Problem, dass die Menschenmassen zu wenig zu Essen hatten. Das ist eine Anspielung auf ein größeres politisches Problem. Die römischen Kaiser hatten für die eroberten Gebiete teils hohe Steuern in Form von Ernteabgaben verlangt. Die Menschen in Jesu Umfeld erlebten tagtäglich, dass die Nahrung knapp war. Die Kaiser nutzen dieses Problem für Propaganda-Zwecke: Bei aufwendig inszenierten Gladiatorenkämpfen ließen sie kostenlos Brot verteilen und sich selbst anschließend als großzügige Wohltäter feiern. Nun waren also viele Menschen gekommen, um Jesus zu begegnen. Doch die Frage kam auf, woher nun genug Nahrung nehmen, damit die Menschenmassen etwas zu essen bekommen könnten. Jesus fing an, indem er fünf Brote und zwei Fische austeilen ließ und auf wundersame Weise wurden am Ende alle Zuhörenden satt. Auch Jesus kann Menschenmassen mit Brot versorgen. Entsprechend schnell wollen einige Menschen Jesus zum König ausrufen. Sie wollen ihn sogar mit Gewalt dazu drängen. Und Jesus? Er lässt sich nicht darauf ein, sondern geht einfach weg. Jesus passt nicht mit unserem Verständnis von Macht zusammen. Das ist sehr typisch für Jesus. Immer dann, wenn Menschen Jesus in Verbindung mit kontrollierender Macht und Gewalt bringen, scheint er sich aus dem Staub zu machen. Christliche Bewegungen, die Glaube und Macht zusammenbringen, haben es vielleicht geschafft, Macht zu bündeln. Aber sie haben immer auch den Charakter von Jesus verloren.

DER CHARAKTER VON GOTTES MACHT

Die Geschichten über Jesu Verhältnis zu Macht werfen die Frage auf, wie man denn nun Gottes Macht verstehen kann. Wie übt Gott Herrschaft aus? Ein Text, der für diese Frage besonders hilfreich ist, stammt aus der Feder von Paulus. In seinem Brief an die Philipper zitiert er ein altes Loblied, das möglicherweise aus der Anfangszeit der ersten christlichen Gemeinden stammt:

»Seid so unter euch gesinnt, wie es der Gemeinschaft in Christus Jesus entspricht:
Er, der in göttlicher Gestalt war, hielt es nicht für einen Raub, Gott gleich zu sein, sondern entäußerte (*kenosis*) sich selbst und nahm Knechtsgestalt an, ward den Menschen gleich und der Erscheinung nach als Mensch erkannt. Er erniedrigte sich selbst und ward gehorsam bis zum Tode, ja zum Tode am Kreuz. Darum hat ihn auch Gott erhöht« (Philipper 2,5-11).

Dieses Lied erzählt auf den ersten Blick eine Geschichte einer Ab- und Aufwärtsbewegung. Jesus steht zunächst auf einer Stufe mit Gott, steigt dann ab auf die niedrige Stufe des Menschseins, um danach hoch erhoben zu werden. Man hat diesen Text bereits sehr früh in der Kirchengeschichte herangezogen, um darüber zu reden, inwiefern Jesus Gott ist. Doch in einigen aktuellen theologischen Ausarbeitungen wird dieses Lied auch für eine andere Fragestellung interessant. Man diskutiert darüber, was wir aus diesem Text über Gott lernen können. Genauer gesagt stellt man sich hier die Frage, was Jesus hier über das Wesen Gottes zu erkennen gibt. Für gewöhnlich haben Prediger meiner Glaubensherkunft aus diesem Text gelesen, dass Jesus seine Herrlichkeit abgelegt hat. Das meint, dass er vor seiner Menschwerdung eine Reihe göttlicher Eigenschaften hatte, die er bei seiner Menschwerdung sozusagen im Himmel zurückgelassen hat. Das wäre ungefähr so, als wenn Jesus im Himmel derart prächtig gekleidet war, dass er für die Erde overdressed gewesen wäre und deshalb seine Herrlichkeit wie einen Mantel im Schrank gelassen hat. Statt Purpurmantel kam Jesus mit der Küchenschürze auf die Erde. Das ist eine weit verbreitete Lesart. Heute vertreten viele Theolog:innen einen anderen Ansatz. Statt in Jesus einen Gott-light zu sehen, der ohne die ernstzunehmenden göttlichen Eigenschaften auf die Erde gekommen sei, versucht man, in diesem Loblied zu erkennen, wie Jesus das eigentliche Wesen Gottes deutlich macht. Wenn es in dem Philipper-Hymnus heißt, dass Jesus sich zum Sklaven gemacht hat, dass er demütig war, auf Gott hörte und sich den Menschen gleich machte, dann sind das keine abgespeckten Beschreibungen von Göttlichkeit, es zeigt vielmehr das eigentliche Wesen Gottes.

Dabei steht das Wort »kenosis« im Zentrum der Diskussion. Einige verstehen unter kenosis eine »Entäußerung«, also ein Verzichten auf etwas oder ein Weggeben. Das würde gut zu der Gott-light-Interpretation passen. Andere verstehen kenosis als ein Zurückziehen oder Limitieren. Jürgen Moltmann war ein berühmter Vertreter dieser Sicht. Für Moltmann ist die Idee hinter der kenosis Gottes ein Verzicht auf Macht. Um das zu verdeutlichen, stellt er eine Verbindung zu einer jüdischen Legende her, die Zimzum genannt wird. Es heißt, dass es vor der Schöpfung nur Gott gegeben habe. Damit nun etwas anderes neben Gott entstehen konnte, musste Gott sich in seine eigene Mitte zusammenziehen und Platz schaffen. In Gott entstand dann ein mystischer Hohlraum, in dem das Universum entstehen konnte.[13] In einer ähnlichen Weise könnte man argumentieren, dass Gott, die allmächtig ist, ihre Allmacht einschränken musste, damit neben ihr eine Schöpfung als Gegenüber entstehen konnte. Nun, da Gott ihre Macht zurückhält, hat die Schöpfung zumindest zu einem gewissen Grad wirkliche Handlungsfreiräume und kann eigene Entscheidungen treffen.

Kenosis als Machtverzicht hat viele überzeugt, die sich dem Offenen Theismus zuzählen. In dieser evangelikalen Variante der Prozesstheologie wird davon ausgegangen, dass Gott seine Macht freiwillig einschränkt. Das Bestechende an dieser Position ist, dass man zwar Gottes Allmacht weiterhin bekennen kann, jedoch das Böse in der Welt nicht als von Gott herbeigeführt oder eingeplant verstehen muss. Gott verzichtet freiwillig auf seine Macht, damit Leben entstehen kann und nimmt das Böse somit bewusst in Kauf. Das Böse entsteht, weil es echte Freiheit gibt. Es ist der Preis dafür, dass es überhaupt eine Schöpfung geben kann. Anhänger des Offenen Theismus sagen deswegen, dass Gott sich vor Grundlegung der Welt bewusst dafür entschlossen hat, das Abenteuer der Schöpfung einzugehen. Die Schöpfung war ein großes Risiko, aber Gott hat aus Liebe auf ihre Macht verzichtet. Allerdings war es ein kalkuliertes Risiko. Gott hat einschätzen können, was aus dieser Schöpfung werden würde. Gott kann nicht alles kontrollieren, was in der Welt geschieht. Aber Gott ist in der Lage, dem Böse Grenzen zu setzen. Und Gott hat als Herrin der Geschichte die Macht, den Lauf der Welt zu einem guten Ende zu führen.

Hier setzt auch die Kritik an diesem Ansatz an. Wenn Gott freiwillig auf den Einsatz ihrer Macht verzichtet, dann ist Gott immer noch in Verantwortung. Es stellt sich die Frage, ob das Leid der Welt durch das ermöglichte Leben aufgewogen werden kann. Ist es das alles wirklich wert? Und mehr noch: Gott hat es offensichtlich nicht geschafft, das Leid zu verhindern. Hätte Gott als Allmächtige nicht einen anderen Weg finden können, eine Welt ohne Leid zu schaffen? Hätte Gott ihrer Schöpfung nicht ein bisschen weniger Freiheit zugestehen können, sodass der Menschheit schreckliche Ereignisse wie die Shoa erspart geblieben wären? Und wenn Gott in der Hinterhand nun doch ihre Allmacht zur Verfügung hat, wäre dann nicht spätestens beim Holocaust der Zeitpunkt gekommen, die Freiheit der Menschen zu übergehen und einzuschreiten?

Der Ansatz des freiwilligen Machtverzichtes lässt die Frage nach dem Bösen in der Welt aus Sicht vieler Kritiker:innen immer noch unbeantwortet. In der Prozesstheologie versucht man daher, einen Schritt weiter zu gehen, indem man eine ganz neue Sichtweise auf Macht an sich wagt. Deutlich wird das beispielsweise bei Tom Oord, der sich selbst einer relationalen Theologie zuordnet, hier aber eine Position vertritt, die man so auch in der Prozesstheologie finden kann. Er versteht *kenosis* als selbsthingebende, andere ermächtigende Liebe.[14] Eine wörtliche Übersetzung von kenosis ist übrigens »entleeren«. Man sollte dabei aber nicht an einen ausgekippten Eimer denken, sondern eher an eine Quelle oder einen sich selbst ausgießenden Brunnen. Kenosis wäre dann kein Verlust, bei dem etwas weniger wird. Es geht mehr darum, dass etwas überfließt und anderen zugutekommt. Kenosis ist kein Verzicht, sondern ein Sich-Verschenken. Gott verliert ihre Göttlichkeit nicht, wenn sie Liebe verschenkt. Gottes Wesen entspricht es vielmehr, wenn Gott liebt. Gott ist Gott, weil sie liebt.

Das Besondere an Oords Ansatz ist, dass er *kenosis* als absolut entscheidend für Gottes Wesen betrachtet. Gott hat demnach nicht irgendwann einen Entschluss getroffen, liebevoll zu sein. Gottes Wesen ist Liebe und daher kann Gott nicht aufhören zu lieben. Gott ist nicht frei zu lieben oder lieblos zu sein, Liebe ist Gottes Wesensart. Denkt man von Gottes Liebe her, dann wird die Frage nach dem Verhältnis von Gott und Allmacht anders beantwortet als bei dem Ansatz von freiwilligem Machtverzicht. Die Grenze von Gottes Allmacht wird jetzt an Gottes Wesen, an Gottes Liebe festgemacht. Da, wo die Grenzen der Liebe sind, ist auch Gott machtlos. Diese Idee ist tatsächlich sehr alt. Bereits auf dem Konzil von Nicäa (325) hatte man die Allmacht des Vaters durch Gott den Sohn als Allliebe konkretisiert: Gott kann alles, was Liebe kann.[15]

Gottes Macht durch Liebe zu deuten, ist in der Prozesstheologie sehr grundlegend. Allerdings hat die Prozesstheologie diesen Weg längst nicht allein eingeschlagen. Dennoch scheint das Gottesbild eines kontrollierenden Gottes, der sich auch Gewalt und Zwang als Mittel zum Zweck bedienen kann, sehr viel stärker verbreitet zu sein. Wir sind in der christlichen Welt geprägt von einer Theologie der Kontrolle. Deswegen wirkt Liebe auf uns geringer als Kontrolle. Liebe ist wahrscheinlich die mächtigste Kraft, die in dieser Welt wirksam ist. Aber sie ist zugleich sehr schwach, weil sie Gewalt nicht mit Gewalt beantwortet. Der evangelische Theologe Wilfried Härle sprach von der Wehrlosigkeit der Liebe, die dennoch die größte Macht sei, da nur sie die Mächte von Lieblosigkeit, Angst und Tod überwinden könne.[16] Wir müssen der Versuchung widerstehen, Gott als kontrollierend zu denken. Vielmehr muss alles, was wir über Gott sagen, von ihrer Liebe her verstanden werden. Treffend sagte Dorothee Sölle, dass Gott ausschließlich mit dem Kapital der Liebe in die Welt gekommen und diese so machtvoll und machtlos sei, wie das Liebe nun einmal ist. Jedoch habe Gott abgesehen von Liebe nichts, womit sie die Herzen der Menschen gewinnen könne.[17]

Wenn Gott nur auf Methoden, Ressourcen und Wirkungen zurückgreifen kann, die dem Wesen ihrer Liebe nicht widersprechen, dann muss man hinter so manchen Vorstellungen über Gott ein Fragezeichen setzen. Der Begriff Allmacht müsste von einer gewaltigen Menge an Ballast befreit werden. Die Frage ist, ob das überhaupt geht. In der Prozesstheologie wird darüber diskutiert, ob man den Begriff Allmacht deswegen gar nicht nutzen sollte. Charles Hartshorne beispielsweise lehnt den Begriff »Allmacht« ab. Vielsagend lautet einer seiner Buchtitel: »Omnipotence and other Theological Mistakes«. Catherine Keller dagegen kann dem Begriff immer noch etwas abgewinnen. Für sie ist Gott insofern allmächtig, als dass Gott alle Macht habe, die Gott haben könnte. Sie betont jedoch, dass Gottes Macht schwach erscheine, wenn das Ideal Herrschaft sei. Für sie ist Gottes Macht eine Art ansteckender Einfluss, dessen Ideal eher eine radikal verletzliche Stärke ist.[18] Andere schlagen vor, dass man besser von Gottes Alltreue sprechen könne. Wieder andere sprechen von der allmächtigen Liebe Gottes oder der nicht-kontrollierenden Liebe Gottes. All das sind Versuche deutlich zu machen, dass Gottes Macht einen anderen Charakter hat, als traditionell mit dem Begriff Allmacht verbunden wird. Ich selbst kann dem viel abgewinnen und verwende den Begriff Allmacht daher persönlich nicht mehr.

GÖTTLICHE MACHT ALS ÜBERZEUGUNGSKRAFT

Die vielleicht grundlegendste Idee der Prozesstheologie ist, dass Gottes Macht keine Zwangsmacht (*coersive power*) ist, sondern eine Überzeugungskraft (*persuasive power*). Den Gedanken findet man schon in Alfred North Whitheads »Process and Reality«, letztlich ist dies aber Konsens in der Prozesstheologie. Gottes Wesen widerspricht es, Geschöpfe zu kontrollieren, sie also zu zwingen. Zwingen würde bedeuten, dass Gott in den jeweiligen Situationen alleine handelt, ohne dem Geschöpf selbst Handlungsfreiheit zu ermöglichen. Gottes

Macht ist demnach immer eine geteilte Macht und daher ist Gottes Handeln auch immer ein gemeinsames Handeln mit der Schöpfung.

Gott wird in der Prozesstheologie als ordnende und einflussnehmende Macht verstanden, die immer wirksam ist. Die Wirksamkeit Gottes wird jedoch ausschließlich im Sinne einer Kooperation verstanden. Dabei betont die Prozesstheologie, dass Gott zuerst handelt. An dieser Stelle ist die Prozesstheologie sehr nahe an dem, was in der methodistischen Tradition John Wesleys die Formulierung »vorauseilende Gnade« (*prevenient grace*) meint. Göttliche Gnade geht der menschlichen Entscheidung immer voraus. Wir lieben, weil Gott uns zuerst geliebt hat. Gott beginnt damit, dem Menschen Liebe und Wohlwollen entgegenzubringen. Dass Gott sich dem Menschen gutwillig und freundlich zuwendet, ist ihre Grundhaltung. Es ist keine Reaktion, die man sich verdienen könnte, vielmehr handelt Gott initiativ. Gott handelt so, weil Gott Liebe ist. Aber diese Liebe ist nicht durch irgendetwas im oder am Menschen motiviert, sondern es ist einfach Gottes Art, den ersten Schritt zu gehen.

Gott ist es, die uns in jedem Moment ein Spektrum an Möglichkeiten anbietet. Allerdings lässt uns Gott mit der Entscheidung nicht völlig alleine. Gott wirbt vielmehr für die besten Möglichkeiten und möchte uns überzeugen, diese zu wählen. Daher ist in der Prozesstheologie die Metapher des göttlichen Rufens sehr zentral. In verschiedenen biblischen Texten wird immer wieder von der Erfahrung geschrieben, dass Menschen von Gott angesprochen werden. Meist ist damit keine akustische Stimme gemeint, denn Gott redet inwendig wahrnehmbar.

Der Schreiber der Johannes-Offenbarung hat das mit der Metapher des Klopfens umschrieben. Gott klopfe an eine Türe und würde zu allen Menschen einkehren, die die göttliche Stimme hören und Gott die Türe öffnen würden (Offenbarung 3,20).

Gott macht sich bei ihren Geschöpfen bemerkbar. Die Stimme Gottes ist vernehmbar. Einige Autor:innen der Prozesstheologie verbinden die Wahrnehmbarkeit der göttlichen Stimme mit der menschlichen Intuition. Diese Stimme ist wie ein Klopfen an eine Tür. Das Klopfen steht bildlich für die göttliche Überzeugungskraft, während die Tür die menschliche Entscheidungsfreiheit symbolisiert. Gott tritt die Tür nicht ein. Gottes Bewegung zum Menschen macht irgendwo Halt, da sie die menschliche Freiheit nicht übergehen kann. Manchmal mag man sich zwar wünschen, dass Gott Türen eintritt – gerade dann, wenn sich hinter den Türen schlimme Dinge abspielen. Aber das Wesen von Gottes Liebe lässt nicht zu, dass Gott Türen eintritt. Gott klopft. Und dann liegt es beim Menschen, die Tür zu öffnen und auf Gottes Klopfen zu reagieren.

Geht ein Mensch auf Gottes Klopfen ein, dann eröffnet das Möglichkeiten für Gott, in der Welt wirksam zu sein. Gott kann in einem Moment niemals der einzige bestimmende Faktor sein, da Gott ihre Macht immer teilt. Gott handelt niemals einseitig, ein Moment besteht immer aus Gottes Werben und der Reaktion der Schöpfung. Allerdings hat Gott die Möglichkeit, an jede Tür des Universums zu klopfen. So manche Tür wird geöffnet und erlaubt Gott, in dieser Welt aktiv zu sein. Unsere Perspektive ist oft nur auf das eigene Leben gerichtet. Wir erkennen in der Regel gar nicht, welche Zusammenhänge es gibt und welche Möglichkeiten Gott zur Verfügung stehen. Es ist wie bei Elia, der glaubte, dass er alleine Gott treu wäre. Gott antwortete ihm dann, dass er noch 7000 andere Menschen habe, die Gott treu sind (1. Könige 19,14-18). Gott hat immer mehr Möglichkeiten, als wir glauben. Wir kennen also die Grenzen dessen, was Gott möglich ist, überhaupt nicht. Wir können in die Vergangenheit sehen und dann vielleicht hin und wieder feststellen, welche Türen Gott verschlossen wurden. Wir können aber auch ahnen, welchen Weg Gott bereits gegangen ist. Stellt man die Frage, was Gott kann, könnte man in etwa so antworten: Die Welt, wie sie ist – das ist, was Gott kann. Aber es ist nur, was Gott bislang kann. Gottes Möglichkeiten können wachsen. In der Prozesstheologie ist Gott kein dominierender Tyrann. Gott bedient sich nicht des Zwangs und der Gewalt. Aber Gottes Wirken in der Welt ist voller Möglichkeiten. Gott ist ständig dabei, Neues zu schaffen und neue Wege zu finden, Zerbrochenes wiederherzustellen. Man spricht davon, dass es in jedem Moment ein göttliches Locken oder eine göttliche Anziehungskraft (*lure*) gibt. Aus dem Spektrum an Möglichkeiten in jedem einzelnen Moment gibt es einige, die Gottes Absichten (*initial aim*) für seine Geschöpfe entsprechen. Diese Wahlmöglichkeiten müssen nicht immer auf der Hand liegen. Manchmal ist das Überraschende an der Beziehung mit Gott, dass uns die Augen geöffnet werden und wir Möglichkeiten wahrnehmen, für die wir vorher blind waren.

GOTTES REDEN UND DIE BIBEL

Geht man den prozesstheologischen Grundimpuls mit, der Gottes Wirken immer als Kooperation mit der Schöpfung versteht, dann schlägt sich das auch im Bibelverständnis nieder. Ich erlebe insbesondere in der Auseinandersetzung von postevangelikalen und evangelikalen Christ:innen die Frage nach dem Schriftverständnis als zentral. Da, wo eine Verbalinspiration angenommen wird, möchte man sicherstellen, dass jedes Wort in der Bibel von Gott exakt so gewollt ist. Versteht man die Bibel als in dieser Weise inspiriert, dann ist sie in der Tat Gottes Wort, da Gott das Endprodukt im Sinne einer kontrollierenden Macht sichergestellt hat. Auch bibeltreue Gläubige gehen von menschlichen Autoren aus, deren Einfluss auf die Gestalt der Bibel jedoch unterschiedlich bewertet wird. Für Postevangelikale ist ein Bibelverständnis im Sinne einer Irrtumslosigkeit nicht mehr möglich. Sie lesen die Bibel kritisch und werden auf Stellen aufmerksam, die nicht zu einer Irrtumslosigkeit passen. Die Bibel wirkt auf sie nicht wie ein literarisches Werk, dessen Inhalt von Gott völlig bestimmt worden sein kann. Also werden verschiedene Ansätze diskutiert, die das Verhältnis von göttlichem Wort und Menschenwort besser beschreiben und so den kritischen Anfragen an die Bibel gerecht werden können. Sehr prominent ist dabei der Ansatz von Karl Barth, der davon ausging, dass die Bibel zu Gottes Wort wird, wenn die Glaubenden durch den Text von Gott angesprochen werden.[19] Mir greifen diese Diskussionen jedoch zu kurz. Hinter der Frage nach dem Schriftverständnis steckt letztlich die Frage nach Gottes Wirken in der Welt. Nimmt man an, dass Gott in der Welt einseitig handeln, kontrollierend wirken und die Freiheit des Menschen souverän übergehen kann, dann kann man auch zu einem Bibelverständnis einer Verbalinspiration gelangen. Gilt aber die prozesstheologische Kernidee einer liebevollen Kooperation von Mensch und Gott, dann kann die Bibel immer nur als Ergebnis der göttlichen Überzeugungskraft verstanden werden. In der Bibel finden wir die spirituellen Tagebücher unserer Vorfahren – wie es der Musiker Jonnes einmal in einem Podcast ausdrückte.[20] Prozesstheologisch wäre die Bibel jedoch mehr als das. Sie ist nicht nur menschliches Nachdenken über Gott, sie ist das Produkt göttlicher Überzeugungskraft, die sich in den biblischen Erzählgemeinschaften und dem Leben der am Entstehungsprozess der Bibel beteiligten Glaubenden eingemischt hat. In diesen Gemeinschaften hat Gott offene Türen gefunden und konnte und kann dadurch in dieser Welt wirksam sein. Daher mache ich mich in der Bibel auf die Suche nach Textstellen, in denen ich wahrnehmen kann, wie Gottes Locken auf offene Herzen gestoßen ist. Das mögen Texte sein, von denen besondere Impulse ausgegangen sind und durch die auch im Nachgang viele positive Entwicklungen in der Welt bewirkt werden konnten.

Dieser Ansatz kann viele Problemstellungen klären, die heute im postevangelikalen Diskurs herausfordernd sind. Es kann verdeutlichen, warum die Bibel unterschiedliche Gottesvorstellungen beinhaltet, warum diese sich innerhalb der Bibel weiterentwickeln und biblische Erzählgemeinschaften in ihren theologischen Aussagen zu unterschiedlichen Ergebnissen kommen. Hier haben Erzählgemeinschaften ihre Weltsichten und ihre Erfahrungen mit Gott gemeinschaftlich diskutiert. In diesem Diskurs war Gott wirksam und hat die Gemeinschaften dazu gelockt, die Dinge neu zu sehen. So erklären sich Spannungen zu heutigen Erkenntnissen der unterschiedlichen Wissenschaften wie auch im Bereich der Ethik. Die Bibel ist kein perfektes Buch mit unüberbietbaren Wahrheiten. Sie ist ein Kunstwerk, eine Kooperation von Gott und Mensch. Das macht die Bibel nicht weniger relevant, jedoch wird auf diese Weise die Notwendigkeit von Interpretation und die Frage, wie wir heute mit Bibeltexten umgehen, deutlich aufgewertet.[21]

GOTT UND DIE WELT

Kapitel 3

KAPITEL 3: GOTT UND DIE WELT

Die Bibel beginnt mit Chaos. Sie beschreibt zunächst eine dunkle Szenerie, ein wogendes Wasser, eine leere und öde Erde. Und darüber die göttliche Geistkraft, die über den Fluten flattert, schwingt und vibriert. Als nächstes spricht Gott das Licht ins Dasein. Diese Sätze der Schöpfungsgeschichte sind in der ursprünglichen hebräischen Sprache ein kompliziert gestricktes Gedicht. Das erkennt man in der deutschen Übersetzung nicht zwangsläufig, jedoch ist dies lyrische Sprache. Es ist Poesie. Dann hat dieses Gedicht einen gewissen Rhythmus, indem einige Textzeilen regelmäßig wiederholt werden. Sieben Mal liest man, dass *Gott sah, dass es gut war*. Das Wort »Gott« kommt 35 Mal vor: Fünf mal sieben. Der Abschnitt, in dem der siebte Tag beschrieben wird, enthält 35 Wörter. Da hat sich jemand viel Mühe gegeben, sehr bewusst Worte künstlerisch zusammengefügt, um den Text so zu arrangieren.[22] Warum macht man so etwas? Wenn man der Welt erklären will, wie die Welt entstanden ist, dann wäre die Textgattung »Sachtext« doch viel eher geeignet. Warum also ein Gedicht? Es scheint, dass es um etwas anderes geht. Dieses Gedicht ist nicht dafür gedacht, eine Alternative zur Evolutionstheorie zu bieten. Es geht um Poesie. Es geht darum, dass Gott die Poetin der Welt ist. Poesie kommt von *poiesis,* das ist griechisch und heißt »Erschaffung«. Poet:innen erschaffen. Sie sind Künstler:innen. Allerdings sind sie keine Zauberer. Poet:innen beherrschen keine Formeln oder magischen Zaubersprüche, die sie aufsagen und - bäm! - fertig ist das Kunstwerk. Poet:innen arbeiten mit ungeformten Materialien, mit Chaos und Unfertigem. Und Poet:innen können das Potential sehen, das in und um diese Rohstoffe schlummert. Dann begeben sie sich in einen Prozess mit ihnen. Kunstwerk und Künstler:in gehen eine Art Dialog ein, bei dem die Dinge werden.

DIE FRAGE NACH DEM URSPRUNG

Ich finde es gut und gelungen, dass die Bibel unmittelbar ansetzt und dafür die Textsorte eines Gedichtes gewählt wurde. Ich hätte die Bibel nicht mit einem Gedicht begonnen. Stattdessen wäre ich wohl mit grundsätzlichen Erklärungen über Gottes Existenz, der Frage nach Gottes Ursprung oder vergleichbaren Themen eingestiegen. Ich kann mich nicht recht entscheiden, ob ich es eher frech oder besonders souverän finde, dass die Existenz Gottes zum Anfang der Bibel einfach vorausgesetzt wird und die Schreibenden es nicht für nötig gehalten haben, diesen Umstand zu begründen. Vermutlich war es für ihren Kontext keine Frage, die sich gestellt hatte.

Für mich persönlich war die Frage nach Gottes Existenz ebenfalls lange nicht relevant. In meinem Umfeld glaubten eigentlich alle Menschen an Gott und darüber hinaus war es für mich unvorstellbar, wie das Universum einfach da sein könnte, ohne dass es von einer Schöpfungskraft ins Dasein gebracht wurde. In ähnlicher Weise hat der mittelalterliche Theologe Thomas von Aquin in seinem kosmologischen Gottesbeweis argumentiert. Alles hat einen Anfang, eine Ursache. Irgendwer muss das alles hier in Gang gesetzt haben. Dieses Argument wird mit dem »unbewegten Beweger« in Verbindung gebracht, einem Ausdruck, der auf Aristoteles zurückgeht. Der Beweger steht für die erste Ursache, den ersten Anstoß, er hat selbst jedoch seinen Ursprung in sich selbst und muss daher nicht bewegt werden. Für mich war schon früh klar, Gott muss der Ursprung von allem sein. Die Gegenfrage, die danach fragt, woher Gott denn dann komme bzw. wer Gott geschaffen habe, hat mich dagegen kaum irritiert. Ich hatte gelernt, dass Gott ewig ist und daher aus sich selbst existieren kann. Diese Erklärung ist mir früh begegnet und hat mich lange überzeugt. Mehr noch, dieser Gedankengang hat mich regelrecht beruhigt. Denn die Frage nach Gott und der Welt ist letztlich eine Frage, die nach den menschlichen Wurzeln sucht. Dahinter steckt für mich der Wunsch, die eigene Geschichte irgendwo anbinden zu können. Und das hat Religion für mich geleistet. Der Glaube an Gott hat eine Art Zuhause für mein Inneres geschaffen: Gott – da komme ich her, dazu gehöre ich und darum bin ich hier. Der Theologe Paul Tillich hat in seinem Buch „Mut zum Sein" ähnlich argumentiert. Für ihn ist Gott der Daseinsgrund, der aus eigener Kraft das Nichtsein überwunden hat. Durch die Verbindung mit diesem Daseinsgrund können wir unsere Ängste vor dem Nichtsein ebenfalls überwinden und Mut zum Sein finden, also ein Ja zum Leben angesichts von Bedeutungslosigkeit und deren Steigerungsform, nämlich des Todes.[23] Tillich geht also, wie viele andere Theolog:innen auch, von von der Idee der *creatio ex nihilo* aus, von der Schöpfung aus dem Nichts.[24] Neben Gott habe es vor der Schöpfung nichts geben. Das Nichts als Zustand vor der Schöpfung ist jedoch keine biblische Idee. Sie ist wahrscheinlich aber eine notwendige Idee, wenn man dem Gedankengang folgen will, der Gott als Daseinsgrund denkt. Denn dieser Gedankengang möchte ja Gott als Ursache von allem sehen und daher kann es neben Gott nichts geben, das nicht in Gott seine Ursache hat. Für Tillich war die Lehre der Schöpfung aus dem Nichts ein klares Erkennungsmerkmal, welches das Christentum vom Heidentum unterscheide.[25]

Es gibt jedoch weitere Gründe, warum diese Denkfigur der Schöpfung aus dem Nichts sehr beliebt ist. Sie passt gut zu einer Vorstellung von Allmacht, die Gott uneingeschränkte Macht zuweist. Wenn Gott aus dem Nichts erschafft, dann wäre diese Handlung absolut einseitig. Gott hätte dann keine:n Helfer:in, es gäbe weder Zusammenarbeit noch Interaktion. Schöpfung wäre in dieser Argumentation wirklich ein magischer Vorgang, bei dem Gott etwas ins Dasein zaubert, das vorher nicht existierte. Es gibt gute Gründe für dieses Verständnis von Gottes Schöpfungshandeln. Es gibt aber auch Probleme damit. Eines bezieht sich wieder auf die Frage nach dem Leid und dem Bösen in der Welt. Damit habe ich mich bereits in Kapitel 1 beschäftigt und möchte hier nur kurz einen weiteren Aspekt einbringen. Sagt man, dass es vor der Schöpfung nichts außer Gott gegeben hat, dann entsteht unter anderem die Frage, woher das Böse kommt. Offenbar muss Gott dann auch das Böse geschaffen haben. Denn vor der Schöpfung gab es nichts, auch nicht das Böse. Es muss also von Gott kommen. Denn ein allmächtiger Gott hätte ja auch eine Welt kreieren können, in der das Böse keinen Platz hat. Kommt das Böse daher von Gott? Eine weitere

Herausforderung birgt die Frage, warum Gott – wenn sie doch schon früher aus dem Nichts erschaffen konnte – dies heute nicht mehr tut. Tom Oord diskutierte diesen Punkt einmal in einem Live-Video auf Facebook und entwarf sinngemäß folgendes Gedankenexperiment:

Angenommen, ein wütender Verrückter betritt mit einer halbautomatischen Waffe ein Restaurant und eröffnet das Feuer. Der Gott, der aus dem Nichts erschaffen kann, wäre in der Lage, eine winzige Schutzwand zu erschaffen, die alle auf die Menschen abgefeuerten Kugeln aufhält. Gott würde durch dieses ex nihilo Erschaffen noch nicht einmal den freien Willen des Schützen verletzen. Der Mann schießt ja freiwillig.

Gott tut dies offenbar nicht, was wiederum Fragen aufwirft. Die wichtigste Frage ist wahrscheinlich die nach Gottes Eingreifen in der Welt. Greift Gott vielleicht nur bei ganz wichtigen Dingen ein? Und bewertet Gott dann also die vielen Situationen, in denen sich Menschen alleine gelassen fühlen, als nicht wichtig genug, um einzugreifen? Das überzeugt (zumindest mich) eher weniger.

Für mich müsste eine Schöpfungstheologie diese Unstimmigkeiten aufgreifen und kreativ lösen. Ein Erschaffen aus dem Nichts passt nicht zu dem, wie Gott und die Welt heute wahrgenommen werden können. Kann es eine andere Perspektive auf den Ursprung des Universums geben, die sowohl unserer heutigen Erfahrung gerecht wird, in der Schöpfungsprozesse nicht aus dem Nichts geschehen, und trotzdem eine Anbindung an die Idee des Daseinsgrundes bietet, diese haltgebende Ursprungserzählung, die ich mir für meine eigene Spiritualität ersehne? Ich habe ein gewisses Empfinden, dass an der Vorstellung von Gott als dem Daseinsgrund etwas dran ist. Für mich fängt hier etwas an zu klingen. Jedoch habe ich Probleme mit der Vorstellung des Nichts.

Im Prozessdenken hält man eine *creatio ex nihilo* insgesamt auch für eher problematisch und setzt ihr die Idee einer *creatio ex profundis* dagegen – eine Schöpfung aus dem Chaos. Man kann den Schöpfungsbericht aus Genesis, dem 1. Buch Moses, in der Tat so verstehen, denn das Wort »Nichts« kommt hier nicht vor. Stattdessen wird der hebräische Ausdruck *tohu wabohu* verwendet – was so viel heißt wie wirr, wüst, leer, chaotisch. Die Schöpfungsgeschichte erklärt nicht, was vor der Schöpfung war. Sie erklärt, dass Gott Himmel und Erde erschuf und beschreibt poetisch einen in sieben Tagen aufbauenden Prozess – eine ungeformte Wassermasse und eine kreative Geisteskraft, die sich ans Werk macht. Statt von einem der Schöpfung vorlaufenden Nichts könnte man daher von Gottes Kreativität reden. Man könnte sagen, dass Kreativität schon immer Teil von Gottes Wesen war. Gottes Liebe hat schon immer geschaffen. In diesem Sinne gibt es keine erste Schöpfungstat. Das kann ich mir zwar ebensowenig vorstellen wie eine Schöpfung aus dem Nichts, aber spielen wir den Gedanken trotzdem kurz durch: Gott hat schon immer geschaffen. Sie war schon immer schöpferisch tätig und in kreativen Prozessen involviert, denn das gehört zu Gottes Wesen. Man kann schwer sagen, dass Gott Schöpfer:in ist, wenn es keine Schöpfung gibt. Julia Enxing erklärt diesbezüglich, dass es daher auch schon immer eine Form von Materie oder Energie gegeben haben müsse, die im panentheistischen Verständnis schon immer Teil von

Gott gewesen sei.[26] Während der Gedanke, dass Gott aus dem Nichts schafft, die recht hilflose Frage aufwirft, warum das heute nicht passiert, wenn es nötig wäre, führt der Gedanke der Schöpfung aus dem Chaos zu einer anderen, deutlich hoffnungsvolleren Botschaft: Gott ist schon immer gut darin gewesen, Schönheit aus Chaos entstehen zu lassen. Sie sieht Potential, wo wir vielleicht nur dunkles Wirrwarr erkennen. Letztlich sieht Gott die Welt mit den Augen einer Künstlerin. In diesem Verständnis führt mich die Frage nach dem Ursprung nicht zu einer ersten Schöpfungstat, die ich als logische Kausalkette ableiten kann. Stattdessen stößt mich die Ursprungsfrage auf den ewigen kreativen Prozess, der auch heute noch in der Welt erkennbar ist.

Im theologischen Diskurs ist diese Sichtweise jedoch wenig verbreitet. Im Gegenteil, es gibt deutliche Kritik an der Idee der Schöpfung aus dem Chaos. Kritik wird beispielsweise seitens der Offenen Theist:innen geübt. Diese merken an, dass es eine starke Einschränkung Gottes sei, wenn eine Schöpfung für Gott notwendig ist (Sprich: wenn Gott nur dann Schöpfer:in genannt werden kann, wenn es eine Schöpfung gebe). Außerdem sieht man den Gedanken gefährdet, dass Gott die Welt aus Großzügigkeit, aus Liebe geschaffen hat. Prozesstheolog:innen argumentieren, dass, wenn Gott schon immer schöpferisch tätig war, es niemals einen Entschluss zum Schöpfersein gegeben hat. Gott hätte also keinen bewussten Entschluss gefasst, letztlich sogar keine Wahl gehabt. Das Schöpfer:innensein ist Gottes Wesen und wird vorausgesetzt. Aber wie kann sie dann die Schöpfung ins Dasein geliebt haben? Oder ergibt es hier keinen Sinn, von einer Wahl zu reden, weil für Gott nicht zur Debatte steht, nicht liebevoll zu sein und ihre

Liebe keinen Anfang hat? Aus dem Alltagsleben kennen wir Liebe aber gerade im Zusammenhang mit echten Wahlmöglichkeiten. Diese Kritikpunkte sind sicherlich bedenkenswert.

Für die Prozesstheologie ist außerdem sehr entscheidend, dass Gott nie einseitig handelt. Aber auch das kennen wir aus unserem Alltag teilweise anders. Wenn Eltern beispielsweise den Entschluss fassen, ein Kind zu bekommen, dann wäre das eine völlig einseitige Entscheidung. Die Eltern könnten auch gut ohne das Kind klarkommen und sich gegenseitig lieben, Ähnliches könnte man über die Dreieinheit Gottes sagen. Aber angenommen, Eltern entscheiden sich aus Liebe für ein Kind, dann kann das Kind in dieser Frage keinen auch noch so kleinen Beitrag leisten. Das ungezeugte Kind ist nicht frei darin, ins Leben einzutreten oder nicht. Diese Entscheidung treffen die Eltern und allgemein wird so eine Entscheidung mit Liebe in Verbindung gebracht. Kann man entsprechend sagen, dass Gott vor aller Zeit einen Entschluss aus Liebe gefasst hat, die Welt ins Dasein zu lieben? Für Offene Theist:innen ist das plausibel. Für Prozesstheolog:innen nicht unbedingt. Es bleibt abzuwarten, wie sich diese Diskussion entwickelt.

DAS WERDEN DER WELT

Und das bringt uns wieder zum Schöpfungsbericht. Dort heißt es, dass Gott die Schöpfung ins Dasein spricht. Allgemein geht man davon aus, dass Gott keinen Körper hat – und damit weder Stimmbänder noch Lungen oder einen Mund. Der schöpferische Sprechakt Gottes ist also eine Metapher. Ist hier Raum für Deutungen, die man prozesstheologisch mit Gottes Locken füllen könnte? Ist es nicht auffällig, dass hier eben nicht von Schöpfungs*taten* die Rede ist, sondern von Schöpfungs*worten*? Worte beeinflussen und können viel bewegen. Sprachwissenschaftler:innen gehen auch davon aus, dass Worte an sich Taten sind. Aber sie haben einen besonderen Charakter. Worte setzen etwas frei und schaffen Raum für eine Reaktion. Gott initiiert und die Schöpfung reagiert. Die Schöpfungsgeschichte handelt also von einer Art Interaktion. Gott gibt seine Worte in die Schöpfung und die Dinge antworten, indem sie werden. Hier findet ein Gespräch statt. Die Metapher des Gesprächs passt sehr gut zu einigen Grundüberzeugungen der Prozesstheologie. Denn dort wird angenommen, dass die Schöpfung auf unterschiedliche Weise in der Lage ist, Gottes Reden wahrzunehmen. Atome, Moleküle, Steine, Amöben, Bäume, Wasser, Insekten – die gesamte Schöpfung hat eine Vorstufe von Bewusstsein. Im Laufe der Evolution haben sich demnach immer höhere Formen von Geistigkeit oder Mentalität entwickelt. Das Potential für Bewusstsein muss daher schon in der Grundstruktur des Universums verankert gewesen sein. Natürlich ist das Bewusstsein von einem Hund ein deutlich komplexeres als das einer Qualle, und die wiederum hat ein deutlich höheres Bewusstsein als ein Molekül. Hier könnte man diskutieren, ab wann es überhaupt Sinn macht, von Bewusstsein zu sprechen – Atome und Bakterien können schließlich keine Schmerzen oder dergleichen erleben. Die Prozesstheologie geht aber davon aus, dass die Schöpfung für Gottes Rede empfänglich ist und eine graduelle Reaktionsfähigkeit besitzt; wobei die Reaktionsfähigkeit eines Atoms wie eine ständige Wiederholung aussieht. Die Schöpfung ist in der Lage, selbstbestimmte Entscheidungen zu treffen. Und das gilt sogar für kleinste Teilchen, die aber natürlich einen viel kleineren »Entscheidungsspielraum« haben als zum Beispiel Menschen. In dieser Vorstellung besteht das Universum also nicht aus lebloser Materie, die in Ausnahmefällen lebendig ist. Die Prozesstheologie möchte eine Alternative zu einem Naturalismus sein, also einem Weltbild, das die Natur als geistlos versteht. Für die Prozesstheologie ist die gesamte Schöpfung durchwoben von Geist und Bewusstsein, so dass allem Sein zumindest das Potential für Bewusstsein zugedacht wird. Diese Weltsicht wird auch unter dem Stichwort »Panpsychismus« diskutiert. Manchmal wird auch von einer »physischen Außenseite« und einer »geistigen Innenseite« aller Dinge gesprochen. All diese Ansätze ermöglichen auf eine gewisse Weise, davon auszugehen, dass die Schöpfung empfänglich für Gottes Wirken ist.

Diese Gedanken sind sehr gut mit dem Gedanken der Evolution zu verbinden. Es geht dann nicht mehr um die Frage nach dem Nichts, es geht um die Frage, wie Neues in der Welt entstehen kann. Gott hat demnach schon seit 13,8 Milliarden Jahren in dieses Universum hinein gewirkt. Auf diese Weise konnte Gott eine Höherentwicklung initiieren. Dieser Prozess ist von Gott nicht kontrolliert worden, sie konnte mit der Schöpfung nicht einfach das machen, was sie wollte. Gott konnte weder den Verlauf noch das Ergebnis des Schöpfungsprozesses völlig bestimmen. Aber Gott gibt Impulse, die von der Schöpfung aufgegriffen werden können. Dass wir heute an dem Punkt sind, an dem wir sind, ist das Ergebnis von Gottes extrem langen Atem.

Unermüdlich hat Gott die Schöpfung gelockt und immer wieder neue Möglichkeiten zur Entwicklung in den Kosmos gepumpt; angefangen bei kleinsten Partikeln, die sich zu Atomen verbunden haben, bis hin zu komplexeren Strukturen, die sehr viel später in der Lage waren, höhere Lebens- und Bewusstseinsformen zu bilden. Gott ging und geht jeden Entwicklungsschritt mit der Schöpfung in diesem offenen Prozess. Versteht man die Schöpfung als langen Prozess einer Höherentwicklung, dann resultiert daraus eine etwas andere Story als die traditionelle Schöpfungsvorstellung, die davon ausgeht, dass Gott zu Anfang eine bereits perfekte Schöpfung erschaffen hat, die dann erst durch den Sündenfall unvollkommen wurde. Im Prozessdenken hat es am Anfang keinen solchen Zustand gegeben, vielmehr ist die Geschichte des Universums die Geschichte einer von Gott inspirierten Entwicklung. Man könnte deswegen auch sagen, dass Gott die ultimative Entwicklungshelferin ist. Gott versucht in jedem Moment, die Schöpfung zu etwas Besserem zu bewegen.

Gott hat über diesen langen Zeitraum immer mehr Wesen hervorgebracht, die sowohl mehr Bewusstsein, als auch mehr Selbstbestimmung innehatten. Das meint, dass Geschöpfe Ursache ihrer eigenen Entwicklung sein können. Gott hat die Schöpfung mit dem Potential ausgestattet, sich selbst zu entfalten. In der Schöpfungsgeschichte heißt es:

»Und Gott sprach: Es lasse die Erde aufgehen Gras und Kraut, das Samen bringe, und fruchtbare Bäume, die ein jeder nach seiner Art Früchte tragen, in denen ihr Same ist auf der Erde. Und es geschah so« (1. Mose 1,11).

Die Natur hat in sich Potential, Neues hervorzubringen, Entwicklung ist in der Schöpfung angelegt. Beim Menschen wird das noch deutlicher, denn der Mensch wird aufgefordert, die Schöpfung zu bebauen und zu bewahren. Gott beruft den Menschen dazu, ebenfalls schöpferisch tätig zu sein. Mehr noch. Auf eine Weise hat uns Gott zu unseren eigenen Schöpfer:innen gemacht. Es ist ja im Grunde eine verrückte Sache, dass wir in der Lage sind, neue Menschen zu erzeugen. Neues Leben ist immer ein Wunder, aber dieses Wunder geschieht, weil Gott uns dazu befähigt hat. Erstaunlich.

Ähnlich wie beim Gedanken der Allmacht teilt Gott ihre verändernde Kreativität mit der Schöpfung. Die Schöpfung ist kein passives Objekt, sondern sie wird freigesetzt, um sich selbst weiterzuentwickeln. Diese Freiheit ist ein Geschenk Gottes, das allerdings ein hohes Risiko mit sich bringt. Denn die Schöpfung hat die Möglichkeit, sowohl Gutes als auch Schlechtes entstehen zu lassen. Je höher entwickelt die Lebewesen wurden, desto größer ist das Potential, das Dasein wahrzunehmen und zu genießen – aber eben auch das Potential, die eigenen Freiheiten zu nutzen, um Schaden anzurichten. Daher ist Gottes kreativer Prozess ein Abenteuer, dessen Ausgang nicht völlig in Gottes Händen liegt.

Hier sehen Prozesstheolog:innen einen fruchtbaren Ansatz, um die Frage nach dem Leid zu beantworten. Zu sagen, dass die Schöpfung freigesetzt ist, um die eigene Entwicklung selbst zu steuern, lässt verschiedene Gedanken anschließen: Gott möchte die Freiheit der Schöpfung nicht einschränken, sondern die Schöpfung vielmehr unterstützen, diese Freiheit kreativ zu nutzen. Gott freut sich, wenn Geschöpfe ihre Freiheit nutzen und ihr Leben positiv gestalten. Schafft der Mensch es, sein Leben zu gestalten und gute Entscheidungen zu treffen, dann tut er genau das, was er soll. Gott unterstützt die Mündigkeit des Menschen. Das ist möglicherweise nicht so offensichtlich, zumindest nicht, wenn man bedenkt, wie der christliche Glaube häufig beworben wird. Ein bekannter Satz, der immer wieder in diesem Zusammenhang fällt, verspricht: »Gott liebt dich und hat einen wunderbaren Plan für dein Leben«. Ein Plan ist mehr als »gute Absichten«. Ein Plan klingt nach Vorbereitung, nach festgelegtem Ablauf, nach bereits getroffenen Entscheidungen und nach Vorgaben, an die man sich halten sollte. Wer einen göttlichen Plan für das eigene Leben erkennen möchte, wird in seinem Leben nach göttlicher Wegweisung fragen – nicht nach der Fähigkeit, gute Entscheidungen zu treffen.

Wann kann das Versprechen eines göttlichen Plans auf einen Menschen attraktiv wirken? Ein Plan für mein Leben ist dann interessant, wenn ich selbst keinen Plan habe, oder wenn meine Pläne sich nicht realisieren lassen. Dieser Satz appelliert letztlich an die Bequemlichkeit der Menschen. Er inspiriert nicht zu Wagemut und Entdeckertum, sondern verspricht Klarheit und Orientierung. So muss man scheinbar nicht selbst einen Weg finden, man bekommt von Gott die Richtung vorgegeben. Welchen Beruf sollte ich wählen? Wen sollte ich heiraten? Wofür gebe ich mein Geld aus? Wie erziehe ich meine Kinder? Was stelle ich mit meinem Leben an? Das Versprechen ist, dass Gott auf all diese Fragen einfache und klare Antworten bereithält, sodass man selbst nicht mehr mit diesen Fragen ringen muss. Das ist auch der Grund, warum das Christentum viel Wert auf Gebote legt. Gebote machen das Leben einfacher. Es erweckt manchmal den Eindruck, als hätte der christliche Glaube eine Tendenz zur Hörigkeit.

Natürlich wollen Christ:innen die göttlichen Gebote nicht aus dem Grund befolgen, dass man sich die Liebe Gottes verdient. Gehorsam ist immer eine Reaktion auf Gottes Liebe und wird durch den Heiligen Geist bewirkt. Das haben wir spätestens seit Martin Luther gelernt. Aber was, wenn der Heilige Geist Menschen dazu bewegen soll, selbst kreativ mit dem eigenen Leben umzugehen? Gott möchte uns nicht diktieren, wie wir unsere Lebensgeschichte schreiben, Gott möchte uns inspirieren, damit wir selbst gute Poet:innen unseres Lebens werden. Das Leben ist kein Malen nach Zahlen. Wir sind vielmehr eingeladen, in einen kreativen Prozess einzusteigen, dessen Verlauf wir entscheidend mitbestimmen sollen. Die christliche Botschaft ist daher nicht, dass wir Menschen Gott brauchen, um mit unserem Leben zurecht zu kommen. Vielmehr ist die christliche Botschaft, dass Gott uns befähigt, beruft, anstiftet, ermutigt und anregt, damit wir die von ihr zugestandene Freiheit nutzen. Vielleicht lässt Gott sich überraschen, wozu wir das Leben nutzen.

Das heißt nicht, dass Gott keine Meinung dazu hat, wie ein gelungenes Leben aussehen kann. Gott verheimlicht uns auch nicht, wie man gut leben kann. In Jesus hat Gott uns ein Beispiel gegeben, wie ein Leben aussehen kann, das völlig mit Gottes Vorstellungen und Absichten übereinstimmt. Durch den Geist Gottes verändert Gott Menschen und hilft uns, gute Entscheidungen zu treffen. Gute Entscheidungen treffen zu lernen ist etwas völlig anderes, als Entscheidungen an sich möglichst zu vermeiden und daher abzugeben.

GOTT BLEIBT HIER KAUM NOCH PLATZ

Der Naturwissenschaftler René Descartes hat die Art, wie heute Wissenschaft betrieben wird, wie kaum ein anderer geprägt. Eine seiner wichtigsten Ideen war die Unterscheidung zwischen Geist und Materie.[27] Er glaubte, dass Geist und Materie strikt voneinander getrennt sind. Materie ist der Stoff, aus dem die Welt gemacht ist. Sie funktioniert aber wie von selbst. Sie ist wie eine Maschine, die einmal zum Laufen gebracht wurde, aber ab dann ohne Fremdeinwirkung funktioniert. Um zu erklären, wie diese Maschine funktioniert, muss man sie studieren und verstehen. Aber man sollte eben nicht davon ausgehen, dass sie funktioniert, weil Gott sie antreibt. Laut Descartes müssen alle Phänomene in der Welt erklärt werden, ohne dass man für diese Erklärung Gott hinzuzieht. Descartes lehnt Gott nicht prinzipiell ab; er sagt sogar, dass das Geistliche höher ist als das Materielle. Aber Geist und Materie sind zu trennen. Gott mag also außerhalb der für uns fassbaren und mit wissenschaftlichen Methoden erforschbaren Welt sein. Genau das meint man mit Metaphysik, nämlich die Lehre von dem empiristisch nicht mehr Erfahrbaren, von den hinter unseren Wahrnehmungen verborgenen (oder vermuteten) Tatbeständen. In meinen Worten ließe sich Descartes Sicht so in Worte fassen: Gott mag die Welt zum Laufen gebracht haben. Aber darüber hinaus hat Gott mit der Welt nichts zu tun. Gott ist für die Welt nicht notwendig.

Dieser Ansatz ist extrem erfolgreich gewesen. Er hat dazu geführt, dass man irgendwann aufgehört hat, eine Seuche als Plage Gottes zu verstehen. Seuchen kann man eher weniger mit sich selbst auspeitschenden Mönchen in den Griff kriegen. Zur Zeit Luthers hat man so noch versucht, Epidemien zu stoppen. Versucht man stattdessen, Krankheitserreger ausfindig zu machen und nach Heilmitteln zu suchen, dann kommt dabei mehr herum. Moderne Medizin hat die Idee eines zornigen, durch Krankheiten strafenden Gottes ganz klar ausgestochen.

Die Siegeszug der Wissenschaften hat so ziemlich alle Lebensbereiche eingeholt und uns das Leben in vielerlei Hinsicht vereinfacht und verbessert. Die Kehrseite ist, dass die vielen Phänomene, die man vorher mit Gott erklärt hatte, nun anders und besser erklärt werden können. Für Gott bleibt da kaum noch Platz. Die Wissenschaften sind vorgeprescht, Gott befindet sich scheinbar auf dem Rückzug. Sicher gibt es immer mal wieder neue Fragen oder noch nicht erklärbare Phänomene, bei denen die Wissenschaft (noch) keine Antworten hat. Wenn Gläubige aber Gott für diese Themen heranziehen und sie zur Lückenbüßerin machen, dann ist der wissenschaftliche Fortschritt der Tod Gottes. John Cobb hat es einmal drastisch ausgedrückt, als er sagte: »Die moderne Metaphysik hat Gott umgebracht.«[28]

Wie kann sich der Glaube dazu verhalten? In der Regel spielen wir Christ:innen das Spiel mit. Auch wir haben die Sichtweise von Descartes stark verinnerlicht und leben in unserem Alltag mit dem modernen Weltbild. Gewitter sind für uns kein Groll Gottes, Krankheiten erklären sich durch die Medizin und darüber hinaus lassen wir unser Leben durch technische Errungenschaften bestimmen. Wir gehen davon aus, dass die Welt seinen geregelten Gang hat und hier alles mit rechten Dingen zugeht. Wir reservieren für Gott bestimmte Ausnahmen, besonders in religiösen Veranstaltungen. Wir sprechen davon, dass Gott in diese Welt »eingreift«. Diese Sprache sagt schon unendlich viel darüber aus, wie wir die Welt sehen. Das Wort »eingreifen« legt nahe, dass Gott außerhalb ist. Und es erweckt den Eindruck, dass Gott nur eine Beobachterin der Welt ist. Überspitzt könnte man sagen, dass Gott passiv ist und nur von Zeit zu Zeit eingreift. Im Normalfall gehen wir davon aus, dass die Naturgesetze greifen und die Dinge regeln. Gottes eingreifendes Handeln in der Welt ist daher die Ausnahme, die wahrscheinlich von den meisten Christ:innen für möglich gehalten wird, jedoch nur selten vorkommt. Ist nicht ein großes Problem, dass viele Christ:innen Gottes Wirken nur aus biblischen oder zeugnishaften Erzählungen kennen? Auch das ist übertrieben. Ich weiß. Was ich beschreiben will, ist vielmehr eine Problemstellung in unserer Sicht auf das Verhältnis von Gott und Welt. Warum wird denn in Predigten so viel darüber geredet, dass, wie und ob man Gott im Alltag erleben kann. Wenn das für alle so natürlich wäre, woher kommt dann der Klärungsbedarf und der riesige Markt an Büchern und Veranstaltungen? Der Glaube an Gottes Eingreifen ist vielleicht doch ein wunder Punkt. Und vielleicht ist Teil des Problems, dass unsere Brille, mit der wir die Welt sehen, stärker von westlicher Philosophie geprägt ist, als uns vielleicht lieb ist. Vom Grundsatz her ist das, was viele Christ:innen über dieses Verhältnis von Gott und Welt glauben, sehr nahe an dem Verständnis von Descartes. Wir sind alle stark vom modernen Geist geprägt.

Unter den Glaubenden gibt es allerdings völlig zurecht ein großes Bedürfnis danach, Gottes Handeln nicht nur in Ausnahmefällen zu erleben. Ein bisschen steckt da auch die Frage hinter, wozu Gott eigentlich noch wichtig ist, wenn wir in der Regel auch ohne Gott klarkommen und mit der Welt fertig werden können. Ist Gott am Ende überflüssig? Könnten Theologietreibende hier gute Antworten finden, dann würde uns das einen wichtigen Schritt weiter bringen. Es lohnt sich daher, einige der gängigen Grundüberzeugungen über Gottes Verhältnis zur Welt neu zu durchdenken. Auch hier liefert die Prozesstheologie bemerkenswerte Ansätze, die auf den Punkt bringen können, was Gott mit der Realität zu tun hat. Das tut sie, indem sie einige der Grundannahmen von Descartes auf den Kopf stellt und eine völlig andere Sicht der Welt beschreibt.

WAS MIT PROZESS GEMEINT IST

Was ist mit dem Begriff »Prozess« in Prozesstheologie gemeint? Es ist eine neue Weltsicht, die erklären soll, wie alles in dieser Welt zusammenhängt und welche Rolle Gott dabei spielt. Im Zentrum dieses Weltbildes stehen Momente. Diese gelten als Bausteine unserer Welt. Ich verdeutliche dies anhand einer Geschichte. Es gab diesen Moment in meinem Leben, in dem zwei Briefumschläge auf meinem Schreibtisch lagen. In diesen lagen ausgefüllte Anträge für zwei unterschiedliche Studienfächer: Lehramt und Betriebswirtschaftslehre. Dieser Moment hat also verschiedene Möglichkeiten beinhaltet. Vor mir lag ein Möglichkeitenraum. In der Prozesstheologie sagt man, dass dieser Möglichkeitenraum ein göttliches Geschenk ist. In jedem Moment schenkt uns Gott echte Wahlmöglichkeiten, aus denen wir auswählen können. Dieser Möglichkeitenraum ist jedoch nicht unendlich groß, da verschiedene Möglichkeiten nicht zur Wahl stehen. Ich konnte in diesem Moment nicht brasilianischer Präsident werden, da dies außerhalb meines Möglichkeitenraumes lag. Es gab in diesem Moment gute und weniger gute Entscheidungsmöglichkeiten. Manche hätten besser zu mir gepasst als andere. Einige waren mir bewusst, andere Möglichkeiten waren mir unbekannt.

Die Prozesstheologie würde nun aber sagen, dass Gott mich in diesem Moment locken würde, damit ich möglichst gute Entscheidungen treffen kann. Gott ist Teil des Prozesses, da sie in jedem Moment durch ihre Überzeugungskraft lockt. Dennoch bin ich ein eigenständiges Wesen und kann Entscheidungen treffen. Die getroffenen Entscheidungen werden dann konkret. Sie verdichten sich und wachsen mit den zurückliegenden Entscheidungen zusammen. Denn dass ich überhaupt diesen Möglichkeitsraum zur Verfügung hatte, war das Resultat aus unzähligen anderen Momenten mit Möglichkeiten und Entscheidungen. Darunter fallen meine eigenen Entscheidungen, aber auch die von vielen anderen eigenständigen Wesen. In jedem dieser vergangenen Momente war Gott präsent und aktiv. Das Konkretwerden von Entscheidungen wirkt sich auf den nächsten Moment aus. Ich entschied mich damals für das Lehramt. Das eröffnete eine Unzahl weiterer vor mir liegender Möglichkeitsräume, allerdings wurden andere Möglichkeiten auch dadurch verschlossen. Wie ich mich aber auch entscheide, ich kann mir sicher sein, dass Gott treu ist und mich begleitet. Gott wird nie aufhören, mich zu besseren Entscheidungen zu locken. Allerdings ist dieses göttliche Mitgehen an meine Entscheidungen und die dadurch entstehenden Möglichkeitsräume gebunden. Gott kann diese Möglichkeitsräume nicht beliebig verändern, da sie in ein komplexes Netz von Verbindungen verwoben sind. Möglichkeitsräume, Entscheidungen und Gottes Locken stehen in Wechselbeziehungen und bedingen sich gegenseitig. Auch auf diese Weise kann die Prozesstheologie ein Verwobensein Gottes mit der Welt annehmen.

Die Vorstellung vom Prozess hat in der Wirklichkeit weitreichende Folgen. Wenn die Dinge nicht verbunden sind, dann geht es nur mich etwas an, wenn ich beispielsweise mit meinem Körper schlecht umgehe. Oder dann könnte es dem reichen Westen egal sein, wenn in den Ländern der dritten Welt unterbezahlte Arbeiter:innen unsere Produkte herstellen. Mehr und mehr entsteht aber ein Bewusstsein, dass unser Handeln weltweite Auswirkungen hat. Was ich kaufe, welche Verkehrsmittel ich nutze, wie ich mich ernähre – all das hat mit anderen Lebewesen auf der gesamten Welt zu tun. Wir leben auf diesem Planeten nicht wie unbeteiligte Billardkugeln nebeneinander, sondern wir sind in einem eng geknüpften Netzwerk aus unzähligen Verbindungen miteinander verwoben.

John Cobb hat einmal gesagt, dass die westliche Philosophie leider nicht von blinden Menschen geprägt wurde.[29] Denn unser vorrangiger Zugang zur Welt ist das Sehen und nicht der Gehörsinn. Das Sehen verleitet zu der Annahme, dass wir es mit statischen, unverbundenen Objekten zu tun haben. Würden wir die Welt aber stärker über das

Gehör wahrnehmen, dann würde unsere Wahrnehmung der Welt eine andere sein. Geräusche sind flüchtig, nicht statisch. Sie durchdringen den Raum und erfassen alles gleichermaßen. Vom Hörsinn her betrachtet ergibt die Weltsicht einer universellen Verbundenheit deshalb absolut Sinn. Will man Gottes Wirken in der Welt beschreiben, dann sollte man sich davon lösen, einen zu individualistischen Blick zu haben. Ja, Gott hat mit jedem einzelnen von uns eine Beziehung und ist individuell im Gespräch. Was für Möglichkeiten sich für Gott aber daraus ergeben, dass es ein komplexes Zusammenspiel des Kosmos gibt, das können wir wahrscheinlich nicht einmal erahnen. Es ist eine Sichtweise, dass Gottes Überzeugungskraft auf jeden Einzelnen wirkt. Aber was bedeutet es, dass im gesamten Universum immer wieder Geschöpfe auf den Ruf Gottes hören? Welche Synergien werden da freigesetzt? Gott ist wie ein guter Song, der diese Welt durchzieht. Wir sind eingeladen mitzuspielen. Gott ist keine ferne Beobachterin. Gott ist keinem von uns fern.

PROZESSDENKEN WIRD ZU THEOLOGIE

Einer der bedeutendsten Stimmen der ersten Christ:innen war Paulus von Tarsus. Er hat in Kleinasien mehrere christliche Gemeinschaften gegründet und die Botschaft von Jesus in verschiedenen Metropolen der damaligen Welt bekannt gemacht. Unter anderem hat er auch Athen besucht und dort mit einigen Philosophen geredet. In der Apostelgeschichte wird von einer Rede berichtet, die Paulus in der Mitte des Areopags gehalten hat. In dieser Rede beschreibt er, wie er durch die Stadt Athen ging und dort einen Altar mit der Aufschrift »Dem unbekannten Gott« fand. Über diesen Gott wolle Paulus reden, denn dieser Gott sei niemandem fern. Alle Menschen würden in diesem Gott leben, sich bewegen und sein (Apostelgeschichte 17,28).

Für Paulus ist Gott zunächst der Schöpfer der Welt. Aber Gott ist auch der Erhalter des Lebens. Für Paulus ist die Welt keine aus sich heraus funktionierende Maschine, sondern Gott gibt allem Leben die Lebendigkeit. Erstaunlich ist auch, dass für Paulus Gott nicht auf religiöse Veranstaltungen und Orte reduzierbar ist. Gott wohnt nicht in Tempeln – das wäre einmal ein guter Spruch für den Schaukasten, wie er vor wohl jedem Gemeindegebäude steht. Aber Gott ist eben niemandem fern, weil alles in Gott ist. Wir sind in Gott, das heißt, dass Gott alles Leben umfasst und umarmt. Man beachte, dass Paulus hier zu griechischen Philosophen spricht, die niemals zuvor von Jesus gehört hatten. Was er hier über die Beziehung von Gott und Geschöpf sagt, gilt also nicht bloß für Christ:innen. Es ist eine allgemeingültige Beschreibung davon, wie Gott und Welt verbunden sind.

Ausgehend von der Formulierung, dass wir »in ihm leben«, haben Prozesstheolog:innen die Theorie davon entwickelt, wie Gott und Welt verwoben sind. Man spricht vom Panentheismus. Das ist nicht dasselbe wie Pantheismus (was man aus östlichen Religionen kennt). Wörtlich übersetzt heißt es »alles in Gott«. Prozesstheolog:innen verstehen darunter, dass Gott mit der gesamten Welt eng verbunden ist. Diese Verbindung besteht dadurch, dass Gott in jedem Moment mit allen auch noch so kleinen Bestandteilen der Schöpfung in einem

Gespräch ist. Die Schöpfung besteht nicht aus statischen Substanzen, sondern aus einem riesigen Geflecht von Beziehungen, durch die alles mit allem verbunden ist. Gott ist der Grund für diese Verbundenheit, aber Gott ist auch Teil dieser Verbindungen. Um den Ansatz des Panentheismus besser einordnen zu können, ist es sinnvoll, die Entwicklung des Prozessdenkens nachzuvollziehen. Nachdem Alfred North Whitehead die wesentlichen Ideen der Prozessphilosophie formuliert hatte, wurde sie unter anderen von den Theologen Henry Nelson Wieman und Charles Hartshorne aufgegriffen und an die Theologie angepasst. Beide gingen jedoch unterschiedliche Wege.

Henry Nelson Wieman war einer der wichtigsten Vertreter des sogenannten naturalistischen Theismus. Mit Naturalismus bezeichnen viele die Idee, dass die Natur alles ist, was es gibt. Über die Natur hinaus gibt es nichts, insbesondere nicht Gott, die in den Lauf der Natur eingreifen und die Dinge manipulieren könnte. Dennoch betreibt Wieman Theologie, er nutzt religiöse Sprache und Symbole, um die Welt zu beschreiben. Allerdings ist alles, was er mit religiöser Sprache ausdrückt, insofern innerweltlich, als dass alles seinen Ursprung in dieser Welt hat. Auch Wieman kann von »Gott« reden. Allerdings ist »Gott« für ihn kein Wesen, das außerhalb von Raum und Zeit steht. »Gott« ist bei Wieman ein Prozess, der in dieser Welt vonstatten geht. Gott geschieht immer dann, wenn Menschen, Lebewesen oder andere Akteur:innen der Natur in einer solchen Weise kooperieren, dass Rettung vom Bösen in der Welt geschieht. Für Wieman stellt sich die Frage danach, wie wir das deuten können, das in der menschlichen Existenz daran arbeitet, das größtmögliche Gute zu schaffen, zu erhalten, zu retten und alles dahingehend zu verwandeln. Er nennt diese wirksame Präsenz in der menschlichen Existenz Gott.[30]

Wieman glaubte also, dass es etwas Gutes in der Welt gibt, das einen bedeutsamen Unterschied macht. Allerdings erklärt er nicht genau, woher denn nun dieses Gute ursprünglich kommt. Klar ist für ihn lediglich, dass der Ursprung des Guten innerhalb der Welt liegen muss. Für Wieman wäre »Gott« in der Welt historisch wirksam, indem sie diese Welt zum Besseren verändert. Gott ist aber bei ihm eher ein Phänomen, das innerweltlich zu verstehen ist, da für Wieman Aussagen über alles, was über den Kosmos hinaus geht, spekulativ sind. Das, was Menschen verändert, müsse im menschlichen Leben arbeiten und in den wirklichen Prozessen der menschlichen Existenz gefunden werden. Wonach die Religion fragt, muss eine wahrnehmbare Kraft der Veränderung im menschlichen Leben sein.

Postevangelikalen wie mir mag diese Herangehensweise an Theologie und dieses natürliche Verständnis von Gott verkürzt vorkommen. Es klingt doch danach, dass hier die Realität Gottes auf die Natur reduziert wird und eine Unterscheidung zwischen Schöpfer:in und Geschöpf nicht mehr möglich ist. Würdigend anerkennen sollte man jedoch, dass Wiemans Versuch, Theologie ohne den Rückgriff auf das Übernatürliche zu denken, einen positiven Einfluss auf andere hatte. Der Prozesstheologe John Cobb würdigt Wiemans Werk und stellt heraus, dass Wieman zufriedenstellend zeigen konnte, dass das Untersuchen der menschlichen Erfahrung die Realität eines vertrauenswürdigen kreativen Prozesses offenlegt. Jedoch ist für ihn das Gottesverständnis von Wieman nicht alles, was Gott für ihn bedeutet.[31]

Auch der Bürgerrechtler Martin Luther King hat von Wieman profitiert und schrieb seinerzeit über die Theologie Wiemans seine Doktorarbeit. Aber auch King kritisiert Wieman an entscheidender Stelle. Er geht davon aus, dass es möglich sei, Gottes In-der-Welt-Sein (Immanenz) zu stark zu betonen, sodass man übersehen würde, dass Gott auch transzendent ist, also über die Welt hinaus ragend und von ihr unterscheidbar. King unterstellt Wieman, dass dieser die Transzendenz Gottes nicht ausreichend stark macht:

»Gott kann nicht auf einen natürlichen Prozess reduziert werden, da er der Grund und Schöpfer der natürlichen Ordnung ist. Gott zu einem Prozess in der Natur zu machen, beraubt ihn seiner Göttlichkeit. Wenn Gott wahrhaftig Gott ist, dann muss er mehr als ein Verhaltensprozess sein, er muss in einem gewissen Sinn über und vor der Natur sein. Wieman versäumt dies aufgrund seiner Neigung, sich zur naturalistischen Philosophie zu bekennen, welche dem Geist des Christentums fremd ist.«[32]

Wenn also die Beobachtung der menschlichen Erfahrung dazu führen kann, Gottes Handeln in der Welt festzustellen, dann ist das für den Glauben viel. Eine der großen heutigen Herausforderungen der Theologie ist es ja gerade, plausibel aufzeigen zu können, was die unsichtbare Geistkraft, die wir Gott nennen, mit uns heute zu tun hat und wie wir sie erkennen können. Wieman ist in dieser Hinsicht hilfreich.

GOTT ALS SEELE DER WELT

Jedoch hat es in Chicago einen Theologen gegeben, der die Gedanken von Wieman aufgegriffen und weitergedacht hat. Es war Charles Hartshorne. Seine Leistung bestand darin, die Ideen der Prozessphilosophie für eine Prozesstheologie fruchtbar zu machen. Teil seiner Arbeit war es, das Verhältnis von Gott und Welt besser zu beschreiben. Charles Hartshorne hat die Verbundenheit zwischen Gott und Schöpfung mit dem Vergleich von Körper und Geist erklärt. Gott sei so mit der Welt verbunden, wie der menschliche Geist mit seinem Körper. Für Hartshorne ist Gott daher die »Seele der Welt«, während die Welt als Körper Gottes angesehen werden könne.[33]

Gott ist allerdings nicht bloß die Summe aller Geschöpfe. Die Schöpfung ist vielmehr in Gott und Gott ragt weit über die Schöpfung hinaus. Hartshorne formuliert hier eine Idee, die in der Prozesstheologie breiten Konsens genießt. Die Prozesstheologie lehnt also die Unterscheidung zwischen Schöpfer und Geschöpf nicht grundsätzlich ab, aber sie betont eine enge Verbundenheit. In meinem menschlichen Körper sind die einzelnen Zellen ja auch nicht Ich. Entsprechend kann man weder einzelne Menschen noch die Menschheit mit Gott gleichsetzen. Einzelne Körperzellen sind in mir und mit mir untrennbar verbunden. Aber meine Persönlichkeit geht weit darüber hinaus. Meine Persönlichkeit entsteht auch nicht einfach aus der Summe der einzelnen Zellen. Julia Enxing zeigt auf, wie sich dieser Vergleich auf die Frage nach dem Leid in der Welt auswirkt. Dazu zeigt sie, was Vergehen mit Gott machen. Sie meint, dass Vergehen in Gott seien, auch wenn sie nicht Gottes Vergehen seien. Gott leide unter den Vergehen der Schöpfung, jedoch nähmen unsere Vergehen nichts von Gottes Güte weg. Ähnlich verhalte es sich mit Körperzellen, die auch für den gesamten Körper destruktiv sein könnten, dadurch jedoch nicht der gesamte Körper destruktiv werde. Entsprechend könne Gott die Unmoral und Grausamkeit der Welt fühlen, ohne dass Gott selbst diese Eigenschaften annehme.[34]

Natürlich haben sich die Prozesstheolog:innen diesen Vergleich nicht selber ausgedacht. Er stammt letztlich aus der Bibel. Im Brief an die Korinther hat Paulus dieses Bild recht ausführlich ausgearbeitet und einige wichtige Lehren daraus gezogen. Er macht deutlich, dass Juden, Griechen, Freie oder Sklaven zusammen gehörten, wie es die verschiedenen Gleider am Körper täten. Alle seien durch einen Geist zu einem Körper zusammengebracht. Der Fuß könne nicht zur Hand sagen, er gehöre nicht dazu. Die verschiedenen Körperteile hätten jeweils eine unverzichtbare Funktion. Für alle Glieder müsse gesorgt werden, insbesondere für die schwächeren (1. Korinther 12,12 ff.).

Dieser Textabschnitt gehört sicher zu den besten, die aus der Feder von Paulus stammen. Hier sind derart viele wichtige Anknüpfungspunkte enthalten, die für das Zusammenleben auf diesem Planeten sehr hilfreich sein können. Es wird deutlich, dass Paulus diesen Text sicherlich in erster Linie mit Blick auf Christ:innen geschrieben hat. Wer zu Gottes Körper gehört, hat vorher eine Taufe mit Heiligem Geist erfahren. Aus prozesstheologischer Sicht kann man diese Stelle aber ohne Probleme auf die gesamte Menschheit, ja auch auf die gesamte Schöpfung beziehen. Denn das Wirken des Geistes Gottes ist ja bereits im Schöpfungsbericht eine Metapher für Gottes kreatives Handeln in der Welt. Laut Prozesstheologie ist Gott in jedem Moment aktiv und daher in einer ständigen Verbindung mit der gesamten Schöpfung.

Das hat allerdings weitreichendste Folgen. Zunächst heißt das, dass alles Leben wertvoll ist und eine Berechtigung hat. Alles hat eine Aufgabe, einen Beitrag und einen Nutzen. Und gerade auch in seiner Unterschiedlichkeit. Verstehen wir die Welt als den Körper Gottes, dann hat Diskriminierung keinen Platz. An dieser Stelle ist die Prozesstheologie gut an das Thema Menschenrechte und feministische Anliegen der Gleichberechtigung oder auch an Fragen der sozialen Gerechtigkeit anschließbar. Wir brauchen einander, deswegen ist der gute Umgang mit vermeintlich Schwächeren elementar. Denn wenn alles mit allem verbunden ist, dann macht es einen Unterschied, ob andere leiden. Wenn ein Teil der Schöpfung leidet, dann hat das einen Einfluss auf alles andere.

Diese Gedanken stellen allerdings so manche christliche Grundüberzeugung auf den Kopf. Denn die biblische Story wird häufig von dem Gedanken des Getrenntseins bestimmt. Der Begriff der Sünde wird in diesem Zusammenhang genannt. Man hat den Eindruck, dass Sünde ein sehr unbeliebter Begriff geworden ist, weil er oft mit Schuldzuweisung, Beschämung und Verurteilung verbunden wird. Noch mehr hat der Begriff aber das Verständnis geprägt, dass die Menschheit durch die Sünde von Gott getrennt ist. Das erklärte Ziel christlicher

Mission ist häufig so verstanden worden, dass Menschen geholfen werden soll, wieder eine Beziehung zu Gott zu bekommen. Damit hängt natürlich zusammen, dass manche Menschen entsprechend mit Gott verbunden sind, während andere von Gott getrennt sind. Gerade auch für das Jenseits kann das entscheidend sein, denn der Schritt zu einer ewigen Trennung von Gott liegt sehr nahe.

In der Prozesstheologie wird dieser Gedanke umgedreht. Es gibt eine universelle Verbundenheit mit Gott. Die Verbundenheit entsteht durch Gottes nie vergehende oder endende Liebe. Paulus prägte den Satz, dass nichts uns von Gottes Liebe zu trennen vermag (Römer 8,39). Gottes Liebe ist uns geschenkt. Und deswegen können wir nicht von Gott getrennt sein. Die Verbindung zu Gott ist das, womit wir fest rechnen können und worin wir Gelassenheit und Ruhe erfahren dürfen. Die gesamte Schöpfung ist zu jedem Zeitpunkt mit Gott als ihrer Schöpferin verbunden und in einem Gespräch, in dem Gott uns liebevoll anspricht. So funktioniert diese Welt.

Der Begriff der Sünde ist allerdings keinesfalls überflüssig. Er beschreibt nur keine Trennung, sondern eine Beziehungsstörung. Immer dann, wenn Geschöpfe aus den von Gott angebotenen Möglichkeiten solche auswählen, die zerstörerisch sind, kann man von Sünde reden. Daher spielt Sünde in der Prozesstheologie eine große Rolle.

Gottes Reaktion auf die Sünde ist allerdings keine Strafe, keine Abkehr oder ein Fallenlassen der Schöpfung. Vielmehr reagiert Gott, indem sie die Menschen erneut zur Umkehr aufruft und ihnen weitere Möglichkeiten zur Veränderung anbietet. Gottes Reaktion auf Sünde ist wiederherstellende Gnade. Die gute Botschaft ist, dass Gott niemals aufhören wird, die Schöpfung zur Umkehr zu rufen.

Aus Sicht der Prozesstheologie ergibt es darüber hinaus wenig Sinn, Erlösung als einen einmaligen Rettungsvorgang zu sehen. Die klassische Theologie unterscheidet zwischen Rettung und Heiligung, also zwischen dem einmaligen Moment, indem jemand durch persönliche Bekehrung zu Gott umkehrt, und dem lebenslangen Prozess, in dem der Heilige Geist Menschen gottgewollt verändert. Und natürlich wird auch die Beziehung zu Gott eine Veränderung erleben, indem sie an Tiefe, Vertrautheit und Intensität zunehmen kann. In der Prozesstheologie sind Rettung und Heiligung als ein Prozess zu verstehen, eine Unterscheidung beider Begriffe ergibt aus dieser Perspektive kaum Sinn. Erlösung ist also kein einmaliger Vorgang, sondern der Prozess an sich, den Gott mit jedem Menschen geht. Dieser Prozess wird niemals zu Ende gehen, weil Gott immer wieder neue Impulse zur Weiterentwicklung geben wird. Es gibt demnach auch keinen fertigen Zustand der Erlösung, sondern einen immerwährenden Raum für Wachstum und Entwicklung.

MEHR ALS PERSÖNLICH

Die Idee des Panentheismus kann auch helfen, Gott als Person zu denken. In der heutigen Zeit ist es weit verbreitet, dass man Gott als Kraft denkt. Nun sind die Begriffe »Kraft« oder »Person« jeweils für sich sprachliche Bilder, mit denen man sich dem Mysterium Gott annähern will. Spricht man von »Kraft«, wie es die Bibel ebenfalls an verschiedenen Stellen tut, so benutzt man einen Begriff aus den Naturwissenschaften. Der Vergleichspunkt ist die Wirksamkeit, die man Gott beimessen möchte. Jedoch verliert der Begriff Kraft einige wichtige Aspekte, wie beispielsweise die Fähigkeit zur Interaktion. Eine Kraft wirkt stetig und kann nicht durch einen eigenen Entschluss reagieren und bewusst wahrnehmen. Eine Spiritualität, die Gott vor allem in dieser Weise beschreibt, wirkt distanziert und dürfte in besonderer Weise Schwierigkeiten haben, persönliche Erfahrungen mit Gott zu machen. Für eine christliche Spiritualität ist es demnach wichtig, Gott in einer Form als persönlich, nahbar, beziehungsfähig und kommunikativ zu beschreiben.

Diesen Gedanken hat Rob Bell aufgegriffen und in seinem »Everything Is Spiritual«-Event eingearbeitet. Dies ist ein künstlerisches Vortragsevent gewesen, in dem Rob Bell an einer riesigen dreieckigen Tafel anhand von Geschichten, wissenschaftlichen Inhalten und biblischen Gedanken in unterhaltsamer Weise über die Verbindung von Spiritualität und Evolution sprach.[35] Bell stellt zunächst heraus, dass sich das Universum seit seiner Entstehung weiter ausbreitet. Dabei entwickelt sich das Universum und nimmt an Komplexität, Einheit und Tiefe zu. Das Universum erschuf Schicht um Schicht von Dingen, die vorher nicht existierten. Nun stellt Bell die Frage, ob das Universum fertig sei? Er zeichnet nach, wie Verbindungen höher entwickelte Strukturen formten. Molekülverbindungen prodzieren Zellen, Zellverbindungen dann Menschen. Aber was kommt danach? Gibt es einen nächsten Schritt, den das Universum geht? Rob Bell fragt, ob wir dazu eingeladen seien, etwas zu formen, das das Universum bislang noch nicht gesehen habe.[36] Diese »neue Schicht« der Entwicklung bringt Bell mit der universalen, alles in Bewegung setzenden Energie, die alles zusammenhält, in Verbindung – welche die Autor:innen des Neuen Testaments Christus nennen. Die biblischen Autor:innen sprachen davon, dass wir Menschen den Körper Christi darstellen würden. In der Prozesstheologie wird sehr ähnlich von transformierender Kreativität gesprochen, eine Kraft, die alles hervorbringt und die Entwicklung des Universums fördert. Bell argumentiert anschließend, dass die Entwicklung des Universums beinhaltet, dass jede neue Entwicklungsstufe neue Qualitäten und Entwicklungsstufen enthält, jedoch die Eigenschaften der jeweils vorherigen Stufe nicht verloren gehen, sondern integriert werden. Eine Zelle behält die Komplexität von Molekülen, allerdings ist eine Zelle mehr als die Summe von Molekülen. Hier entsteht etwas Neues, Größeres. Diese Argumentationslinie regt zu einer Menge neuer Fragen an. Heißt es, dass Gott sich mit der Schöpfung entwickelt, dass Gott gerade dabei ist zu entstehen? Ist Gott im Werden? Für Bell ist dies ein Hinweis auf das Personsein Gottes. Wenn neue Entwicklungsschichten das integrieren, was vorherige besitzen, dann müssten zentrale Eigenschaften des Menschseins auch auf Gott zutreffen. Zu diesen Eigenschaften zähle auch Personsein oder Persönlichkeit. In der Prozesstheologie wird, wie gezeigt, sehr ähnlich argumentiert. Hier spricht man davon, dass Gott mehr als persönlich sein muss, nicht weniger. Gott ist bei Hartshorne wie auch bei Bell allerdings nicht bloß eine weitere Entwicklungsstufe der Evolution. Gott ist die treibende Kraft, die Entwicklung im Universum überhaupt möglich macht. Auf der anderen Seite ist für ihn alles in Gott, das Geschehen des Universums geht in Gott ein und wird Teil von Gott. Alles geht in Gottes Erinnerung ein, in dem alles Teil von Gottes Innerem wird. Hartshorne hat hierfür den Begriff Panentheismus geprägt. Das wiederum wirft mehr Fragen auf. Hat Gott schon immer Bewusstsein und Persönlichkeit gehabt? Oder hat Gott diese Eigenschaften erst mit dem Aufkommen der Menschheit gewonnen?

Gott ist in ihren abstrakten Eigenschaften schon immer mehr als persönlich. Gott hat die Welt schon immer bewusst wahrnehmen können. Mit dem Aufkommen der Menschheit hat Gott jedoch eine neue Qualität der Verbundenheit mit der Schöpfung erfahren können, eine neue Möglichkeit des Dialogs und der Beziehung, die vorher nicht vorhanden war.

GOT
TUN
DDI
EZE
IT

Kapitel 4

KAPITEL 4:
GOTT UND DIE ZEIT

So richtig weiß niemand, was Zeit eigentlich ist. Aus dem Physikunterricht weiß man, dass Albert Einstein herausgefunden hat, dass Zeit relativ ist. Da aber die meisten Menschen keine Einsteins sind, ist die Relativitätstheorie vielleicht nicht der einfachste Zugang. Ich selbst greife da auf den großen Fundus an Hollywood-Filmen zurück, die sich mit diesem Thema befassen.

Ein Motiv, das in vielen Filmen aufgegriffen wird, ist das einer mysteriösen Prophezeiung. Besonders im Genre der Fantasyfilme werden die Hauptfiguren selten von Beginn an als Helden dargestellt. Oft sind sie einfache Menschen, die alltäglichen Geschäften nachgehen, bis sie irgendwann ein besonderes Berufungserlebnis haben und sich herausstellt, dass ihr gewöhnliches Leben nicht das Eigentliche ist, sondern ihr Leben eine höhere Bestimmung hat. Ich sehe das Stilmittel der Prophezeiung eher kritisch, da sich mir der erzählerische Sinn nicht erschließt. Wenn man eine gute Geschichte erzählen will, dann scheint mir so eine Prophezeiung doch bereits etwas vorwegzunehmen, was ich als Leser oder Kinobesucher erst später herausfinden möchte. Ich will am Anfang gar nicht wissen, dass die Hauptfigur von höheren Mächten dazu bestimmt ist, das Schicksal zum Guten zu lenken. Das nimmt mir, ehrlich gesagt, etwas die Spannung.

Besonders angetan war ich daher von der Matrix-Trilogie. Auch hier beginnt die Handlung mit der Hauptfigur Thomas A. Anderson bzw. Neo, der ein eher gewöhnliches Leben mit einem Bürojob lebt. Allerdings ändert sich das, als er von einer Gruppe um den mysteriösen Morpheus aufgesucht wird, der ihm die Matrix zeigen will. Morpheus glaubt nämlich an eine Prophezeiung, nach der ein Befreier kommen wird, der den Menschen in einem ultimativen Kampf gegen die feindlichen Maschinen zum Sieg verhelfen würde. Diese Prophezeiung hatte Morpheus von einem Orakel erhalten und setzt nun alles daran, den auserwählten Befreier zu finden. Nun glaubt er, mit Neo den Richtigen gefunden zu haben. Und es zeichnet sich auch ab, dass Neo besondere Fähigkeiten und Talente besitzt, die die Hoffnung nähren, dass er wirklich der Auserwählte ist.

Was mir an der Matrix-Trilogie besonders gut gefällt, ist, dass der Glaube an die Prophezeiung im zweiten Teil zusammenbricht. Es stellt sich nämlich heraus, dass das Orakel die Zukunft nicht vorhersehen kann. Vielmehr war das Orakel ein Computerprogramm, das die Menschen dazu animieren sollte, nach einem Befreier zu suchen. Und so hatte es schon mehrere Befreier vor Neo gegeben. Die gesamte Erzählung rund um den Befreier war also lediglich ein von den Maschinen geplantes Manöver. An der Stelle, als in der Erzählung diese Wahrheit deutlich wurde, mussten die einzelnen Figuren eine Entscheidung treffen. Würden sie glauben, dass Neo dennoch eine entscheidende Wendung im Geschehen herbeiführen könnte? Auch, wenn es keine Sicherheit gibt, weil deutlich wurde, dass das Orakel die Zukunft nicht vorhersagen kann? Für mich wurde die gesamte

Handlung ab diesem Zeitpunkt unterhaltsamer, weil es wieder eine völlige Offenheit gab. Der Ausgang war erzählerisch nun nicht mehr festgelegt.

DIE FREIHEIT DES MENSCHEN

Auch auf anderer Ebene begegnete mir der Film Matrix. Eine Schlüsselszene aus dem ersten Teil wurde nämlich bei verschiedenen christlichen Veranstaltungen als Illustration verwendet: Die Szene mit der roten und der blauen Pille. Darin stellt Morpheus Neo vor die Wahl: Schluckt er die blaue Pille, dann würde er in sein altes Leben zurückkehren. Nimmt er aber die rote Pille, dann würde er erfahren, was die Matrix ist, und sein Leben würde sich von Grund auf ändern. Diese Szene wurde häufig in Jugendgottesdiensten verwendet, um die Erfahrung einer Lebensübergabe oder Bekehrung zu Jesus zu veranschaulichen. Nimm Jesus als deinen Herrn und Retter an und dein Leben wird sich radikal ändern, du wachst dann aus deiner Scheinwelt auf und bekommst offene Augen für die geistlichen Dinge – so in etwa die Botschaft, die man an diese Filmszene anschließen konnte. Und natürlich hat dieser Vergleich etwas für sich, denn viele Menschen haben Erfahrungen mit Gott gemacht, die das eigene Leben und die Weltsicht stark verändert haben. Passend finde ich aber eben auch, dass die zeitliche Biografie irgendwann an Punkte kommen kann, an denen der eigene Glaube ganz grundsätzlich hinterfragt wird und man das Gefühl bekommt, den ursprünglichen Glauben völlig neu formulieren zu müssen.

Das kann beispielsweise da geschehen, wo Gott eine ähnliche Rolle für Menschen einnimmt, wie es das Orakel im Film Matrix für die Rebellen um Morpheus und Neo getan hat: Gott wird zu einem Versprechen, dass es eine Vorsehung für mein Leben gibt, ein besonderes Abenteuer, eine große Bedeutsamkeit und eine höhere Bestimmung. Wenn wir die Frage nach dem Sinn des Lebens stellen, oder danach, welche Bestimmung wir aus Gottes Sicht haben und wissen, welchen Plan Gott für unser Leben hat, dann ist das genau der Punkt, an dem das christliche Leben Elementen der Fantasy-Literatur ähnelt. Gibt es auch für mein Leben eine Vorsehung, zu der Gott mich beruft? Diese Vorstellung kann für viele Menschen sehr anziehend sein und eine große Energie freisetzen. Sie kann aber auch daran scheitern, dass das Leben häufig dann doch mehr dem von Thomas A. Anderson gleicht und eben nicht dem von Neo. Statt eines heldenhaften Lebens findet man sich dann doch in einem gewöhnlichen Leben wieder, die Nächte mit schreienden Kleinkindern und Windelwechseln herumschlagend, anstatt besondere Abenteuer zu erleben. Oder was ist, wenn die Krisen und Herausforderungen des Lebens andauern und der glorreiche Sieg eben nicht eintrifft? Oder was ist mit dem Versagen, wenn man eindeutig Entscheidungen trifft, die nicht im Sinne Gottes sind? Kann man dann die Bestimmung für das eigene Leben verzocken? Aber was wäre das für eine Bestimmung, die dann ja kein Wissen aus der Zukunft beinhalten würde. Sie würde lediglich eine unrealistische Möglichkeit beschreiben, wie das Leben verlaufen könnte, die aber aufgrund menschlicher Fehlbarkeit so nicht Wirklichkeit wird. Das Leben kann uns an Punkte bringen, wo wir den Glauben daran verlieren, dass wir uns in einer drehbuchartigen

Handlung befinden, die sich ein kosmischer Autor vorab überlegt hat. Es lohnt sich, tiefer in die Materie einzusteigen und der Frage nachzuspüren, wie Gott und Zeit zusammenhängen.

GOTT ALS ALLWISSENDE AUTORIN

In klassischen Theologien[37] wird Gott in der Tat vielfach beschrieben als Autorin der Weltgeschichte. Gilt Gott als »Herrin der Geschichte«, dann hat Gott (wie eine Autorin) bereits die volle Kenntnis über die Handlung. Theologisch spricht man von der Allwissenheit und der Zeitlosigkeit Gottes, also von der Vorstellung, dass Gott außerhalb oder oberhalb (im Sinne von übergeordnet) von Raum und Zeit ist, weil Gott ewig ist. Gottes Verhältnis zur Zeit wird oft so beschrieben, dass Gott jeden Moment der Geschichte als Gegenwart wahrnimmt. Bei Augustinus findet man hierfür das Bild einer Prozession, die durch ein Dorf am Rande eines Berges zieht. Während man die Prozession im Dorf als eine Sequenz wahrnimmt, würde man vom Berg aus alles auf einmal wahrnehmen können. Noch besser hat C. S. Lewis verbildlicht, wie man Gottes Zeitlosigkeit verstehen könnte. Er sprach von einem Buch, in dem die Geschichte bereits aufgeschrieben und gedruckt festgelegt ist. Gott als Autorin sei nun in der Lage, in der erzählten Zeit vor und zurück zu gehen. Die gesamte Geschichte steht ihr in der Gegenwart zur Verfügung.

Wenn es stimmt, dass Gott zeitlos ist, dann würde es wirklich Sinn ergeben, dass es für das eigene Leben eine Bestimmung gibt und Gott über Wissen verfügt, worauf unser Leben hinauslaufen wird. Kritiker:innen merken jedoch an, dass wir dann in der Gestaltung unseres Lebens keinerlei Mitsprache und Einfluss haben könnten. Um das zu verdeutlichen, wird häufig ein Gedankenspiel verwendet, das ungefähr so funktioniert: Wenn ich mich nach dem Frühstück fertig machen möchte und Gott während des Frühstücks auf einen Zettel schreiben könnte, welches Shirt ich tragen werde, wie bin ich dann noch frei, wenn ich vor dem Kleiderschrank stehe? Was wäre, wenn ich den Zettel lesen könnte und kein Zweifel daran bestünde, dass er von Gott kommt? Würde ich mich dann noch frei fühlen, ein anderes Shirt auszuwählen? Meine Wahlmöglichkeit wäre eine Illusion, die nur aus meiner Sicht wie Freiheit aussieht. In Wirklichkeit steht die Geschichte in Gottes Bewusstsein bereits fest. Das wirft weiterhin die Frage nach der Verantwortung der Menschen für das eigene Handeln auf. Wenn die Entscheidung bereits feststeht, ich sie aber noch nicht getroffen habe, dann kann ich auch schwerlich zur Verantwortung gezogen werden. Zur Zeit gibt es sicherlich keine theologische Strömung, die die menschliche Verantwortung gänzlich leugnet. Will man aber Gottes Allwissenheit anerkennen, dann gibt es kaum eine Möglichkeit, diese logisch nachvollziehbar zu begründen. Man mag anführen, dass Gott im Voraus lediglich wisse, wie ich mich entscheiden werde, die Entscheidung selbst aber nicht beeinflusst. Es ist allerdings schwer zu begründen, wie die menschliche Wahlfreiheit gewahrt bleiben kann, wenn das Ergebnis meiner Wahl Gott bereits bekannt ist und daher durch meine Entscheidung nicht anders werden kann als in Gottes Vorwissen. Was gäbe es noch für Wahlmöglichkeiten? Unter Christ:innen ist es allgemein wichtig zu betonen, dass die menschlichen Entscheidungen bedeutsam sind und zählen. Niemand will ernsthaft behaupten, dass unsere Entscheidungen belanglos und beliebig sind. Durch die Lehre der Allwissenheit Gottes wird der Wichtigkeit menschlicher Entscheidungen tendenziell jedoch der Boden unter den Füßen weggezogen. Es entstehen große Erklärungslücken.

Theologische Strömungen, die Gottes absolute Kontrolle über die Welt und seine Souveränität stark betonen, haben ohnehin Mühe, von einem freien Willen zu sprechen. Klassisch wird sogar angeführt, dass letztlich Gott die Zukunft bewirkt. So könnte man beispielsweise einen Text aus dem Propheten Jesaja verstehen:

»Ich bin Gott, und sonst keiner, ein Gott, dem nichts gleicht, der ich zuvor verkündige, was hernach kommen soll, und vorzeiten, was noch nicht geschehen ist, und der ich sage: Was ich beschlossen habe, geschieht, und alles, was ich mir vorgenommen habe, das tue ich. Ich rufe einen Adler vom Osten her, aus fernem Lande den Mann, der meinen Ratschluss ausführe. Wie ich's gesagt habe, so lasse ich's kommen; was ich geplant habe, das tue ich auch« (Jesaja 46,9-11).

Vertreter:innen der klassischen Theologien bemerken, dass in dieser Bibelstelle Gott Wissen zum einen über die Zukunft zugestanden wird. Aber nicht nur das, Gott weiß zum anderen auch um die zukünftigen Ereignisse, weil Gott sie kommen lässt. Gott beschließt, wie die Zukunft aussehen soll. Hier kann man zurecht fragen, ob die Wirklichkeit dann nicht ein reines Gedankenspiel Gottes ist und die Schöpfung letztlich gar kein eigenes Dasein besitzt. Man kann hier ein Verständnis entwickeln, dass Gott sich als Puppenspielerin einer Schöpfung sieht, die selbst keinen Beitrag zur Gestaltung der Geschichte leisten kann.

Wieso ist man in der Theologie dazu gekommen, Gott und ihr Verhältnis zur Welt auf diese Weise zu beschreiben? Der tiefere Grund hängt damit zusammen, dass man Gott als unveränderlich und vollkommen denken möchte. Das hat schon eine sehr lange Tradition, bereits Platon hat Gott so gedacht. Der Zusammenhang erschließt sich vielleicht nicht direkt, aber es gibt schon eine wichtige Verbindung zwischen der Lehre der Zeitlosigkeit Gottes und der Lehre der Vollkommenheit Gottes. Man möchte aus gutem Grund betonen, dass Gott sich nicht ändert. Das ist ein Bekenntnis dazu, dass Gottes Wesen nicht wankelmütig ist. Gott ist kein Fähnchen im Wind, Gottes Laune oder Grundsätze ändern sich nicht, wenn die Umstände sich verändern. Auf Gottes Charakter ist Verlass. Und das stimmt! In diesem Sinn ist es völlig richtig, davon zu reden, dass Gott sich nicht ändert.

In der klassischen Theologie ist man über diese Feststellungen allerdings weit hinausgegangen. Theolog:innen wie Augustin, Thomas von Aquin oder auch Martin Luther haben Gott als vollkommenes Wesen verstanden. Was das meint, macht ein Zitat des englischen Baptistenpredigers Charles Spurgeon (1834-1892) deutlich, der zu den bekanntesten Predigern des 19. Jahrhunderts zählte:

»Ich glaube, dass Gott ein vollkommenes Wesen ist. Nun, wenn Er ein vollkommenes Wesen ist, so kann Er sich nicht ändern. Seht ihr dies nicht? Angenommen, ich wäre heute vollkommen; wenn es für mich möglich wäre, mich zu ändern, würde ich morgen nach der Änderung auch noch vollkommen sein? Wenn ich mich veränderte, müsste ich entweder aus einem guten Zustand in einen besseren übergehen, und wenn ich besser werden könnte, dann könnte ich jetzt nicht vollkommen sein – oder sonst von einem besseren Zustand in einen schlechteren – und wenn ich schlechter würde, dann würde ich nicht vollkommen sein. Wenn ich vollkommen bin, kann ich mich nicht ändern, ohne unvollkommen zu werden. Wenn ich heute vollkommen bin, so muss ich morgen derselbe sein, wenn ich morgen vollkommen sein soll. So, wenn Gott vollkommen ist, muss Er stets derselbe sein; denn Veränderung würde Unvollkommenheit, entweder jetzt oder nachher, einschließen.«[38]

Für Spurgeon und andere, die in derselben Art und Weise über Gott denken, kann es bei Gott keine Weiterentwicklung geben, weil Gott bereits am Ziel ist. Es kann daher für Gott auch keinen Zuwachs geben – Gott beinhaltet bereits alles, was es zu erfahren gäbe. Letztlich kann Gott überhaupt nichts erfahren, weil Erfahrungen machen ja gerade bedeutet, dass man einen neuen Sinneseindruck aufnimmt. Gott beinhaltet aber bereits alles, was es zu erfahren gibt, weil Gott allwissend ist. Die Allwissenheit wäre in diesem Sinne eine logische Konsequenz der Vollkommenheit.

Versteht man Gottes Vollkommenheit in dieser Weise, dann treffen alle möglichen Dinge auf Gott nicht zu, die für gewöhnlich über Gott ausgesagt werden. Gott kann dann nicht nachdenken. In dem Wort steckt ja schon ein Nachher. Aber Gott weiß bereits alles. Es gibt für

Gott dann auch keine Interaktion, keine Kommunikation, kein Zuhören, kein Lernen, kein Vergessen, kein Erwidern – letztlich gibt es für Gott auch kein Handeln. All das sind Begriffe, die mit einem Vorher und einem Nachher zu tun haben. Darüber hinaus kann Gott von der Welt auch nicht berührt werden, denn Gott kennt kein Fühlen oder Empfinden. Denn auch das würde bedeuten, dass die Welt Gott etwas hinzufügen könnte. Man muss dann sogar soweit gehen, zu sagen, dass Gott im klassischen Theismus nicht lieben und auch keine Beziehung eingehen kann, denn beides bedeutet ein Geben und Nehmen. Da Gott aber nichts empfangen kann, ist es für die klassischen Theologien nicht möglich, von einer Beziehung mit Gott zu reden. Gott könnte in diesem Sinn auch nicht auf Gebete reagieren oder mit der Schöpfung leiden. Außerdem würde diese Sicht Fragen nach der Freiheit Gottes aufwerfen. Denn wenn es für Gott kein Vorher und Nachher gibt, dann gibt es für Gott auch keine Entscheidungen, kein Entschließen oder Bestimmen. Gott ist in dem Sinn also nicht in der Lage, sich für oder gegen etwas zu entscheiden, da alles auf ewig festgelegt sein muss. All diese Aussagen sind nicht ohne weiteres über Gott zu tätigen. Tut man das doch, dann nur mit dem Hinweis, dass die Art, wie wir über Gott reden, lediglich bildlich zu verstehen ist. Das eigentliche Wesen Gottes können wir aber nicht einmal in den grundlegendsten Dingen verstehen. Gott wird uns daher völlig fremd.

GOTT ALS BEWEGTESTE BEWEGERIN

In der Prozesstheologie möchten Theolog:innen sowohl das Verhältnis von Gott und Zeit, als auch das Wesen von Gottes Vollkommenheit anders denken. Zum einen möchte man dadurch erreichen, dass menschliche und geschöpfliche Freiheit zugestanden werden kann, darüber hinaus möchte man aber auch den vielen biblischen Texten Rechnung tragen, in denen Gott als Gegenüber der Schöpfung dargestellt wird. Die Bibel ist voll von Berichten, in denen Gott auf die Menschen reagiert. Ein besonders gutes Beispiel könnte die Episode aus dem Leben des Königs Hiskia sein, in der Hiskia durch den Propheten Jesaja die Nachricht bekommt, dass er bald sterben müsse. Jedoch wendet sich Hiskia im Gebet an Gott und erinnert Gott, dass er Gott von ganzem Herzen treu gewesen sei. Daraufhin sendet Gott Hiskia erneut eine Botschaft durch den Propheten Jesaja und lässt ihm mitteilen, dass er doch gesund werde und einige Zeit länger leben könne (2. Könige 20,1 ff.).

Geht man hier davon aus, dass Gott schon vor Ewigkeiten vorhatte, Hiskia zu heilen, warum dann die erste Aussage, die Hiskias Tod ankündigte? Gott würde in der ersten Botschaft etwas Falsches sagen. Dieser Text will offensichtlich darauf hinaus, dass Gott sich durch das Gebet beeinflussen lässt und menschliche Aktionen von Gott wahrgenommen werden, so dass Gott anschließend darauf reagiert.

In der Prozesstheologie möchte man betonen, dass die Schöpfung einen entscheidenden Einfluss auf Gott haben kann. Gott wird nicht als unberührbares und zeitloses Wesen betrachtet, sondern Gott steht in einer ständigen Beziehung mit der Schöpfung. Wie werden nun Gottes Vollkommenheit und sein Verhältnis zur Zeit im Prozessdenken beschrieben? Insbesondere der Prozesstheologe Charles Hartshorne hat einen wichtigen Beitrag dazu geleistet, die Perfektion Gottes sowie auch das Verhältnis von Gott und Welt neu zu formulieren. Herausgekommen ist dabei ein »Soziales Gotteskonzept«. Es heißt deswegen »sozial«, weil Hartshorne betonen wollte, dass Gott mit der Schöpfung in Interaktion steht.

Für Hartshorne ist Gott ein Wesen mit zwei Polen. Der eine Pol ist unveränderlich, der andere ist veränderlich. Man könnte auch sagen, dass der eine Pol Potentiale, Absichten, Wünsche oder Vorstellungen Gottes beinhaltet, wie sich die Schöpfung entwickeln könnte. Für Gott bleiben diese Absichten grundsätzlich gleich. Gott wirkt immer auf ein allgemeines Wohlbefinden hin.

Gottes großer Wunsch ist, dass die Schöpfung in möglichst hoher Intensität Freude und Genuss erfahren kann. Man könnte auch sagen, dass dieser erste Pol Gottes unveränderlichen Charakter beschreibt. Wenn außerhalb des theologischen Fachgesimpels darüber geredet wird, dass Gott sich nicht ändert, dann meint man in der Regel ja, dass Gottes Charakter sich nicht ändert. Es geht also um Eigenschaften wie Gottes Güte, Treue, Barmherzigkeit oder Heiligkeit. Die Prozesstheologie kann ebenfalls mit voller Überzeugung sagen, dass diese Charaktereigenschaften Gottes unveränderlich sind. Gottes Wesen bleibt gleich. Der andere Pol Gottes ist jedoch wandelbar.

Während für den klassischen Gottesglauben fest steht, dass Gott bereits alle Erfahrungen in sich hat und die Welt daher nichts zu Gottes Vollkommenheit hinzufügen kann, beschreibt die Prozesstheologie Gott als ein zeitvolles Wesen. Zeit ist auch für Gott real. Einige nehmen an, dass Gott sozusagen parallel zu uns die Zeit wahrnimmt. Allerdings nimmt Gott die Zeit viel mehr wahr als wir, da Gott alle möglichen Erfahrungen seiner Schöpfung fühlt. Das ist vergleichbar mit einem menschlichen Körper. Die einzelnen Zellen und Körperteile haben eine je eigene Erfahrung, allerdings nimmt die Person all diese Einzelerfahrungen noch viel tiefer und umfassender wahr. Ich merke gleichzeitig, dass mein Bein eingeschlafen ist, mein Kopf weh tut und die Blase drückt. Kein Körperteil kann all diese Erfahrungen in seiner Gesamtheit nachempfinden. Gott wird in der Prozesstheologie als der »am meisten bewegte Beweger« (most moved mover) verstanden. Das wäre dann der Gegenbegriff zum »unbewegten Beweger« bei Aristoteles. Man könnte auch sagen, dass Gott das einfühlsamste Wesen ist und alle anderen darin übertrifft, das Geschehen der Welt wahrzunehmen. Gott nimmt in einer allumfassenden Weise wahr, was in der Welt passiert und nimmt diese Erfahrungen in sich auf. Man sagt entsprechend, dass Gott wird. Gott ist im Werden. Gott lernt ständig. Damit ist gemeint, dass Gott in jedem Moment neue Erfahrungen macht, indem Gott empfindet, was die Schöpfung in jedem Moment erlebt. Gott pumpt also neue Möglichkeiten in die Welt und nimmt dann wahr, was die Welt mit diesen Möglichkeiten macht.

Auch in der Frage nach Gottes Vollkommenheit und Perfektion wird in der Prozesstheologie ein anderer Weg eingeschlagen als in der klassischen Theologie. Gott ist nicht absolut perfekt, sondern relativ perfekt. Unveränderlichkeit wäre ein Status oder ein Zustand, den man nicht mit Beziehungsfähigkeit zusammenbringen kann. Gottes Perfektion muss also relativ im Sinne von beziehungsfähig sein. Auf der anderen Seite gehen Prozesstheolog:innen auch von absoluten Anteilen im Wesen Gottes aus. In jedem Fall gilt jedoch, dass Gott immer perfekter ist, als alle anderen Wesen. Julia Enxing hat die prozesstheologische Sicht auf Gottes Perfektion wie folgt zusammengefasst:

»Ausschlaggebend ist, dass Gott ausschließlich durch sich selber überboten werden kann, das heißt, er kann in seiner Perfektion wachsen, hierbei jedoch niemals überholt oder überboten werden. Gott besitzt absolute Perfektion hinsichtlich seiner Macht und seiner Liebe (wie hinsichtlich aller seiner abstrakten Eigenschaften), diese Perfektion gehört zu seinem Wesen. Demnach sind Macht, Wissen, Liebe et cetera in Gott stehts in der höchstmöglichen Form verwirklicht.«[39]

Wenn Gottes abstrakte und unveränderliche Eigenschaften in höchstmöglicher Form verwirklicht sind, dann lässt dies Raum für die Freiheit der Schöpfung. So kann Gott als Beziehungswesen gedacht werden und die verschiedenen biblischen Texte, in denen Gott und Mensch in einer Interaktion beschrieben werden, müssten nicht als bloße Metaphern gelten, von denen man nicht wissen kann, welche tieferliegende Wahrheit sie beschreiben sollten. Gott ist nun kein statisches Wesen mehr, sondern ein liebendes Gegenüber. Wenn es heißt, dass die Menschen als Ebenbild Gottes geschaffen sind, dann kann nun behauptet werden, dass Gott und Mensch in einer ähnlichen Weise fähig zu Beziehung sind. Gott lässt sich also auf ihre Schöpfung ein und kann auch auf die Schöpfung reagieren, weil Gott Freude und Leid der Schöpfung mitempfinden kann. Julia Enxing schreibt dazu weiter:

»Gott unterscheidet sich hier insofern von uns Menschen (und anderen Geschöpfen), als er mit unseren Nöten und Sorgen immer den angemessenen Umgang findet. Außerdem ist kein anderes Wesen von dem Leben und Erleben aller Geschöpfe berührt und vermag seine Umwelt in gleichem Maße zu lieben wie sich selbst. Dies ist allein Gott möglich.«[40]

Das hat auch Konsequenzen für das Verständnis von Gott und Zeit. Zeit ist für Gott zwar eine völlig andere Erfahrung, als sie für uns Menschen ist, dennoch nimmt Gott die Zeit in einer hintereinander geschehenen Abfolge wahr, in einer Sequenz. Auch für Gott ist die Wirklichkeit ein Prozess, bei dem Möglichkeiten zu Wirklichkeiten werden. Die Wirklichkeit ist also kein fertiges Buch, sondern eine Geschichte, die gerade geschrieben wird. Gottes Wissen über Vergangenheit und Gegenwart ist ein vollkommenes Wissen. Gott hat jedoch kein aktuelles Wissen der Zukunft, weiß also noch nicht, welche potentiellen Möglichkeiten konkret verwirklicht werden.

Auch bei Gottes Wissen gilt, dass es die höchstmögliche Form annimmt. Gott ist in der Lage, alles über die Zukunft zu wissen, was zu wissen möglich ist. Gott kennt demnach alle Möglichkeiten, in die sich die Welt entwickeln könnte. Gott weiß um alle Möglichkeiten, die der Schöpfung zur Verfügung stehen. Was Gott nicht wissen kann, ist die Konkretion der jeweiligen Möglichkeiten, also die genaue Auswahl durch die Schöpfung. Bezogen auf das Gedankenspiel mit dem T-Shirt würde das bedeuten, Gott kennt meinen Kleiderschrank, Gott kennt auch die Vergangenheit und weiß, welche Shirts ich oft und gerne trage. Gott weiß also sehr viel und kann eine gut begründete Prognose abgeben. Aber welches Shirt ich am Ende anziehe, das kann Gott nicht vorhersehen.

IST DIE WELT NOCH ZU RETTEN?

Das Shirt aus meinem Kleiderschrank ist völlig egal. Aber wie sieht es mit der Zukunft der Menschheit aus? Mehr als das, was die tonangebenden Theolog:innen über die christliche Sicht auf die Zukunft zu sagen haben, scheint die christliche Popkultur gewisse Vorstellungen geprägt zu haben. Beispielsweise hat es in den 90ern die Chick-Traktate[41] oder die Left Behind Filme gegeben, die 2016 mit Nicolas Cage sogar eine Neuauflage erleben durften. Es geht darin um ein katastrophales weltweites Ereignis, bei dem eine große Anzahl von Menschen plötzlich verschwindet. Sie lösen sich sozusagen in Luft auf, nur ihre Kleidung verbleibt. Dies führt zu großen Unfällen, weil unter den Verschwundenen beispielsweise Pilot:innen und Autofahrende usw. waren, deren Fahrzeuge führungslos Unfälle verursachen. Hinter diesem mysteriösen Verschwinden steckt jedoch Gott, der alle Gläubigen in einem Augenblick zu sich in den Himmel entrückt und die zurückgelassenen Ungläubigen einer ins Chaos gestürzten Welt überlässt. Was sich nach Fantasy anhört, ist für viele Glaubende aus evangelikaler Prägung Glaubensrealität.[42] Deswegen gab es insbesondere in den 90er Jahren Aufkleber, die Beifahrer:innen von evangelikalen Christ:innen warnen, dass dieses Auto bei der Entrückung fahrerlos wäre. Die sogenannte Entrückung ist in dieser Vorstellung aber auch für die gesamte Weltgeschichte ein Einschnitt. Denn nun wird Gott den Niedergang der Welt nicht mehr verlangsamen, sondern stattdessen zulassen, dass der Antichrist auf der Welt ein Imperium aufbaut, wie es das vorher noch nicht gegeben hat. Jetzt werden sieben Jahre der Drangsal beginnen, in denen die Welt im Chaos versinkt. Diese katastrophale, apokalyptische Zeit wird schließlich durch ein Eingreifen Jesu beendet, der alle Feinde in einer finalen Schlacht niederstrecken und sein tausendjähriges Friedensreich auf Erden gründen wird.

Diese Sicht ist für viele Christ:innen (insbesondere mit evangelikaler Prägung) tatsächlich die Blaupause für die Zukunft. Und natürlich hat diese Sicht verhängnisvolle Auswirkungen, beispielsweise im politischen Bereich. Da, wo sich dieser Endzeitglaube mit einer politischen Agenda vermischt, wird jeglicher Fortschritt als Schritt in den Weltuntergang gedeutet. Christliche Verantwortung besteht entsprechend daraus, den Fortschritt zu blockieren und zu boykottieren.

Außerdem gibt es eine breite Bewegung, die – vom Endzeitglauben motiviert – jeglichen Einsatz für den Umweltschutz ablehnt. Die Zukunft der Christ:innen ist in dieser Vorstellung ja der Himmel, in den sie entrückt werden. Die Erde dagegen geht ihrem sicheren Ende entgegen. Einsatz für gesellschaftliche Themen wie soziale Gerechtigkeit machen ebensowenig Sinn, vielmehr muss für Christ:innen die

Bekehrung der verlorenen Seelen Priorität haben. Solche Positionen werden meiner Beobachtung nach im evangelikalen Raum immer noch gehört. Stärker scheinen sich aber vermittelnde Positionen durchzusetzen, die zwar immer noch von einer Wiederkunft Christi ausgehen, den Einsatz für Gesellschaft und Umwelt aber ebenfalls umarmen und darin auch einen christlichen Auftrag sehen.

Die Popularität dieses Zukunftsglaubens liegt sicherlich darin begründet, dass sie Sicherheit vermittelt. Egal, welche Krisen die Nachrichtenkanäle bestimmen, als Christ:in kann man sich gewiss sein, dass Jesus wiederkommt und dem Bösen ein Ende bereitet. An dieser Stelle wird nicht nur in Kauf genommen, dass die Bibel Gott auch mit gewaltvollen Bildern darstellt. Ganz bewusst bekommen diese Bilder eine wichtige Bedeutung, denn sie sollen verdeutlichen, dass – egal, wie mächtig die Feinde Gottes auch erscheinen mögen – Gottes Durchschlagskraft immer unübertroffen ist.

In diesem Zusammenhang sei eine Passage aus der Offenbarung des Johannes erwähnt. Dort wird von einer Art Vision berichtet, in dem der Himmel sich auftut und ein Reiter auf seinem Pferd erscheint:

»Und ich sah den Himmel aufgetan; und siehe, ein weißes Pferd. Und der darauf saß, hieß: Treu und Wahrhaftig, und er richtet und kämpft mit Gerechtigkeit. Und seine Augen sind wie eine Feuerflamme, und auf seinem Haupt sind viele Kronen; und er trug einen Namen geschrieben, den niemand kannte als er selbst. Und er war angetan mit einem Gewand, das in Blut getaucht war, und sein Name ist: Das

Wort Gottes. Und ihm folgten die Heere im Himmel auf weißen Pferden, angetan mit weißer, reiner Seide. Und aus seinem Munde ging ein scharfes Schwert, dass er damit die Völker schlage; und er wird sie regieren mit eisernem Stabe; und er tritt die Kelter, voll vom Wein des grimmigen Zornes Gottes, des Allmächtigen, und trägt einen Namen geschrieben auf seinem Gewand und auf seiner Hüfte: König aller Könige und Herr aller Herren« (Offenbarung 19,11 ff.).

Wenn man den Jesus der Johannes-Offenbarung mit dem Jesus am Kreuz vergleicht, dann wirft das Fragen auf. Der Jesus am Kreuz scheint besiegt worden zu sein – er hatte keine Gewalt ausgeübt und am Ende für seine Feinde gebetet. Der apokalyptische Jesus scheint dagegen voll brutaler Gewalt zu sein – er geht nicht den Weg der Versöhnung, sondern den Weg der absoluten Vernichtung aller Feinde. Wie kann man beide Bilder von Jesus zusammen bringen? Weit verbreitet scheint hier zu sein, dass die Schwachheit des gekreuzigten Jesus nicht als eine grundsätzliche Absage an Gewalt zu verstehen ist, sondern als vorübergehende Zurückhaltung. Bei der Wiederkunft Jesu wird sich dann aber nicht die geduldige Nachsicht zeigen, sondern der hemmungslose Zorn über das Böse in der Welt. Das deutet für mich darauf hin, dass ein bedeutsamer Teil der Christenheit nicht daran glaubt, dass die Probleme dieser Welt durch das Befolgen der Lehren Jesu gelöst werden können. In der Bergpredigt lehrt Jesus Gewaltverzicht, Nächstenliebe, Versöhnung und kreativen Widerstand gegen unterdrückerische Mächte.[43] All das wird aber nicht als göttlicher Masterplan zur Erlösung der Welt verstanden, sondern maximal als eine Lebensweise, die der Überbrückung dient, bis Jesus wiederkommt. Den letzten Sieg über das Böse sehen die meisten evangelikalen Christ:innen nicht in der Überzeugungskraft der Liebe, sondern in der größtmöglichen Gewalt, die Gott seinen Feinden gegenüber erweisen wird. Der Jesus des apokalyptischen Entrückungsglaubens bekommt im Gegensatz zum Jesus der Evangelien ein völlig anderes Gesicht, wie beispielhaft der populäre amerikanische Prediger Mark Driscoll in einer seiner Predigten erklärt hat:

»In der Offenbarung ist Jesus ein stolzer Krieger, mit einem Tattoo auf seinem Bein, einem Schwert in der Hand und fest entschlossen, jemanden bluten zu lassen. Diesen Typen kann ich anbeten. Ich kann keinen Hippie, Windel-, Heiligenschein-Christus anbeten, weil ich keinen Typen anbeten könnte, den ich zusammenschlagen kann«.[44]

An unterschiedlichen Stellen ist mir in diesem Zusammenhang auch der Gedanke begegnet, dass Jesus bei seinem ersten Kommen als Lamm kam, bei seinem zweiten Kommen jedoch als Löwe. Es scheint, als würde der Weg der Gewaltlosigkeit, Feindesliebe und der Versöhnung zum Ende der Bibel als unbrauchbar und gescheitert erklärt und von massiver, göttlicher Gewalt abgelöst werden. Ich nehme wahr, dass an dieser Stelle vielfach wieder auf zornige und gewaltvolle Gottesbilder des Alten Testaments zurückgegriffen wird, der gnädige Jesus der Evangelien kommt für das Ende der Welt nicht in Frage, er wird zum Schweigen gebracht.

HERR UND GOTT

Diese Sicht auf das Ende der Welt ist nicht alternativlos. In den letzten Jahren hat es einige bemerkenswerte Veröffentlichungen gegeben, die neue Interpretationen dieser Fragestellungen für eine breitere Leserschaft zugänglich machen. Entscheidend dabei ist, dass der Jesus der Evangelien nicht durch andere Bibeltexte interpretiert wird, vielmehr müssen sich alle anderen Bibeltexte am gekreuzigten Jesus messen und orientieren.

Die Offenbarung des Johannes wird dann als Kritik am römischen Imperium gelesen. Johannes war wahrscheinlich Pastor einer Gemeinde in Ephesus, die unter politischem Druck gestanden hat. Johannes selbst wurde offenbar verhaftet, weil sein Glaube als Rebellion gegen die römische Ordnung angesehen wurde. Die Gemeinde stand also unter enormem Druck, sich dem Imperium zu fügen und dafür in ihrem Glauben Kompromisse einzugehen.

Einige Historiker:innen vermuten,[45] dass Kaiser Domitian in der Gegend einen ausgeprägten Kaiserkult initiiert hatte. Wenn Menschen beispielsweise in der Markthalle in Ephesus einkaufen wollten, mussten sie dem Kaiser quasi religiöse Ehrerbietung erweisen und ihm ein Opfer darbringen, möglicherweise vor einer Kaiserstatue. Teil dieses Rituals war, dass man den Kaiser mit *dominus et deus noster* anbeten musste, unser Herr und Gott. Nur wer dieses Ritual vollzog, bekam eine Art Stempel auf die Hand oder Stirn, wodurch man die Erlaubnis bekam, auf dem Markt Handel zu betreiben. Die Christ:innen in Ephesus hatten also einen großen inneren Konflikt. Würde man dem Kaiser anstelle von Gott huldigen oder würde man seine Lebensgrundlage riskieren? Johannes, der Pastor der Gemeinde, war ja bereits gefangen und auf eine Insel verschleppt worden. Von dort aus schreibt er seine Offenbarung, um seine Gemeinde zu ermutigen, sich dem Kaiser nicht zu beugen. Allerdings nannte Johannes die Dinge nicht beim Namen, sondern nutzte Symbole. Seine Leser werden die eigentliche Botschaft verstanden haben, aber vielleicht war die Kritik am Kaiser und der Aufruf zum Widerstand so unverfänglicher. In der Antike haben viele Schriftsteller ihre Herrscherkritik hinter bildhaften Symbolen versteckt, dieses Vorgehen kennt man etwa auch aus Fabeln.

Johannes schrieb also beispielsweise in Kapitel 13 von einem Drachen und einem weiteren Monster, die mit besonderer Macht die Völker beherrschten und verführten. Alle, die auf der Erde lebten, würden diese Herrscher anbeten. *Dominus et deus noster.* Schließlich würden die Feinde der Herrscher gefangen genommen oder hingerichtet werden. Johannes weiß, wovon er da spricht. Und schließlich würde niemand mehr kaufen oder verkaufen können, es sei denn, man betet dieses Monster an. Was möchte Johannes aber eigentlich sagen? Sollte man den Kaiser als Herrn und Gott anbeten? Seine Botschaft lautet: Denkt nach! Dieses Tier ist ein Mensch. Kein Gott. Nur einer ist Gott.

Zu Anfang der Offenbarung des Johannes findet man eine Thronszene, die außerordentlich aufschlussreich ist. Hier wird beschrieben, wie ein Herrscher in sein Amt eingeführt wird. Es wird ein Thron beschrieben, der Macht über die gesamte Welt bedeuten würde. Eine

Rolle mit einer Regierungserklärung muss dazu geöffnet und verlesen werden. Die Leser:innen dürften sich an Zeremonien zur Amtseinführung römischer Kaiser erinnert gefühlt haben. Nur, dass hier kein Kaiser auf dem Thron sitzt, sondern der Löwe Judas. Also ein Israelit. Das an sich dürfte schon provokant genug sein. Aber es geht weiter. Die Würdenträger beraten sich über die Inthronisierung, da wird deutlich, wer gekrönt werden soll: Ein geschlachtetes Lamm (Offenbarung 5,6).

Nicht nur, dass für diesen Herrscherthron kein Römer vorgesehen war, es würde noch nicht einmal ein Löwe sein. Es war ein Lamm. Und dazu war es ein geschlachtetes Lamm. Diese Szene ist absolut entscheidend, wenn man die Offenbarung nicht im Sinne einer göttlichen Gewaltorgie lesen möchte. Für Johannes ist der Weltenherrscher ein geschlachtetes Schaf. Und damit scheint deutlich zu werden, dass Johannes weiterhin an die Botschaft Jesu glaubt, der von Gewaltfreiheit und hingebungsvoller, ja aufopferungsvoller Liebe geredet hatte. Gottes Herrschaft ist völlig anders als die der Cäsaren und Imperatoren, denn sie baut auf Hingabe und Liebe, nicht auf Gewalt.

Brian Zahnd hat ebenfalls über die Johannes-Offenbarung nachgedacht und merkt zu der oben angeführten Textstelle aus Offenbarung 19 einige hilfreiche Details an:

»Christus herrscht immer vom Kreuz her, niemals von einem Apache-Militär-Helicopter. Johannes hebt hervor, dass Jesus durch Selbstaufopferung herrscht, indem er den Reiter des weißen Pferdes mit einem in Blut getränkten Gewand darstellt, und das bevor die Schlacht überhaupt angefangen hat. Jesu Gewand ist mit seinem eigenen Blut getränkt. Jesus vergießt nicht das Blut seiner Feinde, Jesus vergoss sein eigenes Blut. Das ist das Evangelium. (…) Um diesen Punkt zu verstärken, erzählt uns Johannes, dass das Schwert, welches der Reiter nutzt, um die Nationen zu schlagen, nicht in seiner Hand ist, sondern in seinem Mund. Soldaten mit wortwörtlichen Waffen halten diese in ihren Händen, nicht im Mund. Diese ist nicht das Schwert Cäsars, es ist das Wort Gottes. Der Autor der Offenbarung möchte sicherstellen, dass wir diesen Punkt begreifen und fügt deswegen an: Sein Name ist das Wort Gottes. Das Schwert ist kein Schwert, es ist ein Symbol. Das Schwert ist das Wort Gottes. (…) Christen sind dazu berufen zu glauben, dass mitleidende Liebe und das göttliche Wort alles ist, was Christus benötigt, um das Böse zu überwinden. Eine gefallene Welt, die suchtabhängig von Krieg ist, glaubt das nicht, aber die Nachfolger von Jesus sollten das! Wenn Jesus das Böse besiegt, indem er seine Feinde tötet, dann ist er nicht anders als Cäsar. Die Kernaussage von Johannes ist jedoch, dass Jesus überhaupt nicht so wie Cäsar ist.«[46]

So verstanden handelt die Offenbarung nicht von einer zukünftigen Endschlacht, sondern möchte zeigen, dass Gottes Herrschaft der Liebe aller imperialen Gewalt überlegen ist. Theolog:innen wie Brian Zahnd versuchen also, den Jesus der Evangelien als absolut zentral für das Gottesverständnis, aber auch für das Verständnis der Zukunft zu deuten. Wenn Kreuz und Auferstehung die zentralen Motive dafür sind, wie Gott das Ende der Welt herbeiführen will, dann ist das eine Absage an ein finales Einschreiten Gottes, mit dem alle Feinde und das Böse ausgemerzt werden können. An dieser Stelle zeigt sich, wie tiefgreifend der Ansatz von Brian Zahnd ist. Der Glaube an Gewalt ist uns sehr viel vertrauter als der Glaube an das Kreuz. Natürlich wissen wir Christ:innen, dass Jesus uns dazu aufgerufen hat, ihm zu folgen und dabei unser eigenes Kreuz auf uns zu nehmen. Aber gehen wir diesen Weg vielleicht nur deswegen mit, weil wir glauben, dass der Weg des Kreuzes nur eine Übergangsstation der Schwäche ist, bis irgendwann Jesus mit voller Gewalt den Weltlauf ändern wird? Bis Jesus wiederkommt, mag man noch wie ein Verlierer wirken und das Kreuz auf sich nehmen. Aber als Strategie zur Rettung der Welt dürften die wenigsten glauben, dass der Weg des Kreuzes erfolgreich sein wird. Wer will so einem Jesus nachfolgen? Also bauen wir lieber auf einen Jesus, der in Zukunft Kreuze baut wie Cäsar, als auf einen, der an einem Kreuz hängt.

HOFFNUNG OHNE GARANTIE

Wenn die Johannes-Offenbarung von einer kosmischen Schlacht spricht, in der Jesus das Schwert des Wortes Gottes nutzt, dann wird hier wieder ein biblisches Motiv benutzt, das sowohl bei der Schöpfungsgeschichte als auch bei der Inkarnation eine Rolle spielt. Ich interpretiere es als das Motiv des Wortes Gottes als überredendes Locken und als Überzeugungskraft der Liebe. Da die Prozesstheologie Gottes Macht als Macht der Liebe versteht, wird hier auch im Blick auf die Zukunft nicht von einem einseitigen Eingreifen Gottes ausgegangen, mit dem Gott die Schöpfung überwältigt und eine bessere Zukunft erzwingt. Im Prozessdenken kann Gott die Schöpfung auch zukünftig nur in eine bessere Zukunft locken.

Da Gottes Liebe immer Freiraum schafft, wird es auch in der Zukunft immer die Möglichkeit geben, dass die Schöpfung sich gegen das Gute aus Gottes Angeboten an die Schöpfung entscheidet. Will man den Gedanken der freiheitlichen Liebe konsequent beibehalten, dann kann es keinen endgültigen Sieg über das Böse geben, es kann immer nur einen graduellen Sieg geben. Im Prozessdenken wird die Zukunft daher als nicht endender Prozess gedacht, der radikal offen ist. Der Prozess ist so offen, dass auch ein Scheitern möglich ist. Wenn sich die Menschheit beispielsweise von Gottes Locken nicht erreichen lässt und apokalyptische Horrorszenarien wie ein atomarer Weltkrieg drohen, dann würde laut Prozessdenken sogar die Zerstörung der Menschheit eine mögliche Zukunft sein. Sie wäre dann zwar das Ende der Menschheit, nicht jedoch das Ende von Gottes Schöpfungshandeln. Gott würde weiterhin neue Möglichkeiten bieten und neues Leben ermöglichen.

Die Prozesstheologie ist also nicht an einen blinden Fortschrittsglauben gebunden, im Gegenteil. Der Prozess der Welt muss sich keinesfalls in eine positive Richtung entwickeln. Ähnlich wie im Atheismus betont die Prozesstheologie also die Verantwortung des Menschen, der maßgeblich dafür verantwortlich ist, wie die Geschichte sich entwickeln wird. Für Kritiker ist das ein Problem, da die Sicherheit, dass es einen positiven Ausgang der Geschichte gibt, für viele die Kernessenz des Glaubens an Gott überhaupt ist. Hoffnung für die Welt kann es aus prozesstheologischer Sicht nur in Gottes längerem Atem geben, in Gottes Treue, Geduld und Beharrlichkeit. Gott, die 13,8 Milliarden Jahre mit der Schöpfung gearbeitet hat, wird das Werk, das sie begonnen hat, auch zu Ende bringen. Im Prozessdenken kann man schon formulieren, dass Zukunft durchaus hoffnungsvoll betrachtet werden kann. Passend dazu ist ein Zitat von Martin Luther King:

»Das Böse mag Ereignisse so prägen, dass Cäsar einen Palast besetzt und Christus ein Kreuz, aber derselbe Christus wird auferstehen und die Geschichte in vor und nach Christus teilen, so dass sogar Cäsar nach seinem Namen datiert werden wird. Ja, der moralische Bogen des Universums ist lang, aber er neigt sich Richtung Gerechtigkeit.«[47]

Dieses Zukunftsverständnis wird vielleicht dann besonders deutlich, wenn man sie mit einigen Kritiker:innen der Prozesstheologie vergleicht.

Kritik kommt beispielsweise aus der gedanklich mit der Prozesstheologie verwandten Richtung des Offenen Theismus. Einer der bekanntesten Vertreter ist Greg Boyd. Er nimmt in seinem Buch »God of the Possible« ebenfalls auf die Frage Bezug, wie die Zukunft der Welt durch Gottes Handeln zum Guten gelenkt werden kann. Er zeigt außerdem auf, welche Unterschiede zwischen der Prozesstheologie und dem Offenen Theismus hier entstehen:

»Prozessdenken behauptet, dass Gott die entfernte Zukunft weder vorherbestimmen noch irgendetwas mit Sicherheit vorhersehen kann. Der Offene Theismus bleibt dabei, dass Gott vorherbestimmen und vorhersehen kann, was immer Gott will. In der Tat ist Gott so selbstsicher in seiner Souveränität, dass er nicht alles micromanagen muss. Er könnte, wenn er wollte, aber das würde seine Souveränität schmälern. So entschied er sich, einige Bereiche der Zukunft für Möglichkeiten offen zu halten, um sie von freien selbstständigen Akteuren bestimmen zu lassen. Es bedarf eines größere Gottes, der eine Welt voller freier, selbstständiger Akteur:innen steuert, als einen, der eine Welt mit programmierten Automaten lenkt.«[48]

Für Offene Theisten wie Greg Boyd ist die Zukunft daher teilweise offen und teilweise vorherbestimmt. Wenn in der Bibel von Vorherbestimmung die Rede ist, dann bezieht sich das demnach auf die Dinge, die Gott zur Chefsache erklärt, während anderes der Schöpfung überlassen ist. Die Stärke dieser Position ist, dass der Offene Theismus glauben kann, dass Gott mit der Schöpfung garantiert und sicher ans Ziel kommen wird. Der Ausgang der Geschichte wäre vorherbestimmt und Gott könnte uns versichern, dass die erhoffte Zukunft eintritt, weil Gott gesicherte Erkenntnisse über die Zukunft hat. Allerdings kann der Offene Theismus dann doch nicht erklären, wie die Freiheit der Schöpfung gedacht werden kann. So charmant ein Mittelweg oft ist, in diesem Fall bleiben doch die entscheidenden Fragen offen.

Prozesstheologische Gedankengänge bieten fruchtbare Ansätze, mit denen christliche Hoffnung gelebt werden kann. Aber sie bieten keine Garantien. Es scheint ein wenig wie ein Kriminalroman, dessen Ende ohne Aufklärung des Falls auskommt. Aber in der christlichen Geschichte sind wir schon einmal an diesem Punkt gewesen. Die ersten Christ:innen waren tief in dem Glauben verankert, dass Jesu Kommen noch zu ihren Lebzeiten stattfinden würde. Dann würde sich das Reich

Gottes auf der ganzen Erde durchsetzen und Gottes Herrschaft auf der Erde manifestiert sein. Ein Jesuswort aus dem Lukasevangelium atmet noch diesen Glauben, wenn Jesus dort sagt: »Ich sage euch aber wahrlich: Einige von denen, die hier stehen, die werden den Tod nicht schmecken, bis sie das Reich Gottes sehen.« (Lukas 9,27). Nun war zur Abfassung des Lukasevangelium seitdem bereits einige Zeit vergangen und die Gruppe derer, die nicht sterben sollte, wurde immer kleiner. Die erste Generation der Christ:innen starb so langsam aus und der Glaube an die Naherwartung führte zu einer großen Krise. Viele Christ:innen hatten ihr Land verkauft und das Geld der Gemeinde gespendet. Sie nahmen in Kauf, in Armut zu geraten, da ja jeder wusste, dass Jesus bald wiederkommen würde. Doch die Ernüchterung folgte. Jesus kam nicht wieder. Die Bewegung der Nachfolge Jesu schien sich zu verlaufen und im Nichts der Geschichte zu verschwinden. In dieser Situation gegen Ende des ersten Jahrhunderts hatten Lukas und einige seiner Mitarbeiter die Aufgabe für sich übernommen, dem Christentum eine neue Vision zu geben. Die offensichtlich falsche Vorstellung der Naherwartung musste korrigiert werden und stattdessen sollte eine neue inspirierende Art gefunden werden, die Botschaft von Jesus in Worte zu fassen. Das Ergebnis waren zwei Bücher, das Lukas-Evangelium und die Apostelgeschichte. In der Apostelgeschichte erwähnt Lukas ein Ereignis, das in der Kirchengeschichte als Pfingsten bekannt ist (Apostelgeschichte 2). Es geht dabei um ein Treffen, bei dem eine Menge Christ:innen zusammengekommen waren. Dabei machten sie eine spirituelle Erfahrung, der Heilige Geist kam auf sie und erfüllte sie, so dass sie in anderen Sprachen sprechen konnten. Es scheint so, dass Lukas die falsche Vorstellung der Naherwartung durch das Erfülltsein mit Heiligem Geist ersetzen wollte. Hoffnung wird nicht erst dann real, wenn das kommende Heil da ist. Hoffnung ist bereits da am Werk, wo Menschen mit Heiligem Geist erfüllt werden. Da, wo die transformative Kraft Gottes in der Welt Raum gewinnt, da ist Hoffnung. Die Kraft, die schon immer in der Welt wirksam war, die in der Schöpfungsgeschichte bereits erwähnt wurde. Es ist der Geist, der Jesus geprägt hat und dem Jesus gefolgt ist.

Und was bewirkt dieser Geist?

Er lässt andere Menschen in anderen Sprachen sprechen. Das schöpferische Wort Gottes, die transformative Kreativität Gottes, wird wie in Jesus inkarniert. Sie erfüllt Menschen. Und diese werden zu Multiplikatoren von Gottes Schöpfungskraft, indem sie selber anfangen Schöpfungsworte zu sprechen. Sie werden zu einer Stimme der Hoffnung.

Dieser Wendepunkt ist auch heute noch relevant. Man mag darüber diskutieren, wie man das kommende Heil nun theologisch fassen darf. Die Antwort der Prozesstheologie verweist darauf, dass in Jesus Gott verkörpert wurde. Dieser Prozess ist eine Einladung für das Heute. Vielleicht ist die Lehre von der Wiederkunft Jesu am besten so zu deuten, dass Gott auch heute noch auf der Suche nach einem Körper ist. Gott sucht solche, die ihr Wesen in der Welt verkörpern. Wenn wir Körper Christi werden, dann kommt Gott erneut zur Welt. Dann ist Jesu Wiederkunft kein einmaliges Ereignis in der Zukunft, es ist ein Prozess. Es ist das Leben des Leibes Christi in dieser Welt.

G O T

T A K

A J E

S U S

Kapitel 5

KAPITEL 5: GOTT AKA JESUS

Die Zeit war reif. Als die Fülle der Zeit gekommen war, brachte Steve Jobs das erste iPhone auf den Markt. Das war im Jahr 2007. Es hat auch vorher schon Smartphones gegeben, die bereits Mails verschicken konnten oder mit einer Kamera ausgestattet waren. Aber als Steve Jobs bei der Präsentation des iPhones Funktionen wie Multitouch, tastaturlose Benutzeroberfläche, einen Unlock-Screen oder das Scrollen per Finger vorstellte, waren die Zuschauer außer sich. Vorher musste man auf den Mini-Bildschirmen der bis dahin entwickelten Smartphones einen Scroll-Button anwählen und immer wieder drücken, bis man an der richtigen Stelle war. Jetzt reichte ein einfacher Wisch. Unglaublich. Nun fing außerdem die Zeit des mobilen Internets an. Ich erinnere mich an das erste Mal, dass ich selbst ein iPhone in den Händen gehalten hatte und völlig ungläubig feststellte, dass man wirklich Youtube-Videos mit diesem Ding sehen konnte, obwohl weit und breit kein WLAN zur Verfügung stand. Auch das wurde durch das iPhone massentauglich.

Das iPhone fiel allerdings nicht vom Himmel. Damit dieses Gerät auf den Markt kommen konnte, mussten unheimlich viele Dinge vorab geschehen. Jemand musste die Elektrizität erfinden, Batterien, Funk, Computer, das Internet, Telefone – die Liste ist lang. Auch im Leben von Steve Jobs mussten verschiedene Dinge zusammenpassen, die am Ende Voraussetzung dafür waren, dass es das iPhone geben konnte. Dass er als Kind in eine Pflegefamilie kommen konnte, die ihm das College ermöglichte, das er später abbrechen würde. Dann die Kurse für Kalligraphie, die er besuchte, um den Apple-Produkten ein gewisses Maß an Ästhetik zu verschaffen. Der Beginn seiner Firma in einer Garage, die Zusammenarbeit mit Steve Wozniak und Ronald Wayne, der Erfolg des ersten Apple-Computers. Dann das Zerwürfnis mit den anderen Verantwortlichen bei Apple und schließlich die Rückkehr zu Apple – all das waren wichtige Stationen im Leben von Steve Jobs, die mit dazu beigetragen haben, dass heute Smartphones einen großen Teil unserer Kommunikation ausmachen. Hätte Steve Jobs 50 Jahre früher gelebt, dann hätte diese Entwicklung nicht stattfinden können. Wäre er zwar zum selben Zeitpunkt, aber in einem anderen Teil der Welt geboren, vielleicht wäre auch dann diese Entwicklung nicht möglich gewesen. Die Zeit war reif. Die Zusammenhänge passten. Der Kontext war stimmig.

Was für das Smartphone stimmt, kann etwas über die Identität Jesu verdeutlichen. Über die Geburt Jesu sagt der Schreiber des Galaterbriefs, dass auch Jesus in eine größere Entwicklung eingebunden war: »Als aber die Fülle der Zeit gekommen war, sandte Gott seinen Sohn, geboren von einer Frau« (Galater 4,4). Dass Jesus zu diesem Zeitpunkt, in dieser Region, in dieser Familie, Religion und gesellschaftlichen Situation geboren wurde, ist nicht beliebig. Für das Wirken Jesu sind diese Umstände entscheidend. Bei einem Smartphone ist es nur für nostalgische Nerds interessant, sich mit den geschichtlichen Zusammenhängen vertraut zu machen und vielleicht die Biographie von Steve Jobs zu lesen. Zum Umgang mit dem eigentlichen Gerät ist es nicht wichtig, diese Entwicklung genauer einordnen zu können. Aber wie sieht es bei Jesus aus?

WER WAR JESUS?

Für die Spiritualität von vielen Christ:innen ist Jesus für den direkten Draht zu Gott da. Durch Jesus können Menschen in eine direkte Verbindung zu Gott kommen. Das ist es letztlich, worauf es ankommt. Man weiß zwar auch, dass Jesus in eine gewisse Zeit geboren wurde, und man feiert an Weihnachten die Geburt Jesu. Dennoch spielen die näheren Umstände des Lebens Jesu meist eine untergeordnete Rolle. Dabei ist die Vorgeschichte von großer Bedeutung – wie soll man Jesus sonst wirklich verstehen? Löst man Jesus von seiner geschichtlichen Umgebung, kommt nicht viel Sinnvolles dabei herum. Es ist ein bisschen so, als würde man einen Film in der Mitte beginnen. Nur dass in der Kirchengeschichte handfeste und ernste Folgen entstanden sind, als man Jesus aus seinem jüdischen Kontext löste. Judenfeindlichkeit bis hin zu massiver Gewalt gegen Juden konnten in der Kirche der letzten Jahrhunderte nur Fuß fassen, weil man aus den Augen verloren hatte, dass Jesus Jude war. Die deutschsprachige Theologie des 20. Jahrhunderts war deshalb auch nicht in der Lage, sich geschlossen gegen den Rassismus der Nazis und den Völkermord an den Juden zu stellen.

Die Geschichte von Jesus wird in der Bibel von vier Evangelisten erzählt. Zwei von ihnen fangen ihren Bericht über das Leben Jesu mit einem langen Geschlechtsregister an, in dem jeweils eine lange Liste mit Namen der Vorfahren von Jesus aufgezählt wird. Warum? Was soll das? In beiden Listen wird die Ahnenfolge von Jesus bis zu einem gewissen David nachvollzogen. Die Schreiber des Lukas- und Matthäusevangeliums wollten deutlich machen, dass Jesus von David abstammt. Jesus war ein Sohn Davids. Dahinter steckt mehr. Der Begriff steht für eine Geschichte. Nur wenn wir diese Geschichte wahrnehmen, können wir verstehen, welche Bedeutung Jesus beigemessen wurde. Aber wer ist dieser David gewesen?

David ist eine der bekanntesten Figuren im Alten Testament. Als Hirtenjunge aufgewachsen, hat er sich in einer Kriegssituation bewährt, in der er als Freiwilliger gegen den Riesen Goliath gekämpft hat und ihn besiegte. Anschließend war er ein Kandidat für den Königsthron Israels. Es dauerte allerdings, bis er als König ins Amt eingeführt wurde, da sein Vorgänger Saul sich gegen David wandte und David sich bis zum Tode Sauls verstecken musste.

Doch der Tag kam, an dem David öffentlich zum König über Israel eingesetzt wurde. Im alten Israel wurden Könige und Propheten öffentlich eingesetzt, indem ein besonderer Würdenträger wie ein Prophet oder Priester ein Horn mit Öl über Kopf und Bart des neuen Königs ausgoss. Das war ein Symbol der Weihung und stand dafür, dass Gott in besonderer Weise mit dieser Person verbunden war. David wird in der biblischen Erzählung bereits sehr früh, noch zu Lebzeiten Sauls, zum König gesalbt. Wer gesalbt ist, wird Gesalbter genannt. In der hebräischen Sprache heißt das *Maschiach* oder *Messias*, im griechischen

Christus. In Israel hat es also eine Menge »Messiasse« gegeben. In der Geschichte Davids gibt es jedoch eine besondere Stelle, die über einen einzigartigen Gesalbten spricht, der ein Sohn Davids sein sollte. Der Prophet Nathan hatte David nämlich eine göttliche Prophezeiung mit auf den Weg gegeben, die über diesen Messias folgendes beinhaltete:

»Wenn nun deine Zeit um ist und du dich zu deinen Vätern legst, will ich dir einen Nachkommen erwecken, der von deinem Leibe kommen wird; dem will ich sein Königtum bestätigen. Der soll meinem Namen ein Haus bauen, und ich will seinen Königsthron bestätigen ewiglich. Ich will sein Vater sein, und er soll mein Sohn sein. (...) Aber meine Gnade soll nicht von ihm weichen, wie ich sie habe weichen lassen von Saul, den ich vor dir weggenommen habe. Aber dein Haus und dein Königtum sollen beständig sein in Ewigkeit vor dir, und dein Thron soll ewiglich bestehen« (2. Samuel 7,12 ff.).

Der Sohn Davids würde also einen Tempel bauen und eine ewige Herrschaft einleiten. Im Grunde ist das eine der wichtigsten Erzählungen des Alten Testaments: Die Königsherrschaft des außergewöhnlichen Sohnes Davids. Dieser Sohn Davids würde sogar für Gott wie ein Sohn sein. Viele Herrscher hatten den Titel "Sohn Gottes", so auch zu Lebzeiten Jesu römische Herrscher wie der Kaiser Augustus. Diese Erzählung schürte eine gewisse Erwartungshaltung innerhalb des jüdischen Volkes. Und immer wieder, wenn in der jüdischen Geschichte eine politisch verfahrene Lage sich zuspitzte, wurde die Hoffnung auf den Davidssohn wachgerufen. Man hoffte darauf, dass dieser Retter auftauchen und Israel befreien würde.

Immer wieder hat Israel erlebt, dass besondere Anführer politische Befreiung gebracht hatten. Die Geschichte Israels ist ja sehr bewegt. Sie handelt immer wieder von Verschleppungen ins Exil, aber auch von wundersamen Befreiungen – von Exodus. Mit der Zeit wurde die Vorstellung des besonderen Davidsohnes erweitert und ausgeschmückt. Es entwickelte sich eine Story, die Generationen von Jüdinnen und Juden Hoffnung gegeben hatte. Es wurde davon geredet, dass Gott sich seinem Volk zuwenden und eine völlig neue Zeit anbrechen würde. Es würde eine Zeit des Friedens sein, in der die Menschen keine Verwendung mehr für Waffen haben würden. Deswegen würde man Waffen in Werkzeuge umbauen. Schwerter zu Pflugscharen (Jesaja 2,2). Die Menschen würden nicht einmal mehr den Krieg lernen. Der Berufsstand des Soldaten würde überflüssig werden. Es würde eine Zeit sein, in der sich Gottes Gedanken für das Zusammenleben auf der ganzen Welt durchsetzen würden. Unterdrückerische Imperien und feindliche Großmächte würden allesamt der Herrschaft Gottes direkt unterstehen. Und deswegen würde diese Zeit als ein endgültiger Sieg über alles Böse betrachtet werden. Diese Welt würde wieder ins Lot gebracht, wiederhergestellt und in Ordnung gebracht werden. Im Judentum sprach man von *tikkun olam*, was soviel wie "Heilung der Welt" bedeutet.

Nur: Wie würde diese neue Zeit anbrechen können? Was hindert den Anbruch noch? Warum lässt Gott diese Zeit nicht beginnen? Das waren die eigentlichen Fragen, mit der sich die Menschen zur Zeit Jesu beschäftigten. Die Hoffnung auf den Sohn Davids, durch den Gott sein Friedensreich aufrichten würde, war überall spürbar. Allerdings gab es völlig unterschiedliche Ausprägungen dieser Hoffnung. Es bildeten sich Gruppen, die jeweils verschiedene Vorstellungen über den Messias hatten. Die sogenannten Essener glaubten an einen zukünftigen eher mystischen Messias. Sie erwarteten also keinen politischen Umschwung, sodass sie sich in ihre Gemeinschaften zurückzogen und weniger Interesse an einer Revolte hatten. Die Zeloten waren das genaue Gegenteil. Sie glaubten fest an eine politische Revolution und griffen daher auch auf gewaltvolle Mittel zurück, die ihnen den Ruf einer Terrororganisation einbrachten. Pharisäer glaubten dagegen an das strenge Befolgen der biblischen Gebote: Würde es eine geistliche Revolution geben, dann würde Gott vielleicht auch eine politische Veränderung durch den Messias bewirken. Als Jesus schließlich auf die Bildfläche tritt, wird er von vielen als neuer Sohn Davids verstanden.

Die historische Jesusforschung hat viel Wert darauf gelegt, die geschichtlichen Zusammenhänge und den historischen Kontext Jesu zu beleuchten. Man kann beispielsweise versuchen herauszufinden, inwiefern sich Jesus einer der damaligen Strömungen besonders angeschlossen oder eine gewisse Nähe dazu entwickelt hat.[49] Hat er sich eher an die gewaltbereiten Zeloten gehalten? Oder eher an die Essener, die in der Wüste Erneuerung in mystischen Erfahrungen und Askese suchten? Oder war er den Sadduzäern nahe, die pragmatische Lösungen, die Verbindung zur Macht und Realpolitik schätzten? Oder war er vielleicht doch eher wie die Pharisäer, die eine geistliche Erneuerung durch strenge Befolgung der mosaischen Gesetze forderten?

Der Prozesstheologe John Cobb arbeitet Jesus als eine Figur heraus, die sich den Messiaserwartungen seiner Zeit nicht angeschlossen hat. Jesus habe sich nicht in ein Schema pressen lassen. Cobb zeigt auf, dass Jesu Verständnis des Reiches Gottes aus einer besonderen Erfahrung mit Gott herrührte. In verschiedenen Textstellen der Evangelien wird deutlich, dass Jesus Gott mit *Abba* angesprochen hat – zum Beispiel im Gebet. Wenn Jesus diese Gottesanrede nicht selbst erfunden hat, dann war es zumindest zur Zeit Jesu höchst ungewöhnlich, Gott mit *Abba* anzureden. Denn *Abba* bedeutet übersetzt soviel wie »Papi«. Es ist Babysprache: Kleinkinder, die losbrabbeln, sagen *Abba*. Es ist also ein sehr frühes Stadium der Sprachentwicklung. *Abba* ist deswegen ein Ausdruck von Beziehung, der mehr mit Intimität zu tun hat und weniger mit Hierarchie. In patriarchalen Gesellschaften ist der Vater der Herrscher im Haushalt. Für Cobb ist die Gottesansprache Jesu daher im Kontrast zu Gottesbildern zu sehen, die Gott als Herrscher sehen. Gott wird daher für Jesus durch Erbarmen, Zärtlichkeit und Liebe definiert, nicht durch Macht und Kontrolle: Es war bedingungslose Liebe und weniger kontrollierende Macht, die Jesu Bild von Gott dominierte. Wir wissen nicht, wo und wie Jesus in seinem Leben eine Erfahrung mit Gott machte, die ihn derart prägte, dass er Gott *Abba* nannte. Was wir aber wissen, ist, wie dies seine Botschaft prägte. John Cobb fasst dies unglaublich gut zusammen:

»Der Gott, den er als Abba kannte, war nicht diese Art Wesen, die mit einem Krieg intervenieren würde und einen Herrscher absetzen und einen anderen einsetzen würde. Die einzige Antwort wäre, die Involviertheit in einer dominierenden Kultur durch die Teilnahme an einer Gegenkultur zu ersetzen, die auf völlige Treue und Vertrauen in Abba gebaut wäre. (...) Was war also Jesu Mission? Es war, die Möglichkeit dieser Gegenkultur zu verkünden und zu realisieren.«[50]

Mit seiner Einladung zu dieser Gegenkultur stand Jesus einerseits mitten in der jüdischen Tradition, allerdings veränderte er diese auch in einigen wesentlichen Punkten. Entscheidend war, dass Jesus zu dieser neuen Realität eingeladen hat, weil er glaubte, dass er eine Gemeinschaft gründen könnte, in der der Glaube an *Abba* zu einer neuen Realität führen könnte. Er glaubte, dass diese neue Realität nahe ist: »Das Reich Gottes ist nahe« war seine Kernbotschaft. Jesus glaubte daran, dass diese Realität sich ausbreiten und immer mehr Menschen anstecken könnte.

HOHE UND NIEDRIGE CHRISTOLOGIEN

In der Prozesstheologie wird über dieses Reich Gottes viel geredet. Allerdings gibt es Unterschiede in der Wortwahl. Da die Übersetzung »Reich Gottes« die Vorstellung von Kontrolle, Macht und Herrschaft nahelegt, sprechen Autor:innen wie Catherine Keller oder John Cobb eher vom Gemeinwesen Gottes (englisch *commonwealth*) oder übernehmen den griechischen Begriff *basileia theou* ohne Übersetzung.

Neben der Frage nach der Einordnung Jesu in seinen geschichtlichen Zusammenhang und seiner Botschaft ist in der christlichen Theologie vor allem die Frage wichtig gewesen, wer Jesus nun war. War Jesus Gott? Um sich theologisch einen Reim darauf zu machen, wer

Jesus war, kann man in der Theologie – grob gesagt – zwei Herangehensweisen unterscheiden. Zum einen wäre da die Christologie von oben und zum anderen die Christologie von unten. Hierbei handelt es sich zunächst einmal nur um zwei unterschiedliche Zugänge oder Methoden, sich mit Jesus zu beschäftigen. In der Christologie von oben fängt man bei Christus als dem ewigen Sohn Gottes an, bei der Trinität und der Menschwerdung Gottes. Bei der Christologie von unten fängt man stattdessen beim irdischen Jesus an, bei seinem Leben und seiner Lehre, und zeigt dann auf, wie Jesus zum Christus wurde. Welche dieser Methoden man wählt, sagt aber noch nichts darüber aus, zu welchem Ergebnis man schlussendlich kommt und ob man am Ende zu einer hohen oder niedrigen Christologie gelangt.

Eine hohe Christologie würde in Jesus vor allem seine Gottheit betonen und hätte Schwierigkeiten, dabei sein Menschsein zu bekennen. In der Alten Kirche war die Frage nach dem Menschsein Jesu das heiße theologische Eisen schlechthin. Unter heftigsten Streitigkeiten wurde damals durchgesetzt, dass Jesus als wirklicher Mensch zu gelten habe, und nicht beispielsweise einen Scheinkörper hatte oder nur teilweise menschlich gewesen sei, weil er beispielsweise zwar einen menschlichen Körper, aber keinen menschlichen Geist gehabt habe.[51] Die Alte Kirche legte sehr großen Wert darauf, dass Jesus samt Seele und Geist völlig menschlich gewesen ist. Viel später war man sich dann aber nicht mehr so sicher, inwiefern Jesus wirklich Gott gewesen sein konnte.[52] Diese Christologien waren also besonders niedrig, da sie mit der Gottheit Jesu nicht mehr viel anfangen konnten. Mir scheint es, dass der theologische Diskurs durch die Jahrhunderte hinweg zum Ziel hatte, weder zu hoch noch zu niedrig zu landen, um aussagen zu können, dass Jesus ganz Mensch und Gott war.

In der Theologie wird nebenbei schon lange darüber diskutiert, inwiefern die Schreiber des Neuen Testaments sich in ihrer Christologie einig waren und ob es Unterschiede darin gibt, wie hoch oder niedrig die jeweiligen Autoren gelandet sind. Bei Johannes hat man offenbar eine recht hohe Christologie, denn hier wird ausdrücklich davon geredet, dass das Wort, also Christus, Mensch wurde. Jesus nutzt hier immer wieder die Worte »Ich bin« (z.B. Johannes 6,35), die ihn als Gott auszeichnen. Bei Markus bekomme ich den Eindruck, dass Jesus durch die Taufe zum Gottessohn wird. Manche sagen, dass Jesus bei der Taufe quasi zum Gottessohn adoptiert wird, schließlich wird hier von der Stimme Gottes aus dem Himmel berichtet, die aussagt: »Dies ist mein Sohn« (Markus 1,11). Dann vermuten andere, dass bei Paulus die Gottheit Jesu mit seiner Auferstehung zusammenhängt, durch die Jesus als Sohn Gottes bestätigt wird. Wie gesagt, all das wird kontrovers diskutiert. In der christlichen Theologie ist diese Frage bis heute nicht abschließend geklärt. Wenn ich so darüber nachdenke, finde ich allerdings, dass, wenn sich die biblischen Autoren nicht einig gewesen sind und in der Bibel unterschiedliche Sichtweisen zur Christologie eingenommen wurden, dann auch heute Menschen mit unterschiedlichen Haltungen zur Christologie einen Platz in der christlichen Gemeinschaft haben sollten.

DER LANGE STREIT UM DIE IDENTITÄT JESU

Was Christ:innen über die Identität von Jesus bisweilen glauben, hat eine lange und aus meiner Sicht irritierende Geschichte. Über Jesu Identität wurden viele Konferenzen, die sogenannten Konzile abgehalten, in denen hart diskutiert wurde, wie man nun rechtens über Jesus zu denken und zu glauben habe. Die Ergebnisse dieser Konzile wurden in verschiedenen Bekenntnissen und Erklärungen festgehalten, deren Inhalte seltsam wirken können. Das bestreitet nebenbei auch niemand. Die Lehre der Dreieinheit wie auch die Lehre der Menschwerdung des Sohnes Gottes sind theologisch letztlich nur widersprüchlich zu erklären und müssen dennoch geglaubt werden. Geheimnis, Wunder – man zuckt hier mit den Schultern und sagt, dass man Gott eben nicht gänzlich erklären könne. Trotzdem hat man schon seit den frühen Anfangsjahren der Christenheit über diese Fragen diskutiert und nach Lösungen gesucht. Befriedigend war bislang keine.

Beispielsweise im Streit mit dem Priester Arius. Hier wurde darüber nachgedacht, ob Jesus als Gottes Sohn geschaffen wurde oder aus Gott hervorgegangen war. Arius nahm an, dass Jesus vor Erschaffung der Welt bereits als Gottes Weisheit existierte, allerdings als Geschöpf. Als Jesus dann irgendwann geboren wurde, habe Gott ihn als Sohn adoptiert. Klingt seltsam? Ja. Aber es ist nicht so seltsam wie die offizielle Lehrmeinung, die sich anschließend durchgesetzt hat: Auf dem Konzil von Nicäa im Jahr 325 wurde festgelegt, dass Jesus von Gott gezeugt, aber nicht geschaffen wurde. Im offiziellen Glaubensbekenntnis heißt es:

»Wir glauben an den einen Herrn Jesus Christus, Gottes Sohn, als Einziggeborener aus dem Vater gezeugt, das heißt: aus dem Wesen des Vaters: Gott von Gott, Licht vom Licht, wahrer Gott vom wahren Gott, gezeugt, nicht geschaffen, eines Wesens mit dem Vater.«[53]

Jesus komme also vom Vater her, er sei als Sohn des Vaters kein Geschöpf, in einem innergöttlichen Hervorgehen gezeugt und nicht außerhalb Gottes geschaffen. Wohlgemerkt geht es hier um den vor Erschaffung der Welt existierenden Jesus und nicht um die Jungfrauengeburt. Es soll ausgesagt werden, dass Jesus auch schon vor seiner irdischen Geburt ein Sohn gewesen sei. Dass Gott Jesus vor Erschaffung der Welt gezeugt habe, ist allerdings eine Metapher, die mehr Fragen aufwirft, als sie erklärt. Sie soll für ein Hervorgehen in Gott stehen, also für ein Verhältnis innerhalb der Dreieinheit Gottes. Aber ist ein Hervorgehen kein Schaffen? Eine Art ewiger Zeugungsprozess, der aber den Sohn Gottes als vollwertige Person der Dreieinheit anerkennt und nicht zu einem Geschöpf macht? Und das meinen Christ:innen, wenn sie sagen, dass Jesus Gottes Sohn ist? Ja, da reibt man sich die Augen.

Als man geklärt hatte, dass Jesus wahrer Gott gewesen ist, stellte sich anschließend die Frage, wie man nun sagen könne, dass er auch wahrer Mensch gewesen ist. Hier wurde ein Ansatz eingebracht, der eng mit der Gnosis zusammenhängt. Die Gnostiker glaubten, dass nur die geistliche Welt der Ideen gut war, die materielle Welt der Schöpfung galt jedoch als verdorben. Erlösung war demnach für die Gnostiker, dass sich die geistliche Seele von dem bösartigen materiellen Körper trennt und mit der geistigen Welt vereint. Angelehnt an diese Lehre wurde diskutiert, ob Jesus als vollkommener Gott einen von der sündigen Materie gezeichneten Leib haben konnte. Man nahm an, dass Jesus keinen materiellen Körper, sondern nur einen Scheinkörper hatte. Dann aber wären Kreuzigung und Auferstehung nicht wirklich passiert, was wiederum Fragen über die Erlösung aufgeworfen hätte. Jesus musste also einen wirklich menschlichen Körper gehabt haben. Aber war dann vielleicht seine Seele göttlich? Hat vielleicht der göttliche Geist einen menschlichen Körper beseelt? Und konnte dann die Erlösung überhaupt vollständig gewesen sein? Wäre die Menschheit erlöst, wenn die Seele des Menschen nicht durch Jesus mit erlöst worden wäre? Letztlich wurde 553 in Konstantinopel entschieden, dass auch die Seele Jesu menschlich gewesen sein muss.

Es stellten sich jedoch weitere Fragen: Denn wenn der vor der Grundlegung der Welt gezeugte Sohn Gottes später vom Heiligen Geist erneut gezeugt und Mensch wurde, müsste Gott dann nicht zwei Söhne haben – einen menschlichen und einen göttlichen? 431 trat also ein Konzil in Ephesus zusammen, das entschied, dass in Jesus nicht zwei Söhne Gottes, sondern nur einer verehrt würde. Jesus ist also von Geburt an wahrer Gott und wahrer Mensch. Aber wie konnte das sein? Wie konnten in Jesus die Gottheit und das Menschsein zusammen gedacht werden? Ist in Jesus eine göttliche Natur und eine menschliche Natur vermischt und zu einer neuen Mischform geschaffen worden? Wäre sonst die Verbindung zwischen Göttlichem und Menschlichem in Jesu ohne eine endgültige Einigung nicht zu lose? Nach langen Verhandlungen kam man 451 beim Konzil von Chalzedon auf die Formulierung »unvermischt und ungetrennt«, zwei Naturen, die in einer Person vereinigt sind. Das hört sich zunächst einfach an, ist aber genauer betrachtet höchst unverständlich. Man kann verstehen, dass der menschliche Jesus einen gewöhnlichen Körper hatte. Das menschliche Bein von Jesus wird aus Haut, Muskeln, Sehnen und Knochen bestanden haben. Gewöhnliche Zellen, DNA, usw. – so wie die Medizin einen menschlichen Körper beschreiben würde. Aber was würde nun hinzukommen, damit Jesu Körper zugleich auch eine göttliche Natur beinhaltet, die dann in einer Person vereint werden könnte? Man formulierte ein glasklares Paradoxon, einen Widerspruch, der widersprüchlicher kaum sein könnte: Die göttliche und die menschliche Natur Jesu sollte nicht vermischt gedacht werden, man wollte aber auch eine Trennung vermeiden. Man wollte also den Pelz waschen, ohne ihn nass zu machen.

Letztlich hat man das Problem nur vorübergehend gelöst, indem man einen schicken Begriff aus der Philosophie übernommen und ihm eine etwas andere Bedeutung zugesprochen hat, die aber nicht näher zu bestimmen ist: Hypostatische Union. Viele Fragen bleiben dazu bis heute offen: Was genau soll denn eine göttliche Natur sein? Einige sprachen damals auch von einer göttlichen Substanz. Eine unsichtbare metaphysische Substanz? Und die soll nun innerhalb der Schöpfung wie gedacht sein? Kann man so eine Substanz messen, fotografieren oder fühlen? Und wenn nicht, was meint es dann noch, dass Gott Fleisch geworden ist? Und selbst, wenn man sagt, dass es diese Substanz gegeben hat: Wieso führt sie dazu, dass Jesus ein Gott-Mensch wird? Wir nehmen ja ständig verschiedene Substanzen in Form von Nahrung auf, die dann ein Teil von uns werden. Aber selbst wenn ich mich ein Jahr ausschließlich von Fisch ernähren würde, bis mein Körper sämtliche Bestandteile ausgetauscht hat, würde ich anschließend immer noch Mensch und nicht Fisch-Mensch sein. Der Vergleich hinkt fürchterlich und wird den Diskussionen des Konzils von Chalzedon nicht gerecht. Er macht aber deutlich, dass die klassische Inkarnationslehre lediglich auf Formulierungen basiert, die man auswendiglernen und bekennen kann, deren inhaltliche Substanz jedoch völlig im Nebel liegt. All das klingt nach einem Platzhalter, den man sich aus den Fingern gesogen hat, weil man sich nicht anders behelfen konnte. Dann hat man hinter dem Rücken die Finger gekreuzt und gehofft, dass niemand so richtig durchblickt und nachfragt. Im Groben ist man damit sogar durchgekommen.

Wirklich wild wurde es dann auf dem Konzil von Konstantinopel 680/81, als man feststellte, dass Jesus zwei Willen gehabt haben musste: einen göttlichen und einen menschlichen; wobei der menschliche dem göttlichen untergeordnet war und einfach nur dem gefolgt ist, was der göttliche Wille angeordnet hatte. Christus soll also eine Person aus zwei Naturen und mit zwei Willen gewesen sein, die nicht geschaffen, sondern aus Gott hervorgegangen ist.

Man darf angesichts dieser Ergebnisse zurecht danach fragen, ob man nicht langsam aber sicher eine neue Christologie entwickeln kann, die besser verständlich und vor allem nachvollziehbar ist. Denn wichtige Fragen bleiben weiterhin völlig offen: Wie kann Gott nun weltfähig sein? Das meint: Wie kann ein unendliches Wesen in die endliche Schöpfung eintreten, mit ihr verbunden sein und mit ihr interagieren? Verliert Gott dadurch nicht seine Unendlichkeit? Und wenn die menschliche Natur der Dreieinheit hinzugefügt wird, was macht das mit dem Gedanken der Vollkommenheit Gottes? Hat dann Gott doch an Erfahrung zugenommen? Ist Gott dann nicht doch einem Wandel unterworfen? Und beschreibt man die Göttlichkeit Jesu als eine metaphysische Substanz, kommt das dann nicht einer Verdinglichung Gottes zu nahe? Selbst heute ist der christologische Streit noch nicht erledigt. Aber bereits die ersten 500 Jahre der Diskussion machen schon deutlich, dass es die Frage nach dem Gott-Menschen Jesus in sich hat. Wenn man eines daraus lernen kann, dann ist es wohl, dass die Aussage »Jesus ist wahrer Gott und wahrer Mensch zugleich« alles andere als eindeutig zu verstehen ist.

INKARNATION IN DER PROZESSTHEOLOGIE

In der Prozesstheologie hat man ebenfalls viel über die Christologie nachgedacht und ist dabei neue Wege gegangen. Insbesondere der Prozesstheologe John Cobb hat über die Inkarnation geschrieben und einige Ansätze dargelegt, die sicherlich auch nicht unproblematisch sind und alle Fragen klären, die aber doch verschiedene Vorteile haben und für angrenzende Fragen hilfreich sein können. John Cobb ist ziemlich direkt in seinem Verhältnis zu den alten Glaubensbekenntnissen. Er meint, dass die Bekenntnisse vor dem Hintergrund der griechischen Philosophie den Glauben verständlich formulieren wollten. Die griechische Philosophie – insbesondere auch der Philosoph Aristoteles

– hat seine Weltsicht auf dem Verständnis aufgebaut, dass die Baustoffe der Welt Substanzen sind. Da die Prozessphilosophie gerade diese Substanzvorstellung ablehnt und stattdessen sagt, dass die Welt letztlich aus Verbindungsenergie, aus Beziehungen besteht, kommt John Cobb bereits an dieser sehr grundsätzlichen Stelle in einen Konflikt mit den Bekenntnissen. Seiner Meinung nach findet sich das Substanzdenken nicht in der Bibel, die alte Kirche ist also von einer unbiblischen Philosophie geprägt gewesen, die den theologischen Überlegungen zugrunde gelegt wurden. Für Cobb macht die klassische Christologie also vor allem da keinen Sinn, wo die zwei Naturen in Christus zu einer Person vereint werden. Sein ausgesprochenes Ziel ist es nun, die Aussagen der alten Bekenntnisse mit einer anderen philosophischen Denkweise zu formulieren. Die Sprache der Bekenntnisse will er also beibehalten, jedoch füllt er diese Sprache mit anderen Inhalten.

Dazu beginnt Cobb zunächst im Sinne einer Christologie von oben. Der Ausgangspunkt seiner Überlegungen ist also nicht der irdische historische Jesus von Nazareth, sondern der ewige Logos Gottes. Dieser Begriff geht auf einen Text aus dem Johannesevangelium zurück:

»Im Anfang war das Wort (gr. Logos), und das Wort war bei Gott, und Gott war das Wort. Dasselbe war im Anfang bei Gott. Alle Dinge sind durch dasselbe gemacht, und ohne dasselbe ist nichts gemacht, was gemacht ist. In ihm war das Leben, und das Leben war das Licht der Menschen. Und das Licht scheint in der Finsternis, und die Finsternis hat's nicht ergriffen. (…) Und das Wort ward Fleisch und wohnte unter uns, und wir sahen seine Herrlichkeit, eine Herrlichkeit als des eingeborenen Sohnes vom Vater, voller Gnade und Wahrheit. (…) Niemand hat Gott je gesehen; der Eingeborene, der Gott ist und in des Vaters Schoß ist, der hat es verkündigt« (Johannes 1,1 ff.).

Johannes schlägt in diesem Text eine Brücke zur Schöpfungsgeschichte. Dort wurde bereits die schöpferische Kreativität Gottes durch das Bild des Wortes beschrieben. In der Schöpfungsgeschichte entstand alles dadurch, dass Gott die Dinge ins Leben gerufen hatte, indem Gott sprach (1. Mose 1,3). Für die Prozesstheologie ist das göttliche Schöpfungswort eine Metapher für Gottes lockende Impulse, für Gottes liebevolle Überzeugungskraft.

Darüber hinaus hat sich in der Prozesstheologie noch ein weiterer Begriff durchgesetzt, nämlich die kreative Veränderung (englisch *creative transformation*). Das Besondere an diesem Begriff ist, dass Cobb hierunter versteht, dass Gott etwas wirklich Neues in die Schöpfung hineinführt. Gewöhnliche Veränderungen, die wir ansonsten in der Welt beobachten können, sind einfach eine Neuordnung der Dinge, wobei einzelne Elemente neu sortiert oder anders zusammengefügt werden. Kreativität entsteht aber da, wenn zu der Neuordnung noch etwas wirklich Neues hinzukommt. Immer wieder gibt es beispielsweise Tüftler, die Musikinstrumente von Maschinen bespielen lassen. Die Maschinen spielen zufällige Töne und Tonabfolgen, die sich sehr chaotisch anhören. Das würde man schwerlich als Musik bezeichnen können. Natürlich werden hier Töne aneinandergereiht, die man sogar mit Notenschrift aufschreiben könnte. Was fehlt, damit es Musik ist, wäre eine Neuordnung, bei der Töne so passend zueinander geordnet werden, dass etwas Neues entsteht. Melodie, Harmonie, Rhythmus, Klangfarbe – all das sind Rahmenbedingungen, die eine Neuordnung ermöglichen, aus der Musik entstehen kann. Dieser Unterschied zwischen Chaos und Musik – das ist ein guter Vergleich zu dem, was die Prozesstheologie mit kreativer Veränderung meint.

Bei John Cobb ist die kreative Veränderung eng mit der Idee des göttlichen Rufs nach vorne (englisch *call forward*) verknüpft: Gottes Logos ist für ihn die ewig unveränderliche Natur Gottes, der abstrakte Pol Gottes (englisch *primordial nature*). Dieser kann in der Welt konkret werden durch Gottes Ruf. Die Prozesstheologin Monica Coleman fasst das gut zusammen: »Genau wie Gottes ursprüngliche und unveränderliche Natur durch Gottes Ruf in die Welt kommt, inkarniert der Logos in die Welt. Passiert das, wird es Christus genannt.«[54] Nicht jede Veränderung in der Welt kommt von Gott. Aber die Veränderungen, die mit Gottes Wesen und Gottes Charakter (bzw. prozesstheologisch ausgedrückt dem abstrakten Pol Gottes) übereinstimmt, kommen deswegen zustande, weil Gott die Schöpfung zu diesen Veränderungen berufen hat. Zwar sind alle Dinge durch Gott geschaffen, aber das Wort ist eben auch Licht. Im Johannesevangelium steht das Licht für das Gute, zu dem Gott beruft.

Wie kann es nun dazu kommen, dass das Wort Fleisch wird? Gottes Berufung ergeht an die Schöpfung. Auch Jesus von Nazareth wurde von Gott berufen. Im Johannesevangelium wird dabei immer wieder betont, dass Jesus auf die Stimme Gottes in vollkommener Weise gehört hat. Jesus handelt im Sinne des Vaters. Im Johannesevangelium sagt Jesus selbst, dass er nichts von sich aus tut, sondern wie er es vom Vater gelernt hat: »Wenn ihr den Menschensohn erhöhen werdet, dann werdet ihr erkennen, dass ich es bin und nichts von mir aus tue, sondern, wie mich der Vater gelehrt hat, so rede ich« (Johannes 8,28). Jesus war Gottes Ruf gegenüber also vollkommen treu und hat daher in außergewöhnlicher Weise Gottes gute Absichten in der Welt realisiert. Auf diese Weise wurden durch Jesu Gehorsam Gottes Absichten in der Welt konkret und sichtbar. Gottes Wünsche waren nicht nur Ideen, Potentiale oder Möglichkeiten; sie wurden Wirklichkeit. In Jesus konnte man sehen, was Gott unter Liebe versteht. Das Wesen Gottes wurde in Jesus ins Leben transportiert und perfekt umgesetzt. Wenn jemand Jesus ansah, dann hat er Gott sehen können. In der Prozesstheologie fragt man daher weniger danach, inwiefern Jesus im physikalischen bzw. metaphysischen Sinne Gott war. Es geht vielmehr darum, inwiefern Gott in Jesus gegenwärtig war.

Es ist bereits deutlich geworden, dass die Prozesstheologie davon ausgeht, dass Gott die Welt völlig umarmt und mit allem Leben in Verbindung steht. Gott ist durch ihren Ruf an die Welt immer gegenwärtig. Und da, wo die Schöpfung auf Gottes Rufen positiv reagiert, kann auch etwas von Gottes Wesen in der Welt abgebildet werden. Inkarnation geschieht in der Welt also verhältnismäßig oft, wenn es nach der Prozesstheologie geht. Auch Paulus spricht davon, dass Gott in der Schöpfung für alle Menschen zu erkennen ist (Römer 1,19 f.). Und schon die Schöpfungsgeschichte spricht davon, dass die Menschen Gottes Ebenbilder sind. In Jesus ist Gott aber in einer speziellen und einzigartigen Weise in der Welt gegenwärtig gewesen. Für John

Cobb hat dies zuerst damit zu tun, dass Jesus in einer besonderen historischen Situation in die Welt gekommen ist. Die Zeit war reif: In der jüdischen Glaubenstradition hatte das jüdische Volk über einen langen Zeitraum auf Gottes Locken gehört, sodass Jesus in ein Umfeld kam, in dem Gott über viele Jahrhunderte bereits auf einen besonders wichtigen Höhepunkt hingearbeitet hatte. Als Jesus dann tatsächlich in die Welt kam, waren besondere Möglichkeiten eröffnet, die den Lauf der Geschichte grundlegend verändert hatten. Sowohl die Vorgeschichte des Jesus von Nazareth als auch der besondere Ruf Gottes an ihn machen Jesus einzigartig, sodass er zu einem Messias erwachsen konnte, der einerseits in der jüdischen Glaubenstradition stand, durch den Gott aber andererseits etwas völlig Neues in der Welt schaffen konnte. Das Neue bestand in einer neuen Offenbarung dessen, wer Gott ist, und deswegen auch in einem neuen Bild dessen, was es heißt, Mensch zu sein.

Wie kann man sich das konkreter vorstellen? Jesus war kein Supermensch mit übernatürlichen Kräften und einer übermenschlichen Weisheit. Er konnte nicht auf Gottes Wissen zugreifen wie wir auf Google. In der Bibel heißt es, dass Jesus aufwuchs und an Weisheit zugenommen hat. Auch Jesus wurde auf diese Weise von Gott gelockt. So heißt es im zweiten Kapitel des Lukasevangeliums: »Und Jesus nahm zu an Weisheit, Alter und Gnade bei Gott und den Menschen« (Lukas 2,52). Jesus hat also ebenfalls eine spirituelle Reise hinter sich.

Das hat im Übrigen auch ein sehr altes Bekenntnis ausgedrückt. Im Anschluss an das Konzil von Chalzedon hat man sich darüber Gedanken gemacht, ob das Bewusstsein von Jesus sich entwickelt hat oder ob Jesus einen unmittelbaren Zugang zum Vater gehabt hatte, was man mit einem »vergöttlichten Bewusstsein« in Verbindung brachte. Musste Jesus also erst im Laufe seines Werdegangs erfahren, was Gottes Absichten für ihn waren und dass er Gottes Repräsentant auf Erden war – oder wusste Jesus dies alles direkt? In Konstantinopel entschied man im Jahr 553, dass Jesus offenbar in dieses Bewusstsein hineinwachsen musste. Es ist den Konzilien der ersten Jahrhunderte hoch anzurechnen, dass sie die Menschlichkeit Jesu völlig konsequent anerkannt haben und alle Versuche, diese irgendwie umzudeuten, rigoros abgelehnt haben.

Jesus hat also dazugelernt. Das wird auch in den biblischen Erzählungen aus dem Leben Jesu deutlich, etwa in einer Erzählung, die im Matthäusevangelium geschildert wird, und in der Jesus einer Frau begegnet, die einen Migrationshintergrund hatte. Ihre Tochter solle von einem bösen Geist geplagt werden, also bittet sie Jesus um Hilfe. Dieser schweigt jedoch, die Jünger bieten an, die Frau wegzuschaffen. Schließlich wendet sich Jesus doch an die Frau:

»Es ist nicht recht, dass man den Kindern ihr Brot nehme und werfe es vor die Hunde. Sie sprach: Ja, Herr; aber doch essen die Hunde von den Brotsamen, die vom Tisch ihrer Herren fallen. Da antwortete Jesus und sprach zu ihr: Frau, dein Glaube ist groß. Dir geschehe, wie du willst! Und ihre Tochter wurde gesund zu derselben Stunde« (Matthäus 15,26 ff.).

Jesus war in dieser Situation zunächst erstaunlich schroff und abweisend. Er konnte sich offenbar nicht so recht vorstellen, dass Gott dieser Frau helfen wollen würde – und das, obwohl sie in ihm einen Sohn Davids sieht! Für ihn machte es offenbar einen Unterschied, ob jemand zum jüdischen Volk gehörte oder nicht. Er bezeichnet diese Frau indirekt sogar als Hund. Ich kann nur darüber spekulieren, was der genaue Hintergrund war: Gab es Spannungen zwischen den Juden und den Menschen aus Tyrus und Sidon? Hat Jesus über diese Menschen etwas gehört, das wir nicht kennen? Oder hat Jesus generell andere Bevölkerungsgruppen außerhalb dessen erachtet, wofür Gott sich einsetzen möchte? Ich weiß es nicht genau. Was ich aber sehe, ist, dass diese Frau schlagfertig, humorvoll und einfallsreich auf Jesu Abweisung reagiert. In ihrem Satz liegt etwas Neues. Sie reagiert nicht mit derselben schroffen Art, sie wird nicht beleidigend, sondern sie wird kreativ. Und so wird Jesus in dieser Situation von einer lockenden Botschaft transformativer Kreativität erreicht. In dieser Frau spricht Gott Jesus an und lädt ihn ein in ein höheres Bewusstsein. Jesus hat nun verschiedene Möglichkeiten zur Verfügung, die Gott ihm frei zugesteht: Jesus könnte gehen oder seinen Ton verschärfen. Was Jesus aber tut: Er achtet in dieser Situation auf Gottes Werben und lässt sich auf das Locken Gottes ein. Und indem er das tut, erweitert sich der Bereich, in dem Gott wirken kann. Die Tochter wird gesund. Aber auch die Beziehung zwischen den unterschiedlichen Völkern wird an dieser Stelle besser. Die Frau wächst in ihrer Selbstachtung. Und Jesus wird seit diesem Moment mehr davon verstanden haben, warum er auf dieser Welt ist und was es bedeutet, Gott in dieser Welt treu zu sein. Auf diese Weise ist der Abstand zwischen Himmel und

Erde deutlich kleiner geworden. Gott konnte präsenter in dieser Welt sein, weil Jesus dem Ruf Gottes treu gewesen ist.

Jesus ist Gottes vorwärts gerichtetem Ruf gefolgt. Das hat Jesus dazu gebracht, sich mit den Menschen am Rand der Gesellschaft zu solidarisieren und die religiösen und politischen Eliten zur Umkehr aufzurufen – wie auch alle anderen Menschen. Indem Jesus Gott dermaßen treu gewesen ist, lebte er ein wahrhaft menschliches Leben. Die Art von Beziehung zu Gott, die Jesus auslebte, war gerade keine übernatürliche Sache, die für Menschen unerreichbar ist. Warum sollte Jesus sonst dazu aufrufen, es ihm gleich zu tun? Was Jesus vorgelebt hat, war ein möglicher Lebensstil, der eben nicht nur für spirituelle Ausnahmeerscheinungen gedacht ist. Der Grad an Treue mag bei Jesus höher sein als bei jedem anderen Menschen, aber der Weg Jesu ist grundsätzlich für jeden Menschen gangbar. Wie weit man auf diesem Weg voranschreitet und in welchem Tempo das passiert, ist eine andere Frage. Wenn in der christlichen Theologie also festgehalten wird, dass Jesus Gott verkörpert hat und wir an Jesus erkennen, wie Gott ist, dann muss auf der anderen Seite genauso feststehen, dass an Jesus deutlich wird, was Menschsein bedeutet.

Kritiker:innen merken an dieser Stelle gerne an, dass die Christologie der Prozesstheologie zu niedrig sei. Auch wenn es viele unterschiedliche Schwerpunkte geben mag und man nicht von der einen Prozesstheologie sprechen kann, so komme man hier einfach nicht hoch genug hinaus. Ob diese Kritik berechtigt ist, lässt sich diskutieren. Richtig ist, dass in der Prozesstheologie eher nicht davon geredet wird, dass Jesus Gott ist. Jesus ist der Christus, womit gemeint ist, dass Jesus sich völlig der kreativ-transformierenden Kraft Gottes ausgesetzt hat und Gott in besonderer Weise treu war. Anders ausgedrückt könnte man fragen, wie Gott ist. Die Antwort wäre: Jesus. Und man könnte fragen, was es bedeutet Mensch zu sein. Die Antwort wäre: Jesus. Reicht das nicht?

Es gibt noch einen weiteren, sehr wichtigen Streitpunkt in der Christologie, zu dem die Prozesstheologie einen wichtigen Beitrag leistet. Dabei geht es um Fragen nach der Vergebung der Sünden und was es heißen kann, dass Jesus der Retter ist.

SÜND EUND VERG EBUN G

Kapitel 6

KAPITEL 6:
SÜNDE UND VERGEBUNG

Eine Bemerkung vorab. In diesem Kapitel wird sexualisierte Gewalt erwähnt. Wenn dir das gerade nicht guttut, dann kannst du dieses Kapitel überspringen.

Seit dem Jahr 2017 hat es eine bemerkenswerte Online-Bewegung gegeben, die sich hinter dem Hashtag #metoo formierte. Eine große Anzahl an Frauen berichtete unter diesem Hashtag von erfahrenen sexuellen Übergriffen und sexualisierter Gewalt. Die Zahl der Tweets und Geschichten nahm ein Ausmaß an, das zum einen schwer betroffen macht und zum anderen erschreckend vor Augen führt, dass hier ein großes Problem unserer Zeit im Raum steht. Auch in der christlichen Welt ist dieser Hashtag benutzt worden. Im Jahr 2018, während dieses Kapitel entstand, hat ein Vorfall in einer amerikanischen Megachurch für weltweites Aufsehen gesorgt. Auch deutsche Medien haben den Fall aufgegriffen. Eine Frau mit Namen Jule Woodson hat in einem Blog davon berichtet, dass sie vor 20 Jahren als Jugendliche von ihrem damaligen Jugendpastor Andy zum Oralsex gezwungen wurde.[55] Er hatte sie nach Hause fahren sollen, ist aber stattdessen an einen einsamen Ort gefahren. Dann der Missbrauch. Nach der Tat fühlte er sich schuldig, bat um Verzeihung und darum, über das Geschehene zu schweigen. Jule tat das nicht, sondern wandte sich an die

Gemeindeleitung. Die Geschichte ist skandalös. Die Gemeindeleitung bemühte sich darum, die Sache unter den Teppich zu kehren. Andy musste zwar gehen, hatte aber wenige Monate später einen neuen Job in einer anderen Kirche. 20 Jahre nach der Tat hat Andy eine leitende Pastorenstelle in einer amerikanischen Megachurch. Jule dagegen wurde verboten, über den »Vorfall« zu reden.

Durch die Veröffentlichung in Jules Blog sah man sich gezwungen, auf die Vorwürfe zu reagieren. Man tat dies, indem Andy während eines Gottesdienstes eine Erklärung verlas, in der er sich für diesen »Vorfall« entschuldigte und beteuerte, dass er alles getan habe, um die Sache wieder in Ordnung zu bringen. Er sprach dabei von einem »sexuellen Vorfall«, nicht von Missbrauch. Das Statement wirkte also wie ein Bekenntnis zu vorehelichem Sex. Dass Jule minderjährig war und angibt, dass es kein Einvernehmen gegeben habe, wurde nicht erwähnt.

Auf YouTube war die Ansprache öffentlich gemacht worden und wurde anschließend heftig diskutiert. Für Aufsehen sorgte dabei nicht nur die fragwürdige Verlesung; das gesamte Setting wirkte grotesk. Die Geschichte eines Missbrauchs wurde nämlich durch den Gottesdienst in eine Geschichte von großer Vergebung umgedeutet. Nach der Verlesung der Erklärung standen die Gemeindemitglieder auf und applaudierten Andy. Mit stehenden Ovationen. Über Minuten.

Diese Reaktion, ja diese gesamte Aktion hat aus allen Richtungen heftige Kritik erfahren. Man sprach von Verharmlosung: Missbrauch sei kein »Vorfall«. Und dann das Beklatschen eines Täters: Warum bekommt er diese Bühne? Warum muss er nicht zurücktreten? Jule sagte später, sie habe die Erklärung gesehen und sei angeekelt gewesen.

Auf vielen Ebenen wird an dieser üblen Geschichte deutlich, wo in der kirchlichen Welt Dinge schieflaufen. Man kann und muss eine Menge Fragen stellen. Es braucht in Zukunft dringend wirksame Schutzkonzepte und machtsensible Organisationsstrukturen. Neben diesen strukturellen Fragen gibt es jedoch auch theologische. Eine besonders kluge Frage stellte der progressive Blogger und Pastor Morgan Guyton. Er ging in einem Blogeintrag nicht auf PR-Strategien oder Fragen zur Sexualmoral ein, sondern auf eine andere theologische Dimension: Guyton fragte, wie man in Zeiten von #metoo angemessen von Vergebung reden könne.[56] Exzellente Frage.

DER FALL JULE: VERGIBT DER KREUZESTOD JESU WIRKLICH ALLE SÜNDEN?

In einer sehr populären Lesart versteht man den Kreuzestod Jesu als Sühne für unsere Sünden: Durch das Opfer Jesu können wir Vergebung unserer Sünden erfahren. Der stellvertretende Opfertod reinigt von aller Schuld. Auch von der Sünde des sexuellen Missbrauchs. Auch von Verharmlosung, Mundtotmachen, fehlender Verantwortungsübernahme, unangemessener Kommunikation oder Ungereimtheiten in der Darstellung. All das gilt als vergeben, als ausgelöscht, wenn man diese Schuld bei Jesus abgibt. Das meinen viele, wenn sie sagen, dass Jesus unser Herr und Retter ist. Für viele ist es das, worum es beim Christentum überhaupt geht: Vergebung der persönlichen Sünden. Von Gott nicht mehr für die eigenen Sünden zur Rechenschaft gezogen werden. Ist man in der glücklichen Lage, diese Vergebung zu erhalten, dann gilt man offenbar aus christlicher Sicht als geläutert und kann nach einer Verlesung eines Bekenntnisses zu einem »Fehltritt« stehende Ovationen ernten.

Ich sehe die weit verbreitete Sicht auf den Tod Jesu als Sühne für die Sünden kritisch. Sicherlich wird der Tod Jesu in der Bibel auch so gedeutet (Römer 3,24). Was man unter Sühne versteht, hat sich jedoch im Laufe der Kirchen- und Dogmengeschichte geändert. In der Neuzeit wurde die Kritik an dieser Kreuzestheologie laut. Neue Untersuchungen der Bibeltexte zeigen zudem ein breiteres Bedeutungsfeld auf.[57] Aus meiner Sicht ist an der Interpretation des Todes Jesu als Sühneopfer vor allem der Gewaltaspekt problematisch. Walter Wink sprach vom »Mythos der erlösenden Gewalt«[58] und meint damit die Vorstellung, dass Gewalt retten würde. Ich denke nicht, dass sich ein liebender Gott des Mittels der Gewalt bedient, um die Welt zu retten. Jedoch gibt es auch andere Probleme, die durch die Sühnetheologie entstehen, auf die ich im Folgenden eingehen möchte.

Im klassischen evangelikalen Mindset ist das Problem der Sünde vor allem ein Problem zwischen Gott und Mensch. Die Sünde des Menschen bringt Gottes Zorn und die Höllenstrafe über die Menschen. Jesus ist auf die Erde gekommen und gestorben, um die Menschen vor dem Zorn Gottes zu retten. Die Bekehrung zu Jesus aktiviert die göttliche Vergebung, sodass die Sünder:innen begnadigt werden und keine göttliche Strafe mehr zu erwarten haben. Die Schuld ist ausgelöscht. Dazu passt, dass Andy in Interviews anmerkte, dass er damals auf eine biblische Weise mit der Situation umgegangen sei. Was er damit meinte? Er hat um Vergebung gebeten. Bei Gott und Mensch. Bis zuletzt habe er keine Ahnung gehabt, dass es zwischen Jule und ihm Dinge gebe, die zu klären seien. Die göttliche Vergebung hat alles geklärt, was letztlich zählt? In der evangelikalen Theologie ist die Beziehung zwischen Gott und Mensch entscheidend. Ist die Schuld zwischen Gott und Mensch vergeben, dann ist das Hauptproblem beseitigt und die menschliche Ebene kann auf dieses ewige Seelenheil letztlich keinen Einfluss nehmen. Eine Klärung wäre aus theologischer Sicht nicht heilsnotwendig. Denn Heil hat in letzter Konsequenz nur etwas mit mir und Gott zu tun.

Andy darf sich laut dieser Theologie sicher sein, dass er durch Gottes Vergebung einen Platz im Himmel hat. Seine Sünde hat dazu geführt, dass Jule sich vom christlichen Glauben abgewandt hat. Das wiederum ist eine Sünde, die nicht vergeben werden kann (Markus 9,42 f.). Jule und Andy verdienen es laut evangelikalem Ansatz beide, in der Hölle für ihre Sünden auf ewig bestraft zu werden. Andy wird aber vergeben. Jule kommt in die Hölle. Ist der theologische Rahmen derart gesteckt, dann kann sich Andy auf eine Bühne stellen und per Videostream Jule spirituelle Kooperation zur Heilung anbieten. Denn sein Verhältnis mit Gott ist ja geklärt. Niemand im Gottesdienstraum hat daran Zweifel. Theologisch ist damit für Andy das letztlich ausschlaggebende Problem gelöst. Gott hat ihm vergeben. Seine Sünde hat daher kein ewig relevantes Gewicht. Ein anderer Pastor der Kirche kann anschließend aussprechen, dass Gott nicht wolle, dass Andy verurteilt wird. Jule hat dagegen auf ihrem Blog kommentiert: »Ich bin eine erwachsene Frau und es sind jetzt fast 20 Jahre seitdem vergangen. Aber es beeinflusst mich bis heute.« Hier gibt es eine massive Schieflage. Und eben auch eine Schieflage in der Theologie.

DER FALL BATHSEBA: SÜNDE ALS ANGELEGENHEIT ZWISCHEN GOTT UND MENSCH

Diese Schieflage schlägt sich auch in verschiedenen biblischen Texten nieder. Über den König David berichtet die Bibel in 2.Samuel 11 eine Episode, bei der er vom Dach seines Palastes aus, eine hübsche Frau baden sieht. Kurzerhand lässt er sie von seinen Boten zu sich bringen und schläft mit ihr. Oft wird auf diese Geschichte Bezug genommen, indem man sie mit »Davids Ehebruch« betitelt. Es muss richtig heißen: »Die Vergewaltigung Bathsebas«. Bathsheba wird schwanger, was für König David zu einem Problem wird. Als ein Vertuschungsversuch scheitert, greift der König zu härteren Maßnahmen und lässt den Ehemann von Bathsheba umbringen. Es sollte wie ein Tod auf dem Schlachtfeld aussehen. Im Krieg sterben Menschen, die Tat ließe sich gut kaschieren. Anschließend nahm sich David Bathsheba zur Frau und die Angelegenheit schien erledigt. Doch Gott schickt den Propheten Nathan und lässt David eine Nachricht übermitteln:

»Warum hast du denn das Wort des HERRN verachtet, dass du getan hast, was ihm missfiel? Uria, den Hetiter, hast du erschlagen mit dem Schwert, seine Frau hast du dir zur Frau genommen, ihn aber hast du umgebracht durch das Schwert der Ammoniter. Nun, so soll von deinem Hause das Schwert nimmermehr lassen, weil du mich verachtet und die Frau Urias, des Hetiters, genommen hast, dass sie deine Frau sei. So spricht der HERR: Siehe, ich will Unheil über dich kommen lassen aus deinem eigenen Hause und will deine Frauen nehmen vor deinen Augen und will sie deinem Nächsten geben, dass er bei deinen Frauen schlafen soll an der lichten Sonne. Denn du hast's heimlich getan; ich aber will dies tun vor ganz Israel und im Licht der Sonne. Da sprach David zu Nathan: Ich habe gesündigt gegen den HERRN. Nathan sprach zu David: So hat auch der HERR deine Sünde weggenommen; du wirst nicht sterben« (2. Samuel 12,9-13).

Dass König David unmoralisch gehandelt hat, ist offensichtlich und wird nicht kontrovers gesehen. Machtmissbrauch und Vergewaltigung hat es in der Menschheitsgeschichte immer schon gegeben, das ist wenig überraschend. Immerhin wird in diesem Text eine verhältnismäßig ehrliche Sicht auf die dunklen Seiten der Mächtigen und Herrscher zugelassen. Das spricht für die Qualität der Bibel. Der eigentliche theologische Aufreger der gesamten Geschichte ist jedoch eher das Verhalten Gottes. Er verhängt eine Strafe für das Unrecht des David. Jedoch scheint der Gott dieser Erzählung konsequent die männliche Perspektive einzunehmen. In der Logik der Geschichte ist der Geschädigte Urija, der Hetiter, denn ihm wurde seine Frau genommen und anschließend wurde er umgebracht. Die göttliche Strafe spiegelt letztlich das Fehlverhalten von David, steigert es und führt es wieder David zu. Die Frauen sind jeweils nicht im Blick. Entsprechend besteht die Strafe Gottes darin, dass Gott Davids Frauen wegnehmen und sie einem anderen geben würde. Am helllichten Tag würden Davids Frauen bei einem anderen liegen. Und ganz Israel würde davon Kenntnis nehmen. Auch Gott behandelt diese Frauen wie Objekte, die keinerlei sexuelle Selbstbestimmung haben. Um David zu demütigen, nimmt der Gott dieser Geschichte in Kauf, dass Frauen von anderen in aller Öffentlichkeit »einem anderen gegeben werden«. Diese Gottesvorstellung ist stark verwoben mit sexualisierter Gewalt. Das alles ist ethisch und theologisch hochproblematisch, denn die Perspektiven der Frauen finden in der gesamten Geschichte nicht statt. Dann erstaunt allerdings auch, wie schnell David vergeben wird. Er wurde seiner Schuld überführt und ihm wurden befremdlich klingende Drohungen ausgesprochen. Aber ein einfaches »Ich habe gegen den Herrn gesündigt« reicht aus, um die Strafe abzumildern. Jetzt muss nur Davids Sohn sterben, der hat natürlich als Unschuldiger ebenfalls nichts mit dem Mord an Urija zu tun. Was macht das mit seiner Mutter? Für den Gott der Geschichte sind das alles keine relevanten Themen. Die Hauptsache ist, dass David gedemütigt wird. Das Neugeborene ist nur Mittel zur Demütigung, nicht einmal ein Kollateralschaden. Verschiedene Theolog:innen haben nun angemerkt, dass die Stärke dieser Geschichte darin liegt, dass hier das Recht hochgehalten wird.[59] Es wäre erwartbar gewesen, dass ein König als über dem Gesetz stehend beschrieben werden könnte. Dass hier aber Gott einen König zur Rechenschaft zieht, soll zeigen, dass Recht für alle gilt. Das ist sicherlich eine wichtige Funktion des Textes, die gewürdigt werden muss.

Aus dieser Geschichte wird dennoch immer wieder ein bestimmtes Verständnis von Vergebung abgeleitet. David sagt ja, dass er »gegen den Herrn« gesündigt hat. Nicht gegen Urija. Und erst recht nicht gegen Bathseba. Die entscheidende Dimension ist, dass Sünde hier ausschließlich als Sünde gegen Gott verstanden wird. David wird der Psalm 51 zugeschrieben, in dem die Geschichte von Bathsheba aufgegriffen wird. Da heißt es ebenfalls: »Gegen dich allein habe ich gesündigt, ich habe getan, was böse ist in deinen Augen.«

Nein, Sünde ist nicht nur Sünde gegen Gott. Warum leiten wir Christ:innen unser Verständnis von Vergebung in hohem Maße von dieser biblischen Geschichte ab? Ist der David dieser Geschichte wirklich der beste Experte, insbesondere wenn man sich ansieht, in welcher spirituellen Verfassung er hier dargestellt wird? Leider haben wir keinen Bericht darüber, wie Bathseba diese Geschichte erlebt hat. Vielleicht wäre ihre Geschichte deutlich aufschlussreicher gewesen und wir könnten von ihr deutlich bessere Lektionen über Vergebung lernen. In jedem Fall hätte Bathseba wohl niemals gesagt, dass David nur gegen Gott gesündigt habe. Sie hätte betont, dass auch gegen sie gesündigt worden wäre.

Sünde hat Auswirkungen auf viele, viele andere Lebewesen. Sieht man Sünde hauptsächlich eindimensional als Angelegenheit zwischen Gott und Mensch, dann missachtet man die Verbundenheit aller Dinge. Und man kommt schnell auf den Gedanken, dass Vergebung ebenfalls eine individuelle Angelegenheit zwischen mir und Gott ist. Und dann kann es dazu kommen, dass eine Gemeinde applaudiert, wenn ihr Pastor von einem einen »Vorfall« spricht, aber sexuellen Missbrauch von Schutzbefohlenen meint. Die Gemeinde mag keine Details gekannt haben, sie mag auch davon ausgegangen sein, dass ihr Pastor keinen Missbrauch, sondern ein voreheliches sexuelles Abenteuer beichten wollte. Der Applaus wäre auch dann seltsam deplatziert gewesen. Das wirklich Tragische ist jedoch, dass offenbar ein Konsens darüber geherrscht hat, dass, wenn der Pastor reumütig ist und seine Schuld bekennt, die Angelegenheit aus Gottes Sicht vergeben ist. Die Reaktion der Gemeinde war eben nicht, dass hier ein Riss entstanden ist und jetzt die harte Arbeit eines Heilungsprozesses beginnt. Die Reaktion lässt auf eine andere Haltung schließen. Dass nämlich theologisch diese Sünde längst vergeben ist und für das Verhältnis zu Gott keine grundlegende oder ausschlaggebende Rolle (mehr) spielt. Die Sünde ist mit dem Kreuzestod Jesu bereits ausgelöscht.

GERECHTIGKEIT UND RECHTFERTIGUNG BEI LUTHER

Sicherlich hat auch die Reformation Martin Luthers ihren Teil dazu beigetragen, dass Christ:innen heute in der Weise über Vergebung denken. Im Zentrum seines Denkens stand die Frage der Rechtfertigung, also danach, wie man vor Gott als gerecht gelten kann. Man kann kaum stark genug hervorheben, wie wirkmächtig das lutherische Dogma der Rechtfertigungslehre für die Christenheit gewesen ist. Das vielleicht wichtigste Anliegen von Luther war es, die Erlösung als völlig einseitigen Akt Gottes zu deuten und menschliche Anteile daran mit aller Konsequenz auszuschließen. Menschen sind weder in der Lage, sich die Erlösung zu verdienen, noch sind sie der Erlösung würdig. Vielmehr werden Menschen gerecht vor Gott, indem Gott einen fröhlichen Tausch vornimmt: Die Gerechtigkeit Jesu wird den Sünder:innen angerechnet und dafür musste Jesus die Sünde der Welt angerechnet bekommen.[60] Er wurde stellvertretend von Gott für die Sünde bestraft, sodass der Zorn Gottes nun nicht mehr die Sünder:innen treffen muss. Luther hat die Lehre der Rechtfertigung tief durchdacht. Dennoch hat es nach ihm einige weit verbreitete Verkürzungen dieser Lehre gegeben.[61] Die Verkürzung besteht darin, dass Heiligung und Rechtfertigung getrennt werden. Rechtfertigung als das Angerechnet-Bekommen der Gerechtigkeit Jesu ist demnach heilsnotwendig, die Heiligung als Lebensveränderung dagegen nicht. Luthers Begriff von Gerechtigkeit wird auf diese Weise ein abstrakter Begriff. Es ist ein Status, vergleichbar mit einem Kontostand. Der Mensch hat Schulden und ist zahlungsunfähig. Aus Gnade werden die Schulden durch Jesus bezahlt. Dieser Status hat wenig mit dem konkreten Leben zu tun, denn man kann – liest man Luther verkürzt – als gerechtfertigt gelten, obwohl die eigenen Beziehungen und Lebenswirklichkeiten alles andere als gerecht sein mögen. Der Theologe Horst Georg Pöhlmann weist darauf hin, dass Rechtfertigung und Heiligung bei Luther zwar unterscheidbar, nicht aber trennbar sind. Rechtfertigung erzeuge im Menschen, was sie ihm bezeuge.[62] Meine persönliche Meinung ist, dass die lutherische Rechtfertigung zu einer verkürzten Sicht geradezu einlädt. Die Vorstellung, dass durch den Kreuzestod Jesu die persönliche Schuld vergeben wird und dazu keinerlei gute Werke zählen, führt für mich nicht offensichtlich zu der

Konsequenz, dass sich eine Lebensveränderung anschließt. Um die Notwendigkeit einer Lebensveränderung deutlich zu machen, muss man aus meiner Sicht kompliziert argumentieren.

Das hat aus meiner Sicht auch damit zu tun, was jeweils mit Gerechtigkeit gemeint ist. Daher möchte ich an dieser Stelle ein paar Gedanken zum Gerechtigkeitsbegriff einwerfen. Der Gerechtigkeitsbegriff ist bis heute noch stark mit der Idee von Strafe verbunden, manchmal spricht man deshalb auch von Strafgerechtigkeit (englisch *retributive justice*). Im antiken Rom hat man die Justitia, die Göttin der Gerechtigkeit verehrt. Später hat man diese Göttin in Statuen mit drei Attributen ausgestattet: Einer Augenbinde, einer Waage und einem Schwert. Das Recht sollte also ohne Ansehen der Person und in Abwägung der Sachlage gesprochen werden. Anschließend sollte es aber mit nötiger Härte umgesetzt werden. Gerechtigkeit hat also hier schon etwas mit Strafe zu tun. Der Schuld sollte begegnet werden, indem ein anderes Übel vergeltend hinzugefügt wird. In der Bibel wird Gerechtigkeit häufig anders verstanden. Oft ist die Strafe hier eine Tatfolge, also eine Konsequenz, die direkt aus der Tat entspringt und nicht unbedingt von Gott herbeigeführt wird. Theologisch spricht man vom Tun-Ergehen-Zusammenhang. Aber Gerechtigkeit ist noch mehr. Wenn Menschen darum beten, dass Gott ihnen Recht schaffen möge, dann beten sie nicht für eine Bestrafung anderer: »Das Verlangen der Elenden hörst du, HERR; du machst ihr Herz gewiss, dein Ohr merkt darauf, dass du Recht schaffest den Waisen und Armen, dass der Mensch nicht mehr trotze auf Erden« (Psalm 10,17 f.). Hier ist Gerechtigkeit eine Veränderung der Lebensumstände. Unterdrückung wird beseitigt und Menschen befreit. Arme werden versorgt, Verwaiste werden in Familien aufgenommen. Wenn es über den Messias heißt: »sondern wird mit Gerechtigkeit richten die Armen und rechtes Urteil sprechen den Elenden im Lande« (Jesaja 11,4), dann sind damit auch keine Strafen gemeint, sondern Erneuerung von unwürdigen Lebensumständen. Natürlich gibt es in der Bibel unterschiedliche Auffassungen davon, was unter Gerechtigkeit verstanden wird. Wird darunter jedoch lediglich eine strafende Gerechtigkeit verstanden, dann stellt dies aus meiner Sicht eine starke Reduktion dar. Dann liegt der Fokus nämlich darauf, einer Strafe zu entgehen. Der Prozess der Wiederherstellung, der Lebensveränderung und der Heilung kann dabei schnell aus dem Blickfeld geraten. Aus meiner Sicht kann die Prozesstheologie helfen, das Verhältnis von Rechtfertigung und Heiligung zu entwirren und zu klären.

SÜNDE UND VERGEBUNG ALS PROZESS DER ENTKRÜMMUNG

Im Prozessdenken gibt es keine Trennung zwischen Rettung und Heiligung. Alles Leben ist in Gottes Prozess verwoben, durch den Gott in der Welt mehr Schönheit, Gerechtigkeit, Lebensfreude und Liebe hervorbringen möchte. Gott verschenkt sich in diese Welt und eröffnet neue Möglichkeiten zur Veränderung. Dieses erneuernde und heilende Wirken Gottes ist aber niemals ein einseitiges Handeln. Gott rettet diese Welt nicht alleine, sondern Gott sucht Kooperationspartner:innen. Aus prozesstheologischer Sicht ergibt es daher wenig Sinn, zu sagen, dass Gott einen Menschen von seinen Sünden losspricht und Sünde dadurch vergeben ist. Jedenfalls tut es das nicht, wenn damit gemeint ist, dass auf einer abstrakten Ebene und ohne unser Zutun vor Gott diese Schuld keine Rolle mehr spielt. Vergebung kann kein Vorgang sein, bei dem Menschen völlig passiv sind und einen neuen Status zugesprochen bekommen. Sünde verkümmert Leben und zerrüttet Harmonie. Gott ist derart im Leben dieser Welt involviert, dass sie Sünde nicht als eine abstrakte Größe löschen kann. Gottes Art, mit Sünde umzugehen, ist ein mühsames Verbinden, Versöhnen, Neuschaffen, Mitleiden und Reparieren. Und das ereignet sich, wenn wir uns diesem Wirken Gottes öffnen und daran teilnehmen. Gott taucht tief in die Verwicklungen und Verbindungen dieser Welt ein und tut alles dafür, damit diese gesunden. So wird Gottes Umgang mit der Welt kein distanziertes »Rechtsprechen«, das bei Luther mit einem unkonkreten Statuswechsel zu tun hat und weniger mit Vorgängen im Hier und Jetzt. Vergebung sollte aber als ein Prozess gedeutet werden, der ein intensives Mitmischen im Geschehen der Welt verlangt.

Catherine Keller ist eine Prozesstheologin, die es vielleicht mehr als andere versteht, Theologie mit schöner Sprache zu verbinden. Sie hat für die Erlösung ein wunderbares Bild gebraucht, das sich an ein Gleichnis von Jesus anlehnt, in dem es um Sauerteig ging: »Ein anderes Gleichnis sagte er ihnen: Das Himmelreich gleicht einem Sauerteig, den eine Frau nahm und unter drei Scheffel Mehl mengte, bis es ganz durchsäuert war« (Matthäus 13,33). Das Kneten eines Teiges ist anstrengende Arbeit, hier muss man mit den Händen eine Menge Kraft aufbringen. Catherine Keller schreibt dazu:

»Das Bild beschreibt keine mühelose Zauberei, aber auch kein reines Abrackern, sondern es deutet eine Synergie aus Bemühung und Gnade an. Der Träger der Gnade scheint wie immer nicht besonders vielversprechend. (…) aber dieses kleine bakterielle Leben, das sich durch Zellsprossung schnell vermehrt, lässt den ganzen klumpigen Teig aufgehen. Diese subtile Kraft gibt uns durch ihre fermentierende, befruchtende und schäumende Fülle Hinweise, die auf das Geheimnis göttlicher Einflussnahme weisen.«[63]

Das Herstellen von Gerechtigkeit oder die Vergebung von Sünden ist ein Prozess, bei dem etwas Unscheinbares bearbeitet wird und dann seine Wirkung entfaltet. Dieser Prozess ist leise, mit keinem gewaltigen Spektakel. Er ist langsam und klein. Und doch werden hier Unmöglichkeiten möglich und scheinbar Unerreichbares kann Wirklichkeit werden.

Dieser erneuernde und wiederherstellende Prozess ist also viel breiter als eine bloße Strafvermeidung. Hilfreich ist hierzu auch ein Blick über den Tellerrand. Im Koreanischen hat man interessanterweise ein breiteres Verständnis von Sünde und entsprechend auch von Vergebung. Das hängt mit dem Wort *Han* zusammen.[64] *Han* ist keine abstrakte Beschreibung eines Status, es ist eine Beschreibung dessen, was Sünde mit Menschen anstellt. *Han* meint, dass Sünde immer eine Auswirkung auf andere hat. Nicht bloß Täter:innen sind durch die sündige Tat berührt, indem sie Schuld auf sich laden. *Han* bedeutet, dass auch andere durch die Sünde in Mitleidenschaft gezogen werden, beispielsweise indem sie beschämt oder auf andere Weise geschädigt werden. *Han* denkt ganzheitlich, nicht bloß von den Täter:innen her.

Hier ist die Prozesstheologie gut anschlussfähig. Denn das Konzept von *Han* deutet schon an, dass Taten niemals isoliert gesehen werden können. Handlungen sind nicht nur relevant im Verhältnis von Gott und Mensch. Unsere Entscheidungen haben ungeahnte Auswirkungen, da diese Welt aus einem engen Netzwerk von Verbindungen besteht. Denkt man Gott im Sinne seiner konsequenten Natur, also einem mit der Welt in Beziehung stehenden konkreten Pol, der mit der Welt inniglich verwoben ist, dann kann man Gott nicht aus den Zusammenhängen der Welt herauslösen. Immer da, wo Beziehungen in dieser Welt gestört sind, ist diese Störung auch Teil des Verhältnisses zu Gott. Man kann mit Gott nicht im Reinen sein, wenn die Welt nicht im Reinen mit Gott ist. Nimmt man die Verwobenheit der Welt ernst, dann kann Vergebung nur dann geschehen, wenn alle Beteiligten mitgedacht sind. Niemand darf dabei übersehen werden. Catherine Keller spricht von der Klebrigkeit des Prozesses: »Es gibt keine Erlösung außerhalb des Ganzen. Erlösung kann nicht nur für einen Teil des Körpers geschehen, während der Rest noch krank ist. Rettung ist ein klebriger Prozess; in unserer geschöpflichen Verfassung kleben wir alle aneinander.«[65] Die gute Botschaft der Bibel ist daher keine Absolution, kein Ausradieren der abstrakten Schuld. Die gute Botschaft ist eine Einladung in einen Heilungsprozess des großen Netzwerks an Beziehungen. Es geht um Recht schaffen im Sinne einer wiederherstellenden Gerechtigkeit (englisch *restorative justice*). Vergebung bedeutet nicht, dass Gott Schuld annulliert und als ungeschehen erklärt. Vergebung ist kein einzelner Moment, keine einseitige Handlung Gottes. Und Vergebung bezieht alle mit ein. Vergebung ist ein Prozess der Entkrümmung.

Spricht man als Christ:in also davon, dass Christus Retter ist, dann reden wir vor allem über Gottes Wirken im Hier und Jetzt zur Heilung der Welt. Jesus von Nazareth ist die vollkommene Offenbarung dessen, wie Gottes Heilungskraft in dieser Welt zur Entfaltung kommen kann. In Jesus war Gott völlig auf der Erde präsent. Die Frage ist, wie diese Botschaft heute noch gute Nachricht sein kann. Und außerdem bleibt zu fragen, ob in der Prozesstheologie der Kreuzestod Jesu anders gedeutet werden kann als eine Lösung für ein abstraktes Problem zwischen Gott und Mensch. Für Christ:innen ist es sehr wichtig zu betonen, dass Jesus für uns gestorben ist. John Cobb kann diesem Gedanken viel abgewinnen:

»Es ist wahr, dass Jesus für uns gestorben ist in dem Sinn, dass alle von seinem Tod profitieren. Es war die beste Entscheidung, die Jesus noch übrigblieb, als alle Versuche zur Überzeugung fehlgeschlagen sind. Er akzeptierte die Kreuzigung, anstatt zu fliehen oder sich zu verstecken, so dass wir die Chance haben, die Grundsätze dieser Welt abzulehnen und in der Welt als Kinder des allliebenden Abbas zu leben.«[66]

Der Tod Jesu hat also viel damit zu tun, dass Jesus Gott treu geblieben ist und seine Mission bis zuletzt verfolgt hat. Auch Marjorie Hewitt Suchocki hat hierzu einige hilfreiche Gedanken weitergegeben:

»Warum nun das Kreuz? Die christliche Tradition ist eine sehr vielfältige Sache. Und während die Sicht dominierte, dass Gott am Kreuz Jesus für unsere Sünden bestrafte, so ist dies jedoch mit Nichten die einzige christliche Antwort zu der Frage des Kreuzes von Christus.

Abaelard, der im elften Jahrhundert lebte, argumentierte dafür, dass Gott uns rettet, indem er uns durch Jesus seine göttliche Natur offenbarte, aber auch was es bedeutet, Mensch zu sein. Diese Offenbarung heilt uns und bekräftigt uns und Christus wird unser Lehrer. Prozessdenkende tendieren in die Richtung von Abaelard. Gott offenbart uns, wer Gott zu uns und für uns ist. Das Kreuz repräsentiert kein stellvertretendes Opfer, sondern die Offenbarung, dass Gott auch im tiefsten Leid mit uns ist. Gott fühlt uns. Jesus erlitt in der Tat die Schmerzen der Sünde – eine Kreuzigung ist eine schwerwiegende Sünde. Da es moralisch böse ist, Menschen zu kreuzigen, starb Jesus wegen der Sünde. Jesus offenbart, dass die Sünden aller Menschen Gott berühren. Wenn Gott die Welt fühlt, dann fühlt Gott die Sünde der Welt. Wenn Jesus als Gottes Repräsentant verstanden wird, dann offenbart er durch die Kreuzigung, dass Gott die Auswirkungen der Sünde spürt.«[67]

Auf diese Weise gewinnt das Leben Jesu im Gegensatz zu seinem Sterben eine deutlich höhere Bedeutung, als dies in der christlichen Theologie häufig der Fall gewesen ist. Catherine Keller spricht sogar vom »fehlenden Jesus«, wenn sie über das apostolische Glaubensbekenntnis spricht. Denn wenn hier über Jesus geredet wird, werden die Schwerpunkte völlig anders gesetzt. Das Leben Jesu wird im Grunde ausgelassen. Im Glaubensbekenntnis wird der Dienst Jesu, sein Wirken und sein Lehren völlig ausgeklammert. Nur Geburt, Sterben und Auferstehen scheinen von Interesse zu sein. Man kann daher mit Fug und Recht sagen, dass in der Prozesstheologie das Leben Jesu aufgewertet wird und an Bedeutung gewinnt. Davon braucht es auch in der Christenheit mehr. Das Leben Jesu ist Vorbild darin, wie ein heilsames Eintauchen in die Verkrümmungen und Risse dieser Welt aussehen kann. Auf diese Weise wird Vergebung zu einem heilsamen Prozess mit konkreten Auswirkungen im Hier und Jetzt.

VERGEBUNG ALS OFFENER PROZESS

Ich habe das vorausgehende Kapitel Miri und Nina zum Lesen gegeben. Sie sind die Produzentinnen des Lifeline-Mosaik-Podcastes, in dem es um sexualisierte Gewalt geht.[68] Betroffene finden hier gute Ressourcen. Mit Miri entstand ein Austausch von Sprachnachrichten, in denen sie einige wichtige Aspekte genannt hat, die ich hier gerne aufnehmen möchte. Grundsätzlich konnte Miri mit meinen Gedanken in diesem Kapitel mitgehen, jedoch hatte sie eine wichtige Nachfrage. Was heißt denn Vergebung konkret, beispielsweise im Fall von Jule und Andy? Ist für Jule Vergebung das Ziel? Miri führte das aus:

»Vergebung heißt, ich lasse los. Da geht es zunächst gar nicht um den Täter, weil wenn ich damit kämpfe, bin ich ja die Leidtragende, weil ich den ganzen Ballast bei mir habe. Für mich wäre loslassen auch dahingehend wichtig, um offen für neue Menschen oder vielleicht auch für eine Beziehung zu sein. Wenn ich nicht lerne loszulassen, habe ich automatisch diese Angst vor anderen Männern oder vor Nähe bei mir. Es geht bei Vergebung erstmal gar nicht um ihn, um ihn zu entlasten, damit er wieder aufatmen kann und frei von Schuld ist.«

Ich kann mich dem völlig anschließen. Für mich wäre außerdem wichtig zu betonen, dass Vergebung und die Rahmenbedingungen derselben offen sein müssen und Betroffenen nicht vorgeschrieben werden dürfen. Miri stellt weiter die Frage, wie der Umgang mit einem Täter wie Andy aussehen könnte? Was müsste er machen, um Vergebung zu erhalten? Sie nannte mir einige für sie wichtige Punkte. Beispielsweise wäre das Verständnis elementar. Ein Täter müsse ein Verständnis darüber entwickeln, dass die eigenen Taten negative Auswirkungen gehabt haben, Verletzung erzeugten und Schaden brachten. Wenn sich dann Menschen entschuldigen, kann es wichtig sein zu fragen, wofür man sich denn entschuldigen wolle. Für was entschuldigst du dich? Dabei geht es nicht darum, die Situation nachzuerzählen. Es geht um eine Kontrollfrage und darum, ob verstanden wurde, was bei den Betroffenen ausgelöst worden ist. Ist dir klar, was du angerichtet hast? Dann ist eine Reflexion sehr bedeutsam: Wie komme ich überhaupt dahin? Was ist kaputt gegangen, so dass es zu so einer Tat kommen konnte? Und schließlich muss so eine Tat Konsequenzen haben, auch in der Form, dass es Menschen geben muss, die sich vor die geschädigten Betroffenen stellen.

All diese Gedanken zeigen, dass ein Versöhnungsprozess eine offene Angelegenheit ist. Aber können wir darauf hoffen, dass es eine zukünftige Versöhnung geben kann? Vielleicht eine Versöhnung, die Gott im Jenseits herbeiführen wird? Eine christliche Erzählung, die von einem einseitig in dieser Welt handelnden Gott ausgeht, kann eine Hoffnungsvision formulieren, die mit absoluten Sicherheiten daherkommt. Solch eine Zukunftsvision kann formulieren, dass am

Ende der Zeit alle Tränen abgewischt werden[69] und Gott die Dinge wieder geradebiegt. Traditionell geht diese Hoffnung immer mit der himmlischen Belohnung der Glaubenden und der ewigen Höllenstrafe für die Ungläubigen einher. In der Prozesstheologie herrscht gegenüber diesem jenseitigen Lohn-Strafe-System eine große Skepsis. Diskutiert wird sogar, inwiefern es überhaupt ein jenseitiges Weiterleben im Sinne eines persönlichen Bewusstseins geben kann. Der Prozesstheologe Charles Hartshorne glaubte beispielsweise an die objektive Immortalität.[70] Damit meinte er, dass wir als Subjekt mit dem Tod aufhören zu existieren, unser Leben jedoch Teil von Gott werde, indem Gott sich an uns erinnere. Das mag für viele eine unbefriedigende Zukunftshoffnung zu sein. Ich persönlich möchte hier einen anderen Weg vorschlagen: Die Bibel enthält viele Sprachbilder wie Gerechtigkeit, Strafe und Wiederherstellung, die eine Zukunftsvision ausbuchstabieren möchten. Sie versuchen Antwort darauf zu geben, wie Versöhnung aussehen könnte. Meiner Meinung nach ist Versöhnung jedoch ein Prozess, der unsere Vorstellungskraft übersteigt. Es kann also nur Metaphern geben, die in eine Richtung weisen, das Ergebnis jedoch nicht in Worte fassen können. Daher würde ich einerseits festhalten, dass alle biblischen Zukunftsbilder eine Berechtigung haben, da man den unterschiedlichen Lebensgeschichten nur durch eine Vielzahl an Bildern gerecht werden kann. Andererseits würde ich zugestehen, dass alle Bilder Grenzen haben. Sie drücken Hoffnungen aus und können im Hier und Jetzt ihre Wirksamkeit entfalten. Werden sie jedoch absolut gesetzt, dann können Schieflagen entstehen. Versöhnung ist also eine Metapher. Sie darf aber nicht zum Diktat werden, sondern muss damit zusammengedacht werden, dass die

Zukunft der Welt offen ist. Wird Gottes Locken am Ende erfolgreich sein und den klebrigen Prozess der Heilung der Welt zu einem guten Ziel bringen? Ich finde das ehrlich gesagt unwahrscheinlich. Aber vielleicht ist Gott ja für Überraschungen gut.

NAIV
ITÄT
UNDK
RITI
K

Kapitel 7

KAPITEL 7: NAIVITÄT UND KRITIK

Ich möchte dir von zwei Geschichten berichten, die ich erlebt habe. Beide bilden zusammen ein Spannungsfeld, in dem ich im folgenden Kapitel über Wunder und das Übernatürliche nachdenken möchte.

Als Jugendlicher nahm ich regelmäßig an Jugendfreizeiten in der Schweiz teil. Die Schweiz gehört sicherlich zu den schönsten Ländern, die ich bislang bereisen konnte. Auf langen Wanderungen, die zum Programm fest dazu gehörten, kamen wir an Bergseen, Wasserfällen, Berghütten und Gletschern vorbei. Zum Teil waren die Touren enorm herausfordernd. Nicht nur, dass eine sportliche Anzahl an Höhenmetern zurückgelegt wurden, auch einzelne Kletterpassagen oder Schneefelder mit Gletscherspalten hatten es in sich. Ich werde nie das Gefühl vergessen, wie der Gruppenleiter mit einem Eispickel in ein Schneefeld stach, um herauszufinden, ob darunter nicht eine Spalte verborgen war. Woher wusste er, dass der Schnee wirklich tragfähig war? Wahrscheinlich wusste er es nicht, geklappt hat es trotzdem.

Bei einer Bergtour sollte es auf den Pizol gehen. Mit 2844 Metern ist er keiner der höchsten und gefährlichsten Berge der Alpen, jedoch gibt es kurz vor dem Gipfel einen Abschnitt, der mir Probleme bereitet hatte. Man musste sich für diesen Abschnitt an einem angebrachten Stahlseil festhalten, da es direkt neben dem Trampelpfad hunderte Meter steil bergab ging. Hatte ich erwähnt, dass ich latent mit Höhenangst zu kämpfen habe? Dieser Abschnitt führt einmal um den Gipfel, bis man schließlich oben angekommen ist. Die Aussicht dort war wenig erlebnisreich. Wir steckten mitten im Nebel. Dafür hatte man sich also jetzt mehrere Stunden abgeplagt? Ich weiß bei solchem Wetter auch nie, welche Kleidung am besten ist. Ein Pullover ist dort zu kalt, unter einer Windjacke schwitzt man sich zu Tode. Etwas enttäuscht begannen wir mit dem Abstieg, wieder ging es an die unliebsame Passage mit dem Stahlseil. Im Nachhinein kann ich nicht mehr sagen, was dann genau passiert ist.

Es muss sich aber in etwa so abgespielt haben: An einer Stelle versperrte ein riesiger Felsbrocken den Weg, sodass man umständlich um eine Ecke balancieren musste. Mit dem Gesicht zur Wand und beiden Händen an dem Stahlseil ging ich vorsichtig seitwärts weiter, denn es war dermaßen eng, dass ich meine Füße nicht sehen konnte. Gerade an diesem im Weg stehenden Felsbrocken ist das Drahtseil leider nicht weiter verlegt worden, sodass man um den Felsvorsprung ohne Sicherung herumgehen musste. Was beim Aufstieg keine Probleme bereitet hatte, führte jetzt zu einer großen Herausforderung. Ich setzte also mein Standbein weiter nach rechts, ohne zu sehen, wo ich landen würden. Die Hände waren an der Felswand, aber nicht am Stahlseil. Dann fühlte ich, dass – als ich mein Gewicht auf meinen rechten Fuß verlagerte – der Fuß ins Leere trat.

Kein Boden unter den Füßen. Keine Hände am Seil. Kein fester Griff an der Wand. Neben mir ein steiler Abgrund. Rein physikalisch hätte ich das Gleichgewicht verlieren, abrutschen und den steilen Abhang hinunterfallen müssen. Bin ich aber nicht. Stattdessen stand ich in der Luft. Oder auf der Luft. Völlig geschockt konnte ich meinen Fuß neu platzieren und auf festen Grund setzen. Ein Mitarbeiter, der einige Meter hinter mir ging, hatte mitbekommen, dass etwas schief gegangen war und fragte, was los gewesen sei. Ich winkte ab. Alles sei in Ordnung. Wie hätte ich ihm auch erzählen können, dass ich gerade in der Luft gestanden hatte? Was war überhaupt passiert? Zuerst erinnerte es mich an Bugs-Bunny-Cartoons. Dort kommt es immer mal vor, dass eine der Figuren über einen Abgrund läuft, dies aber zunächst nicht bemerkt und daher ein paar Meter weiter laufen kann. Erst nach einer Zeit, wenn der Figur bewusst wird, dass sie keinen Boden unter den Füßen hat, fällt sie hinunter. Offenbar war ich auch ein paar Augenblicke über einem Abgrund gelaufen, allerdings ohne zu fallen.

Eine andere Assoziation war ein Bibeltext aus Psalm 91.
Dort heißt es:

»Denn er hat seinen Engeln befohlen über dir, dass sie dich behüten auf allen deinen Wegen, dass sie dich auf Händen tragen und du deinen Fuß nicht an einen Stein stoßest« (Psalm 91,11).

Hatten wirklich Engel mich getragen? Was war passiert? Nun zu einer zweiten Geschichte, die eine deutlich andere Sicht auf das wirft, was in dieser Welt wundersam sein kann.

»Du warst schon einmal hier, oder nicht?«

»Eigentlich nicht«

»Ah, jedenfalls schön dich zu sehen.«

Der freundliche Herr aus dem Begrüßungsdienst war extra an meinen Platz gekommen, um mir die Hand zu schütteln. Richtig gut war er nicht zu verstehen, da die Band vorne auf der Bühne bereits mit dem Lobpreis begonnen hatte. Langsam füllte sich der Raum, aber die Plätze neben mir blieben leer. Das war mir auch recht, da ich eigentlich mehr beobachten wollte. Ich war erst kürzlich in diese Stadt gezogen und nutzte die ersten Wochen, um mir verschiedene Gottesdienste anzusehen. An diesem Sonntag war eine Pfingstgemeinde dran. Das Gebäude der Gemeinde war recht modern mit einem Café-Bereich am Eingang, einer Empore und einer großen Bühne. Am Klavier saß der Pastor und leitete eine Band, die moderne Worship-Musik spielte. Nach einigen Liedern wurde die Gemeinde offiziell begrüßt. Der Pastor kündigte an, dass es nach ein paar weiteren Liedern eine Gebetszeit geben würde, in der auch für Kranke gebetet würde. Die Band spielte ein paar weitere Lieder und schließlich lud der Pastor dazu ein, nach vorne zu kommen und für sich beten zu lassen. Aus dem hinteren Teil des Raumes machte sich eine ältere Frau mit weißen Haaren auf den Weg zur Bühne. Sie lief an zwei Krücken und hatte ein Bein eingegipst. Vorne angekommen nahm der Pastor sie in Empfang und gemeinsam mit einem Diakon, der nach vorne gerufen wurde, legte man der Frau die Hände auf. Der Pastor fing mit einem Gebet an.

»Im Namen Jesus. Vater, wir machen uns eins und proklamieren die Heilung, die du geben willst. Dein Geist ist hier. Unser Herr, du hast versprochen, dass in deinem Namen Wunder und Heilungen geschehen sollen. Deswegen bitten wir dich für unsere Schwester. Nichts ist dir unmöglich. Wir beten im Namen Jesus.«

Dann wandte er sich der Frau zu und rief ins Mikrofon: »Du bist geheilt! Schmeiß deine Krücken weg! Ein Wunder ist geschehen«. Die Frau schien sehr verwundert und winkte ab. Sie drehte sich unmittelbar um und humpelte mit ihren Krücken in Richtung Ausgang. Der Pastor, der sich offenbar nicht mit weniger als einer glasklaren Heilung abfinden wollte, animierte nun die gesamte Gemeinde. »Gebt Gott einen großartigen Applaus! Ein Wunder ist geschehen! Gott ist so gut! Wirf deine Krücken weg, du bist geheilt«. Die Frau fing nun an, einige unschöne Beschimpfungen von sich zu geben. Ohne den Pastor eines weiteren Blickes zu würdigen, verließ sie das Gebäude. Die Gemeinde begleitete den Ausgang der kranken Frau mit Applaus. Der Pastor pries Gott erneut, bevor er mit seiner Predigt begann.

VERLORENE NAIVITÄT

Auf der einen Seite eine fast zynische Ernüchterung, die Wunder als völligen Blödsinn abtun möchte und stattdessen die Welt nehmen will, wie sie ist. Und dann auf der anderen Seite eine Art Verwirrung, weil die Welt hin und wieder doch rätselhaft ist und die klaren

Grenzen zwischen Möglichkeiten und Unmöglichkeiten verwischt werden können.

Als Mensch, der mit beiden Beinen auf dem Boden der Aufklärung stehen möchte, weil dieser Boden vernünftigerweise der Boden der Tatsachen ist, möchte ich der Frage nachgehen, wie viel Spielraum für Wunder da sein kann, wenn man seinen Verstand nicht an den Nagel hängen will. Als hilfreichen Ansatz möchte ich die Idee der »zweiten Naivität« heranziehen, die auf den Philosophen Paul Ricœur zurückgeht.[71] Wenn es um den Umgang mit religiösen Texten geht, so spricht Ricœur von drei Phasen: Die präkritische, die kritische und die postkritische Phase. Zunächst mag es eine erste Naivität geben, in der man biblische Texte wörtlich versteht. Hier wird nicht hinterfragt, sondern der Text wird für wahr gehalten. Dies ist bei Ricœur eine Phase, die angesichts der modernen Lebensumstände starken Anfragen ausgesetzt wird und schließlich kollabiert.

Der amerikanische Theologe Peter Enns hat in seinem Buch »For the Bibel tells me so« beschrieben, wie während seines Theologiestudiums die Phase der ersten Naivität durch die kritische Phase abgelöst wurde. In einem Kurs über die wichtigsten biblischen Geschichten des Alten Testaments wurde die Wüstenwanderung des Volkes Israel besprochen. Nachdem Gott das Volk aus der Sklaverei in Ägypten befreit hatte, musste es aufgrund von Unglaubens 40 Jahre in der Wüste umherwandern. Das Problem war die Versorgung mit Wasser. An einem Ort mit Namen Riphidim schlug Mose daher einen Felsen und auf wundersame Weise floss Wasser heraus.

40 Jahre später tat Mose dasselbe, allerdings an einem anderen Ort mit Namen Kadesh.

Für die jüdischen Schriftgelehrten hat sich schon in der Antike die Frage gestellt, ob das jüdische Volk bloß zwei Mal Wasser bekommen hat. Sie hatten täglich das Manna bekommen, das Brot vom Himmel. Aber was war mit Wasser? Einige Gelehrte hatten daraufhin eine kreative Lösung angedacht. Sie meinten, dass der Fels zu Anfang der Geschichte und der zum Ende der Geschichte ein und derselbe gewesen sein muss. Wie kann das sein? Nun, laut dieser Gelehrten muss der Fels all die 40 Jahre mit dem Volk durch die Wüste gezogen sein. Es muss eine Art bewegliche Wasserquelle gewesen sein.

Peter Enns beschreibt, was in dem Klassenraum passierte, nachdem sein Professor diese seltsam klingende antike jüdische Legende vorgestellt hatte. Der Professor bat seine Klasse, die Bibel an einer bestimmten Stelle im Neuen Testament zu öffnen, in der Paulus sich auf genau diese Idee des beweglichen Felsens bezieht:

»Und alle haben denselben geistlichen Trank getrunken; denn sie tranken von dem geistlichen Felsen, der ihnen folgte; der Fels aber war Christus« (1. Korinther 10,4).

Peter Enns erinnert sich:

»Es fühlte sich für mich so an, als würde meine gesamte Sicht auf die Bibel wie ein Kartenhaus zusammenkrachen – im einen Moment noch vertraut und solide aussehend, dann im nächsten Moment von einem starken Windstoß umgeworfen. (…) Ich schaute in das Gesicht einer Bibel, die sich nicht mehr benehmen konnte und die ich auch nicht länger dazu bringen werden konnte, sich zu benehmen.«[72]

Während die Erklärungen der jüdischen Gelehrten noch recht unterhaltsam zu lesen waren, so war es für ihn schockierend, dass Paulus offenbar derselben primitiven Ansicht war und die dümmlich anmutende Erklärung glaubte, dass ein Fels dem Volk Israel durch die Gegend folgte.

Natürlich stellt sich die Frage, warum Peter Enns dieselbe Erkenntnis nicht bereits bei dem wundersamen Manna hatte – dem Brot vom Himmel, das die Israeliten jeden Tag vor ihren Zelten aufsammeln konnten. Trotzdem wird deutlich, dass verschiedene Menschen an verschiedenen Stellen stocken und die Bibel nicht mehr wörtlich nehmen, oder die erzählten Geschichten als historische Ereignisse sehen können. Dieser Prozess der Dekonstruktion kann sehr anstrengend sein, weil nun alle möglichen Aussagen der Bibel und des Glaubens hinterfragt werden und kein Glaubenssatz mehr vor kritischen Anfragen sicher ist. In der ersten Naivität kann der Umgang mit der Bibel einem Kartenhaus gleichen. Wenn eine Karte herausfällt, dann wird das gesamte Konstrukt instabil. Hier beginnt die zweite Phase, die Phase der Kritik.

MYTHOS UND BIBELKRITIK

Nicht nur auf persönlicher Ebene, sondern auch in der theologischen Forschung kann man durch die Jahrhunderte eine ähnliche Entwicklung feststellen. Auch hier hat es eine Phase gegeben, in der ein wörtliches Verständnis der Bibel für eine bedeutsame Masse an Theolog:innen nicht mehr möglich war. Das kritische Denken der Aufklärung hat auch in der Theologie Einzug erhalten und so wurde die Bibel wie jedes andere Buch auch harten Anfragen ausgesetzt.

Neben Namen wie Friedrich Schleiermacher oder Adolf von Harnack verbindet man in der Theologiegeschichte Rudolf Bultmann mit dem Versuch, kritisches Denken auf die Bibel anzuwenden. Besonders bekannt ist eine Passage eines Vortrages, den Bultmann am 21. April 1941 auf einer Tagung der »Gesellschaft für evangelische Theologie« in Frankfurt am Main gehalten hatte:

»Das alles ist mythologische Rede (…) sofern es nun mythologische Rede ist, ist es für den Menschen von heute unglaubhaft, weil für ihn das mythische Weltbild vergangen ist. (…) Die heutige christliche Verkündigung steht also vor der Frage, ob sie, wenn sie vom Menschen Glauben fordert, ihm zumutet, das vergangene mythische Weltbild anzuerkennen. (…) Man kann nicht elektrisches Licht und Radioapparate benutzen (…) und gleichzeitig an die Geister- und Wunderwelt des NT glauben. Und wer es macht, muss sich klar machen, dass er, wenn er das für die Haltung christlichen Glaubens erklärt, damit die christliche Verkündigung in der Gegenwart unverständlich und unmöglich macht. Wenn das unmöglich ist, so entsteht für sie die Frage, ob die Verkündigung des NT eine Wahrheit hat, die vom mythischen Weltbild unabhängig ist. Es wäre dann die Aufgabe der Theologie, die christliche Verkündigung zu entmythologisieren.«[73]

Was Bultmann hier beschreibt, könnte man mit Ricœur eine Art kollektiven Übergang in die Phase der Kritik nennen. Nicht nur, dass einzelne Christ:innen ihre erste Naivität verloren haben, diese Entwicklung hat auch auf einer viel breiteren Basis stattgefunden.

Ich gehe an dieser Stelle mit Bultmann mit. In der westlichen Gesellschaft ist die Geister- und Wunderwelt des Neuen Testaments unverständlich. Das sieht anders aus in evangelikalen und charismatischen Kreisen. Hier wird vielfach ein Weltbild vermittelt, das auf der einen Seite den technischen und wissenschaftlichen Fortschritt integriert, auf der anderen Seite aber auch die Geister- und Wunderwelt des Neuen Testaments für selbstverständlich hält. Innerhalb der Szene funktioniert dieser Spagat für sehr viele Menschen. Ich meine jedoch, dass diese Weltsicht es sehr schwer macht, mit Menschen ins Gespräch zu kommen, die nicht Teil dieser Szene sind.

Für viele evangelikale und pietistische Christ:innen ist der Name Bultmann zu einem roten Tuch geworden. Er steht wie vielleicht kein anderer für einen kritischen Umgang mit der Bibel, der den Glauben – insbesondere den Glauben an die Bibel – in seinen Grundfesten erschüttern dürfte. Bultmann wurde oft eine mangelnde Wertschätzung der Bibel gegenüber vorgeworfen. In manchen Kreisen ist der Name Bultmann sogar ein Synonym für Verrat am Glauben. Dabei war Bultmann einer von den Guten. Er lebte zur Zeit des Nationalsozialismus und wurde deren Kritiker. Er verhalf jüdischen Freunden zur Flucht und predigte gegen den Wahn der Nazis. Bei näherer Betrachtung muss man so manche Kritik an ihm relativieren. Man muss beispielsweise berücksichtigen, dass Bultmann in einem akademischen Umfeld gewirkt hat, in dem die Bibel massiv kritisiert wurde und in dem man im großen Stil den Rotstift angesetzt hatte und vieles aus der Bibel für nicht relevant erklärte. Gegen diese Form einer liberalen Theologie hat sich Bultmann abgegrenzt und diese kritisiert. Es ist demnach nicht präzise, wenn man Bultmann pauschal als liberalen Theologen beschreibt. Er hat in der oben erwähnten Rede einen Umgang mit der Bibel kritisiert, bei dem man mythologische Aspekte der Bibel abwertet und eine Auswahl zwischen relevanten und nicht relevanten Texten trifft oder Texte ganz abstreicht. Entmythologisieren bedeutet also gerade nicht, dass man aus der Bibel alles herausstreicht, was aus moderner Sicht mythisch ist. Bultmann kritisiert die »liberale« Vorgehensweise, die das aus ihrer Sicht Unwesentliche einfach eliminiert:

»Für die Epoche der älteren «liberalen« Theologie ist es charakteristisch, daß sie die mythologischen Vorstellungen als zeitgeschichtlich beschränkte Gedanken einfach als unwesentlich eliminiert und für das Wesentliche die großen religiösen und sittlichen Grundgedanken erklärt. Man unterschied Schale und Kern.«[74]

Liberale Theologie hat laut Bultmann also genau das gemacht: Biblische Texte in Schale und Kern unterscheiden, die Schale weggeschmissen und den Kern behalten. Das Problem ist natürlich: Fängt man einmal an mit dem Wegstreichen, wo soll man da aufhören? Würde man am Ende nicht wie bei einer Zwiebel immer mehr Schale entfernen, nur um festzustellen, dass man am Ende keinen Kern mehr findet, auf den sich der Glaube beziehen kann? Bultmann schließt zwar nicht aus, dass man bestimmte Inhalte der Bibel im Prozess der Interpretation eliminieren müsse, aber vom Grundsatz her schlägt er einen anderen Weg vor: Die Bibeltexte muss man als Ganzes lesen. Angelehnt an Bultmann würde ich es so in Worte fassen: Bibeltexte sind wie Cocktails aus historischen Begebenheiten, Weisheiten, göttlicher Inspiration, phantastischen Elementen und kulturbedingtem Halbwissen über natürliche Vorgänge. Du kannst es nicht mehr in seine Zutaten zerlegen und wegschütten, was dir nicht passt. Man muss die Gesamtmischung trinken und dann wird es schmecken und seine Wirkung entfalten.

Bultmann wollte mit seiner Methodik keinesfalls die Bibel abwerten. Auch der Begriff des Mythos ist bei ihm nicht abwertend gemeint gewesen. Vielmehr wollte er damit eine tieferliegende Wahrheit beschreiben, die den biblischen Texten innewohnt:

»Mythen sind Ausdruck für die Einsicht, dass der Mensch nicht Herr der Welt und seines Lebens ist, dass die Welt, in der er lebt, voller Rätsel und Geheimnisse steckt. Die Mythologie ist der Ausdruck eines bestimmten Verständnisses der menschlichen Existenz. Sie glaubt, dass die Welt und das Leben ihren Grund und ihre Grenze in einer

Macht haben, die außerhalb all dessen ist, was wir berechnen und kontrollieren können«[75]

Es geht Bultmann um eine existentiale Interpretation. Dahinter steckt die Idee, dass es bestimmte Elemente der menschlichen Existenz gibt, die zu allen Zeiten und Orten das menschliche Leben betroffen haben und daher zu den Bedingungen zählen, unter denen menschliches Leben stattfindet. Dazu gehört beispielsweise, dass der Mensch sterblich und sich dessen auch bewusst ist oder auch, dass der Mensch ein abhängiges Wesen ist. Menschen müssen atmen, essen und haben andere Bedürfnisse, die sie notwendigerweise auf ihre Umgebung angewiesen sein lassen. Die Bibeltexte werden durch die Entmythologisierung nun zunächst danach befragt, welche mythischen Elemente anzutreffen sind. Wo also suchten die biblischen Autoren Worte für etwas, das Sprache übersteigt? Dann versucht man, die existentiale Interpretation herauszuarbeiten: Welche Botschaft haben die biblischen Texte im Hinblick auf die Existenzbedingungen des menschlichen Lebens? Ich finde diese Frage berechtigt und grundsätzlich kann ich dieser Form der Bibelauslegung etwas abgewinnen. Jedoch scheint mir Bultmann und seine Kritiker:innen an Fragestellungen zu arbeiten, die heute weniger Gewicht haben. Für die Zeit der liberalen Theologie wie auch deren Gegenreaktionen, dem evangelikalen Bibelfundamentalismus, war die Frage nach der historischen Glaubwürdigkeit biblischer Texte wichtig. Postmodern geprägte Ansätze lassen diese Frage letztlich hinter sich. Insbesondere in der Yale-University wurde der postliberale Ansatz geprägt, der stärker die Lesenden ins Zentrum der Aufmerksamkeit stellt. Hier ist man skeptisch, wenn es um historische Gewissheiten geht. Die historische Faktizität biblischer Texte lassen sich mit Methoden der Geschichtswissenschaften nicht eindeutig bestimmen. Wir können letztlich nicht hinter den Text zurückgehen und sollten daher lieber der Frage nachgehen, was der Text mit den Lesenden im Hier und Jetzt macht. All das sind Gedanken, die Ricœur sicher bekannt waren und die er für seinen Ansatz benutzt haben wird.

HINTER DER WÜSTE DER KRITIK

Während sowohl in der Glaubensreise einzelner Menschen, als auch im Hinblick auf die Geschichte der Theologie im großen Ganzen, diese kritische Phase oft erkennbar ist, so möchte Ricœur nun einen Weg aufzeigen, wie Glauben nach der kritischen Phase weitergehen kann. Ich fände es für mich schade, wenn der Glaube in der kritischen Phase stecken bliebe oder gar in Selbstauflösungsprozessen verschwände. Allerdings gibt es keinen Weg hinter die kritische Phase zurück. Es gibt keine Möglichkeit, das Paradies der ersten Naivität erneut für sich anzunehmen und den Text wieder wörtlich zu verstehen, ohne die kritischen Anfragen geltend zu machen. Ricœur vergleicht diese Phase mit der Wüstenwanderung und beschreibt nun den Wunsch danach, dass es nach der Wüste des kritischen Denkens eine neue Möglichkeit dafür gibt, dass der Text zu uns sprechen kann. Mark Wallace hat dies so zusammengefasst:

»Nachdem man durch – aber niemals außen um – die erste Unschuld des ursprünglichen Textverständnisses und der Wüste des Erprobens der Texte gewandert ist, ist der Leser gefragt, das Risiko einzugehen und den Text erneut kritisch und naiv zu lesen, um ein kritischer Erwachsener und ein naives Kind zu werden, und um – so wie Ricœur sagt – das eigene Leben und das Verständnis neu in den Horizont der Realität des Textes zu versetzen.«[76]

Es geht also nicht darum, die kritischen Anfragen zu bändigen, auszublenden oder zu übergehen. Die Kritik muss zugelassen werden. Anschließend kann man sich aber entscheiden, die biblischen Texte im Sinne einer Metapher oder eines religiösen Symbols zu verstehen, nicht als wörtliche Fakten. Diese zweite Naivität ist dann ein bewusster Entschluss, ein »Werden wie die Kinder« (Matthäus 18,3).

Aber ist das nicht eine Reduktion? Nimmt man den biblischen Texten dadurch nicht die Kraft und das Ausmaß dessen, was sie sagen wollen? Bei Ricœur ist das symbolische Verständnis der Texte keine Reduktion, es ist eine Wiederherstellung. Es geht hier nicht um ein Ausschneiden all dessen, was dem modernen Menschen nicht mehr verständlich ist. Und es geht nicht um ein Umdeuten von einer mythischen Vorstellungswelt in eine gezähmte moderne Weltsicht. Es geht um eine Suche des Quellpunktes, ein Vordringen zum Ausgangspunkt. Es geht um das Erobern einer Wahrheit, die jenseits (nicht anstelle) von Rationalität und Wissenschaft liegt:

»Soll das heißen, dass wir in die erste Naivität zurückgelangen könnten? Keineswegs. Auf jeden Fall ist etwas verloren, unrettbar verloren: Die Unmittelbarkeit des Glaubens. Aber wenn wir nicht mehr mit dem uranfänglichen Glauben in der großen Symbolwelt des Heiligen leben können, so können wir Heutigen doch in der Kritik und durch sie einer zweiten Naivität zustreben. Kurz: indem wir interpretieren, können wir aufs Neue verstehen«[77]

Während man also in der kritischen Phase hinterfragt, relativiert und anzweifelt, so wird in der zweiten Naivität ein Bedeutungsraum hinter biblischen Symbolen eröffnet. Neue Horizonte erschließen sich, die ändern können, wie wir uns und die Welt sehen. Die biblischen Metaphern können uns laut Ricœur so neue Wege aufzeigen, wie wir über die Welt reden und so die Art verändern, wie wir unsere Realität wahrnehmen.

ZEICHEN UND SYMBOLE

Dieser Ansatz der zweiten Naivität ist im Ergebnis nicht sehr weit von dem entfernt, was die biblischen Autoren meinten, wenn sie von Wundern sprachen. Es gibt verschiedene Begriffe, die in der Bibel verwendet werden, um das zu beschreiben, was im Deutschen mit »Wunder« benannt wird. Es gibt Wortgruppen, die eher das Erstaunliche, Unerwartete, Unerklärliche, Unbegreifliche oder Rätselhafte beschreiben wollen. Diese Worte sollen ausdrücken, dass Gottes Handeln im Gegensatz zum Menschen unbeschränkt ist. Gott kann mehr als für den Menschen machbar ist. »Sollte dem HERRN etwas unmöglich sein?« (1. Mose 18,14). Aber ein anderes hebräisches Wort ist *otôt*. Es bedeutet beispielsweise »Zeichen« oder »Merkmal«. Oder das Wort *môfətîm*, man kann es mit »hinweisen« oder »demonstrieren« übersetzen. Es geht also um ein Ereignis oder eine Handlung, die über sich hinausweist. Stellt man an diese Texte lediglich die nie abschließend zu klärende Frage, ob es historisch so geschehen sei, dann wird man das verpassen, auf das diese Zeichen hinweisen möchten.

Die Streitfrage, ob ein in der Bibel berichtetes Wunder historisch so passiert sei, wird an keiner Stelle so erbittert geführt, wie bei der Auferstehung Jesu. Für nicht wenige Christ:innen steht und fällt die Relevanz des christlichen Glaubens mit der Frage danach, ob diese Geschichten faktisch so geschehen sind. Wenn Jesus im Grab verrottet wäre und seine Auferstehung nur eine symbolische religiöse Erzählung ist, wie könnte sie dann Kraft haben? Auch Paulus hat diesen Gedanken aufgegriffen und gesagt:

»Ist aber Christus nicht auferweckt worden, so ist unsre Predigt vergeblich, so ist auch euer Glaube vergeblich. Wir würden dann auch als falsche Zeugen Gottes befunden, weil wir gegen Gott bezeugt hätten, er habe Christus auferweckt, den er nicht auferweckt hätte, wenn doch die Toten nicht auferstehen«(1.Korinther 15,14).

Es ist richtig, niemand kann beweisen, dass es nicht passiert ist. Aber allein das zu behaupten reicht wohl den wenigsten. Einem Glauben, der kritischem Denken ausgesetzt ist, wird es nicht möglich sein, den phantastisch anmutenden Geschichten von übernatürlichen Phänomenen aus der Bibel aus bloßem Gutwillen faktische Geschichtlichkeit zuzurechnen.

Wie geht es von hier aus weiter?

Viele Forscher:innen haben nun darüber nachgedacht, was mit »Auferstehung« gemeint sein soll. Ist Jesus auf übernatürliche Weise wiederbelebt worden, sodass das Grab am Ende leer war? Ist eine Auferstehung eine Verwandlung zu einem übernatürlichen Körper mit neuen Eigenschaften? Oder war Jesu Auferstehung eine mystische Erfahrung der Jünger? Meint Auferstehung, dass Jesus in der christlichen Bewegung lebendig ist? In der Prozesstheologie gibt es viele unterschiedliche Stimmen zu dieser Frage. Einer der bekanntesten Prozesstheologen ist John Cobb. In seinem Buch »Jesus' Abba. The God Who Has Not Failed« beschreibt Cobb seine eigene Sicht auf die Auferstehung Jesu. Er bezieht sich auf eine mystische Erfahrung, die er in ähnlicher Weise bei Paulus erkennt. Wie die meisten Theolog:innen heute geht er auch davon aus, dass die früheren biblischen Berichte über die Auferstehung keinen körperlichen Vorgang vor Augen hatten, diese Sichtweise findet man erst in späteren Schriften der Evangelisten. In allen Schriften des Apostel Paulus findet man keinen Bezug zum leeren Grab. Paulus Auferstehungsglaube kommt offenbar ohne aus. Paulus beschrieb in dem Brief an die Galater selbst, dass er eine Begegnung mit Jesus hatte:

»Als es aber Gott wohlgefiel, der mich von meiner Mutter Leib an ausgesondert und durch seine Gnade berufen hat, dass er seinen Sohn offenbarte in mir, damit ich ihn durchs Evangelium verkündigen sollte unter den Heiden …« (Galater 1,15).

Hier fällt auf, dass er nicht beschreibt, er habe Jesus leibhaftig gesehen, sondern dass es eine Art inneres spirituelles Erlebnis war. Das passt auch zu dem Bericht aus der Apostelgeschichte, wonach Paulus auf der Reise nach Damaskus eine lebensverändernde Erleuchtung erlebte:

»Als er aber auf dem Wege war und in die Nähe von Damaskus kam, umleuchtete ihn plötzlich ein Licht vom Himmel; und er fiel auf die Erde und hörte eine Stimme, die sprach zu ihm: Saul, Saul, was verfolgst du mich? Er aber sprach: Herr, wer bist du? Der sprach: Ich bin Jesus, den du verfolgst« (Apostelgeschichte 9,3).

John Cobb bemerkt zunächst, dass viele Menschen die Erfahrung machen, dass ihnen kürzlich verstorbene Freunde erscheinen. Sagt man nun, dass die Erscheinung Jesu eine ähnliche Begegnung gewesen ist, macht man sie dadurch nicht weniger wichtig. Um das zu verdeutlichen erzählt Cobb eine Geschichte aus seiner eigenen Familie. Sein Bruder James hatte ein nicht diagnostiziertes Asperger-Syndrom, was das Zusammenleben innerhalb der Familie vor verschiedene Herausforderungen gestellt hatte. Die Eltern gaben sich Mühe, den Bruder möglichst normal zu behandeln – in der Hoffnung, dass dann alles einen guten Verlauf nehmen würde. Dies hatte für die Schulzeit auch funktioniert, danach hatte der Bruder jedoch größere Schwierigkeiten, seinen Alltag zu bewältigen, eine Arbeit zu finden oder auch nur das Zimmer zu verlassen. Die Eltern waren mittlerweile nach Japan gezogen, um dort als Missionare zu arbeiten. Nun musste die Mutter jedoch zurück in die USA kommen, um ihren Sohn zu unterstützen. Nach einigen Jahren war es gelungen, dem Sohn so weit in geregelte

Bahnen zu verhelfen, dass die Mutter wieder zu ihrem Mann nach Japan konnte. Man hatte James eine Arbeitsstelle verschafft, ohne dass dieser mitbekommen hatte, dass es im Hintergrund ein Arrangement durch die Familie gegeben hatte. Auch ein Termin mit einem Psychologen wurde vereinbart, sodass der Sohn seine Situation selbst besser verstehen und einsortieren konnte. Kurz nach dem ersten Gespräch mit dem Psychologen sprang der Bruder jedoch vor einen Zug. Was für ein furchtbarer Schock! Wahrscheinlich war James bewusst geworden, welche Belastung er für sein Umfeld darstellte und wollte nun seiner Familie eine Erleichterung verschaffen. Natürlich hat der Suizid schweres Leid für die Familie mit sich gebracht. Wenige Wochen später erzählte die Mutter jedoch von einer außergewöhnlichen Begegnung. Cobb schreibt:

»Einige Wochen später berichtete sie, dass James ihr in einem Traum erschienen war und ihr versichert habe, dass jetzt mit ihm alles gut sei. Sie war dadurch extrem getröstet worden. Für alle von uns war diese Erscheinung von größter Bedeutung, obwohl sie kaum Einfluss darauf hatte, wie wir unser Leben weitergelebt haben. Sogar wenn die Erscheinung Jesu nur in Träumen stattgefunden hatte, so wird sie für die Nachfolger Jesu von immenser Wichtigkeit gewesen sein, in ihrem Fall machte die Erscheinung einen großen Unterschied in ihrem Leben und in der Weltgeschichte.«[78]

Für Cobb ist die Auferstehung eine mystische Erfahrung, die an sich ebenso real ist wie ein anderes historisches Ereignis. Da er in seiner eigenen Familie eine ähnliche Erfahrung gemacht hat, liegt es nahe, dass er diese Sicht auf die Auferstehung vertritt. Für ihn sind neutestamentliche Berichte, in denen die Auferstehung eine viel stärker ausgeprägte körperliche Dimension hatte, dem Umstand geschuldet, dass die Christ:innen zur Zeit der Niederschrift dieser Texte unbedingt einen Beweis vorbringen wollten, der die Göttlichkeit Jesu unterstrich. Also wurden aus den Erfahrungsberichten über die Auferstehungserscheinung Berichte, in denen die Auferstehung Jesu zu einem übernatürlichen Ereignis wurde. Cobb fasst zusammen:

»Wenn wir neugierig sind und unbedingt wissen wollen, was nun eigentlich passiert ist, so können wir mit Sicherheit sagen, dass die Jünger zu der Überzeugung gelangten, dass Jesus auf eine Weise wieder lebendig war. Sein Werk war mit seinem Tod nicht beendet. Sie waren nun sicher, dass Jesu Lehre und seine Mission dieselbe Wichtigkeit besaß, wie sie das vor seinem Tod angenommen hatten – vielleicht jetzt sogar noch mehr. Er war wirklich der Erwartete, der Messias. Dass die Auferstehungserscheinung diesen Effekt hatte, kann man kaum in Zweifel ziehen«.[79]

Cobbs Ausführungen enden mit einem Plädoyer dafür, diese mystischen Erfahrungen ernst zu nehmen und unterstreicht ihre Glaubhaftigkeit. Er wirbt dafür, Gottes Wirken in diesen Geschichten anzunehmen und nicht davon auszugehen, dass hier rein natürliche Prozesse verantwortlich waren. Gott war in der Auferstehung Jesu wirksam und ist dies auch heute noch, insbesondere da, wo Menschen sich dem Ruf Gottes anschließen.

ES GEHT UM KÖRPERLICHKEIT

Eine andere Sichtweise auf die Auferstehung vertritt Tom Oord, die er in verschiedenen seiner Bücher wie beispielsweise »The Nature of Love« vorgestellt hat. Oord hat viele der Grundideen der Prozesstheologie aufgegriffen und versucht, diese mit eigenen Begrifflichkeiten auszuformulieren. Dadurch werden Oords Ausführungen oft deutlich einfacher nachvollziehbar, als es bei so manch anderen Prozesstheolog:innen der Fall ist. Besonders wichtig ist für ihn die Idee der essentiellen Kenosis (ausführlicher habe ich diesen Ansatz bereits in Kapitel 2 beschrieben). Dabei geht es darum, dass Gott in ihrem Wesen Liebe ist und sich selbst völlig in die Schöpfung investiert. Gottes Liebe ist in ihrem Charakter jedoch nicht zwingend oder kontrollierend, sondern schafft Handlungsfreiheit und ermöglicht der Schöpfung eine gewisse Selbstständigkeit. Das führt für Oord dazu, dass Naturgesetze konstant sind und Gott diese nicht manipulieren kann, wie er in seinem Buch »The Uncontrolling Love of God« beschreibt:

»Die essentielle Kenosis sagt, dass das selbstverschenkende, andere befähigende Wesen von Gottes Liebe der Schöpfung notwendigerweise Freiheit, Eigenständigkeit, Selbstorganisation und eine gesetzähnliche Regulierung zur Verfügung stellt. Weil Liebe die notwendige und alles andere überragende Eigenschaft Gottes ist, kann Gott die Gaben der Freiheit, Eigenständigkeit, Selbstorganisation und der gesetzähnlichen Regulierung der Natur weder zurückziehen, versäumen noch überschreiben. Göttliche Liebe begrenzt göttliche Macht. Wenn Gott seiner Schöpfung Freiheit, Eigenständigkeit, Selbstorganisation und eine gesetzähnliche Regulierung schenkt, dann sind diese Geschenke, um es mit der Sprache von Paulus zu sagen, ‚nicht rückgängig machbar' (Römer 11,29).«[80]

Durch diese Argumentationsweise schafft es Oord, seine Gedanken an ein wissenschaftliches Weltbild anzunähern, bei dem es nicht denkbar ist, dass Gott übernatürlich in diese Welt eingreift. Für Oord sind allerdings theologische Gründe ausschlaggebend: Er möchte Gottes Liebe konsequent als nicht kontrollierend verstehen, was im Jargon der Prozesstheologie den Gedanken trifft, dass Gottes Macht keine Zwangsmacht ist. Gottes Wesen ist Liebe, und auch Gottes Macht muss von Gottes Liebe her verstanden werden. Wenn Gottes Liebe ohne Zwang und Kontrolle gedacht werden soll, dann führt das dazu, dass Gottes Wirken niemals einseitig sein kann. Gott kann demnach nur in Zusammenarbeit mit der Schöpfung wirken und nur in Kooperation aktiv sein.

Oord hat den Versuch angestellt, die biblischen Wunderberichte insofern verständlich zu machen, als dass sie seiner Meinung nach durch den Ansatz der essentiellen Kenosis erklärbar werden. Bei allen Wundern sei ein Zusammenwirken von Schöpfer:in und Schöpfung erkennbar, sodass die berichteten Wunder passiert sein könnten. In seiner Argumentation beschränkt sich Oord jedoch darauf, zu zeigen, dass die Berichte eine Kooperation nicht ausschließen. Dies ist für ihn sehr entscheidend, weil darauf sein Modell von Gottes Wesen und Wirken in der Welt basiert.

Während mit dem Begriff Wunder meist eine Verletzung von Naturgesetzen gemeint ist, versucht Oord eine andere Herangehensweise. Eine Verletzung von Naturgesetzen würde bedeuten, dass ein übernatürliches Eingreifen Gottes stattgefunden hat. Das wiederum bedeutet, dass Gott die Natur übergehen, überwältigen und völlig kontrollieren müsste. Stattdessen glaubt Oord, dass Wunder ungewöhnliche und gute Ereignisse sind, die durch Gottes besonderes Handeln in Verbindung mit der Schöpfung stattfinden.

Die Betonung liegt (wie bereits erwähnt) darauf, dass Gott mit der Schöpfung kooperiert. Für Oord zeigt sich diese Kooperation beispielsweise in der Geschichte der Brotvermehrung. Hier werden verschiedene Dinge benannt, die die anwesenden Menschen selbst tun mussten, damit das Wunder stattfinden konnte: Angefangen vom Lagern auf der Wiese über die Bereitstellung der Brote bis hin zum Austeilen der Brote, die sich später vermehrten. Auch die Bereitschaft, die Brote anzunehmen, mag eine Rolle gespielt haben. Oord merkt an:

»Die Bibel sagt uns nicht, wie Fische, Brot oder andere geschöpfliche Kräfte zum Wunderwirken beigetragen haben. Wir sind auf Spekulation angewiesen, welche verschiedenen Faktoren eine Rolle dabei gespielt haben, aus den wenigen Ressourcen eine Masse zu sättigen.«[81]

Grundsätzlich sieht er drei Möglichkeiten, wie diese Art von Wundern zustande gekommen sind – auch ohne eine Verletzung von Naturgesetzen und ein kontrollierendes Eingreifen Gottes. Zuerst könnte Gott Zufälligkeiten nutzen, die auf einer Ebene der Quanten bis hin zu viel komplexeren Zusammenhängen anfangen können. Gott reagiert auf solche spontanen Zufälligkeiten und beruft die Schöpfung dazu, in überraschender Weise zu reagieren. Dann könnte Gott geschöpfliche Elemente in kreativer Weise koordinieren, sodass dabei unerwartete Resultate herauskommen. Eine letzte Möglichkeit bezieht sich auf Gottes Berufung freier Akteure, die in einer bestimmten Weise tätig werden könnten, die zu Gottes Wissen über die Zukunft passt, wie sich die Dinge höchstwahrscheinlich entwickeln werden. So könnte Gott gewusst haben, dass ein heißer Wind Teile des Roten Meeres trockenlegen würde. Entsprechend habe Gott Mose berufen, sodass das Volk Israel trockenen Fußes durch das Flussbett wandern konnte (2. Mose 14,21 ff.). Das Timing stimmte genau, weil es zu einer perfekten Kooperation zwischen Schöpfer und Geschöpf kam.

Oord sieht aus guten Gründen eine andere, sich an Gedanken der Prozessphilosophie anlehnende Möglichkeit kritisch: Könnte es nicht sein, dass Gott mit den kleinsten Bestandteilen der Schöpfung in Beziehung tritt und diese eine gewisse Freiheit haben, auf Gottes Wirken zu reagieren? Könnten so nicht Wunder erklärt werden? Oord merkt an, dass dies schwer vorstellbar sei. Die Freiheit unbelebter Entitäten sei derart eingeschränkt, dass deren Handlungsspielraum für uns wie eine ständige Wiederholung aussieht. Die Naturgesetze überlagern die Freiheit einzelner Entitäten auch schon auf einer Mikroebene der Natur, sodass deren Freiheit keinen Effekt habe. Eine abgefeuerte Kugel wird ihre Richtung nicht dadurch verändern, dass Gott die einzelnen Kleinstteilchen lockt, ihre Richtung zu ändern. Zu viele übergeordnete Bedingungen verhindern dies. Dieses Locken der

Kleinstteilchen mag ein Ansatz sein, um verschiedene Phänomene der Evolution zu beschreiben, für Wunderberichte dürfte der Ansatz jedoch nicht nützlich sein.

All diese Ansätze arbeiten unter der Bedingung, dass Gott nur in Kooperation mit der Schöpfung agiert. Ich kann bei vielen dieser Gedanken mitgehen. Bei der Auferstehung Jesu ergibt sich jedoch das Problem, dass ein toter Körper ja gerade nicht mehr reagieren kann. Man muss dazu sagen, dass Oord den Anspruch hat, mit seinem Ansatz der essentiellen Kenosis eine körperliche Auferstehung Jesu begründen zu können. Ihm geht es nicht um andere theologische Sichtweisen auf die Auferstehung, die eher in die Richtung einer mystischen Erscheinung gehen. Das mag daher kommen, dass Oord vor allem für eine evangelikale Leserschaft schreibt. Hier ist die Vorstellung der körperlichen Auferstehung Jesu maßgeblich.

Zunächst möchte ich anfügen, dass die Lehre der körperlichen Auferstehung Jesu einen sehr wichtigen Effekt hat. Aus meiner Sicht wertet sie das Körperliche auf, während eher liberale Vorstellungen – auch wie die von John Cobb – einer entkörperlichten Spiritualität Vorschub leisten. Der Glaube an eine körperliche Auferstehung bejaht den Körper und ist daher in der Lage, einen Gegenpol zu setzen in einer Gesellschaft, die das Körperliche instrumentalisiert, ausbeutet und zu einem Konsumgut degradiert. In der Prozesstheologie wird die Körperlichkeit jedoch auch durch den Gedanken aufgewertet, dass die Welt als Körper Gottes gesehen wird. So kann Theologie sich stark machen für einen würdevollen Umgang mit dem Körperlichen.

Wie kann nun aber Oord eine körperliche Auferstehung denken, wenn er keine Verletzung der Naturgesetze und kein einseitiges Handeln Gottes theologisch zulässig findet? Er argumentiert wie folgt:

»Während sich tote Körper von lebenden unterscheiden, so sind tote Körper nicht völlig ohne Handlungsfreiheit, Wert, Beziehungen und Freiheit. Wir wissen das von dem, was in Notaufnahmestellen passiert, wenn Ärzte Menschen wiederbeleben. Wir wissen das von ertrunkenen Menschen, die durch eine Mund-zu-Mund-Beatmung ins Leben zurückgeholt werden. Wir wissen das durch eine Reihe von Berichten, die wir »Nahtoderfahrungen« nennen.«[82]

Oord räumt zwar ein, dass eine Wiederbelebung nicht dasselbe wie eine Auferstehung ist. Schließlich gehen die biblischen Berichte darauf ein, dass Jesus einen Auferstehungskörper hatte. Jedoch betont er, dass auch tote Körper die Eigenschaft besitzen, zu einem gewissen Grad reagieren zu können, und empfänglich für Formen von Stimulation sind.

Im Weiteren geht Oord darauf ein, dass Jesus der menschgewordene Gott gewesen ist. Der göttliche Aspekt Jesu müsse mitbedacht werden, wenn seine Auferstehung theologisch durchleuchtet wird. Dieser göttliche Aspekt könnte auch nach Jesu Tod aktiv gewesen sein:

»Unglücklicherweise scheinen einige heutige Theologien den göttlichen Aspekt Jesu zu ignorieren, welcher subjektiv aktiv gewesen sein wird, sogar nach Jesu Tod. (…) Der göttliche Jesus wird offensichtlich Gründe gehabt haben, um mit dem überzeugenden Ruf Gottes zu kooperieren, von den Toten aufzuerstehen. Christ:innen sollten anerkennen, dass der göttliche Aspekt des Gott-Menschen angemessen auf Gottes liebenden und mächtigen Ruf zum Auferstehungsleben antwortete.«[83]

Dieser Ansatz wirft verschiedene Fragen auf. Beispielsweise erscheint unklar, inwiefern Oords Ausführungen mit der traditionellen Sichtweise auf die Göttlichkeit Jesu zusammenpassen, die ja ausdrücklich fordert, dass der göttliche Aspekt und der menschliche Aspekt Jesu nicht zu trennen sind. Außerdem ist fraglich, inwiefern die Auferstehung Jesu auf diese Weise ein Hoffnungsschimmer für den Sieg über den Tod sein kann: Alle anderen Menschen werden in ihren Gräbern verrotten, bis von ihrem Körper nichts mehr übrig ist, mit dem Gott in Zukunft kooperieren könnte. Wie soll die zukünftige Auferstehung der Toten gedacht werden, für die Jesu Auferstehung ja der Prototyp sein soll? Man muss Tom Oord lassen, dass er insbesondere in der Onlinewelt aktiv auf Anfragen eingeht und sich der Diskussion stellt. Es bleibt also abzuwarten, inwiefern er seine Ansätze in Zukunft weiter ausarbeitet.

Was an der Diskussion um die Leiblichkeit der Auferstehung in jedem Fall bemerkenswert ist, ist eine gewisse Offenheit einiger Prozesstheolog:innen für Erfahrungen, die über die rein materialistische Weltsicht hinausgehen. Gerade für Christ:innen, die aus pfingstlerisch-charismatischen Kreisen kommen und für die besondere Erfahrungen mit dem Heiligen Geist und einem außergewöhnlichen Wirken bekannt und wichtig sind, bieten sich hier Anschlussmöglichkeiten.

Für andere mag es herausfordernd sein, dass verschiedene Prozesstheolog:innen eine große Offenheit für derartige Phänomene haben und dennoch ein anderes Verständnis von Gottes Allmacht vertreten. Da in liberalen Kreisen solche Erlebnisse oft wenig Anklang finden, ist diese Besonderheit der Prozesstheologie auffällig. Als letztes Beispiel sei daher Bo Sanders genannt, Pastor und langjährige Co-Gastgeber des bekannten theologischen Podcasts »Homebrewed Christianity«. Auf dem dazugehörigen Blog beschreibt er eigene Erfahrungen, die eindeutig in den Bereich des Wundersamen gehen. Auch er geht davon aus, dass Gott nicht übernatürlich handelt, indem er Zwangsmacht oder Kontrolle ausübt. Dennoch kann er dies mit folgenden Erlebnissen zusammenbringen:

»Ich möchte etwas klarstellen: Ich glaube an prophetische Worte. Ich habe Menschen Dinge gesagt, die ich nicht aus eigener Kraft wissen konnte, darunter waren zwei Situationen, in denen ich Bilder beschrieben habe, die in den Wohnungen von Menschen hingen, die ich vorher nie besucht hatte. Ich glaube absolut, dass der Herr dich dahingehend leiten kann, dass du jemanden anrufst, der es gerade in diesem Moment nötig hat. (…) Ich habe Menschen gesehen, denen eine Operation an Rücken und Knie bevorstand, die sich einer Chemotherapie unterziehen mussten oder denen völlige Erblindung drohte. Alles das konnte auf wundersame Weise abgewendet werden – und ich denke, dass Gebet etwas damit zu tun hat. Wenn wir offen sind (im Denken und im Geist) für die Gegenwart einer größeren Möglichkeit, dann macht es Sinn, dass Zellen in unserem Körper eine Empfänglichkeit für diese Funktionen und Prozesse haben können, die Gesundheit und Leben bringen.«[84]

OFFENE FRAGEN OFFEN HALTEN

Während also verschiedene Prozesstheolog:innen ihre Gedanken zu Wundern und Auferstehung in die Diskussion eingebracht haben, möchte ich nun zu dem Ansatz der zweiten Naivität zurückkehren. Man kann die verschiedenen Ideen diskutieren und wird sicher bei allen Ansätzen bereichert werden. Die Frage nach der Geschichtlichkeit der Auferstehung ist dadurch aber längst nicht lösbar. Die Diskussion hat ihre Berechtigung: Man kann diesen Fragen auf den Grund gehen.

Was man aber aus guten Gründen auch tun kann, ist, die Frage nach der Geschichtlichkeit bewusst offen zu lassen. Alle Anfragen sind willkommen, jede Kritik an den Auferstehungsberichten hat seine Berechtigung und sollte bewusst wahrgenommen werden. Nachdem man jedoch die Stimmen der Vernunft aufgenommen hat, ist eine zweite Naivität möglich und kraftvoll.

Wie das aussehen kann, hat der amerikanische Autor und ehemalige Megachurch-Pastor Rob Bell wunderbar vorgemacht. Bell versteht es wie kaum ein anderer, philosophische und theologische Konzepte in die Lebenswirklichkeit von Menschen zu übersetzen, die sich nicht beruflich mit diesen Dingen auseinandersetzen. Er schafft es, immer wieder kreative und künstlerische Formate zu finden, in denen theologische Inhalte für eine breite Masse ansprechend werden – insbesondere auch für spirituell Interessierte, die keinen kirchlichen Hintergrund haben. Zwar macht Bell es interessierten Nerds nicht einfach, die seine Inspirationsquellen herauszufinden versuchen. Den Gedankengang von Ricœurs zweiter Naivität kann man jedoch ziemlich gut bei Bell nachvollziehen, genauso wie einige Grundideen der Prozesstheologie. In einem Spoken-Word-Beitrag, der vom Künstlerkollektiv »The Liturgists« veröffentlicht wurde, hat Rob Bell über die Auferstehung Folgendes gesagt:

»Nun, ein Typ, der vor 2000 Jahren von den Toten auferstanden ist
Kann ich beweisen, dass das passiert ist?
Nein. Niemand kann das.
Und sei jedem gegenüber sehr skeptisch, der sagt,
er könne das beweisen.
Und sei ganz besonders skeptisch gegenüber Predigten,
in denen Menschen 45 Minuten lang versuchen zu beweisen,
dass ein Mensch faktisch vom Tod auferstanden ist.
Niemand weiß es.

Was wir wissen, ist, dass da vor einigen tausend Jahren
eine Gemeinschaft war
die beharrlich behauptete, dass etwas passiert ist.
Dass ein Grab leer war.
Und dass, wenn du dieser Geschichte glaubst, etwas entfesselt wird.
Und in deinem Herzen freigesetzt wird
Und in deinem Leben.
Ja, es ist historisch.
Aber es ist ein viel größeres, besseres, weiteres,
umfassenderes Verständnis von Geschichte.
Nun, für die, die denken »Was? Wirklich jetzt?

Wie weit hergeholt ist das denn jetzt?«
Versuch es.
Versuch diese Story zu leben.
Versuch darauf zu vertrauen, dass all diese
kleinen Hoffnungsschimmer
und Schönheit und Wahrheit und Licht
Dass sie keine Abweichungen sind
Dass sie keine Systemfehler sind
Sondern dass sie zeigen, wie die Dinge wirklich sind.
Dass dieses neue Leben so nah wie dein letzter
und so nah wie dein nächster Atemzug ist.«[85]

Was Rob Bell hier macht, ist ein bemerkenswertes Beispiel dafür, wie die Spiritualität einer zweiten Naivität aussehen kann. Hier werden die skeptischen Stimmen ernst genommen. Bell geht aber nicht den Weg einer historischen Beweisführung, sondern lässt an der Stelle eine Leerstelle. Es ist etwas passiert – das kann man auch mit historischer Forschung wissenschaftlich annehmen. Es muss einen Auslöser dafür gegeben haben, dass die ersten Christ:innen von der Auferstehung Jesu geredet haben. Aber was genau passiert ist, das lässt Rob Bell eben offen.

Das ist aus meiner Sicht kein Wegducken und auch kein Ausweichmanöver. Denn Bell macht auch in diesem poetischen Stück deutlich, dass er die Kritik und die zugänglichen Informationen und Erkenntnisse würdigt. Er würdigt aber ebenso die Endlichkeit unserer wissenschaftlichen und auch vernunftbasierten Erkenntnismethoden.

Niemand weiß, was Ostersonntag genau passiert ist. Man kann sich zu den biblischen Erzählungen unterschiedlich verhalten.

Aber an dieser Stelle kann man sich entscheiden: Es ist eine Entscheidung für eine starke Solidarität zur Wahrheitssuche und damit zu einem Modus der Ungewissheit als Grundhaltung zum Leben. Es ist eine Entscheidung gegen die vermeintliche Gewissheit, die absolute Wahrheit bereits zu besitzen und darüber verfügen zu können. Wahrheit ist immer vorläufig, tastend, fragend und zweifelnd. Die Leerstelle in der Wahrheitssuche ist aber auch lockend, anregend und herausfordernd. Sie ist mit der Hoffnung verbunden, auch heute noch von den Texten angesprochen werden zu können.

Hier setzt die zweite Naivität an. Man hat die Möglichkeit, darauf zu vertrauen, dass Gott wirklich in dieser Welt aktiv ist. Fragt man danach, ob die Geschichten um Jesus wirklich passiert sind, dann sucht man eine Form von Sicherheit, die sich aus Vergangenem speist. Rob Bell verlagert den Fokus auf die Zukunft, auf den Raum der Möglichkeiten. Es geht nicht darum, was Gott getan hat, sondern darum, dass Gott Dinge tut und tun wird. Darin findet man vielleicht keine Sicherheit, aber darin liegt Hoffnung, die zum Handeln inspiriert. An anderer Stelle führt Bell diese Gedanken weiter aus:

»Auferstehung sagt, dass es zählt,
was wir mit unserem Leben machen.
In diesem Körper, den wir gerade bewohnen.
Jeder Akt des Mitgefühls,

jedes Kunstwerk, das Wahres und Gutes feiert, zählt.
Jedes ehrliche und faire Geschäft, jedes freundliche Wort, all das gehört dazu und wird in Gottes guter Welt Bestand haben.
Nichts wird vergessen sein. Nichts ist verschwendet.
Alles das hat seinen Platz.«[86]

Rob Bell bewegt sich hier auf einer völlig anderen Ebene als viele andere Theolog:innen. Sein Anliegen ist es zuallererst, die biblischen Texte für heutige Leser:innen zugänglich zu machen, sodass die Relevanz der Texte deutlich wird. Es ist bemerkenswert, dass Bell an dieser Stelle nicht weitergeht. Er lässt sich nicht auf Erklärungsmodelle ein, die der Auferstehung mit rationalen Anfragen und Antworten auf die Schliche kommen wollen. Bell lässt Raum für ein Mysterium, das er aufrechterhalten möchte. Bestimmte Dinge wissen wir; bestimmte Dinge wissen wir eben nicht.

Diese Herangehensweise hat ebenfalls Stärken und Schwächen. Unterm Strich bleibt jedoch, dass Theologie herausfordern sollte, Gottes Möglichkeiten zu erfahren und sich ständig überraschen zu lassen, wenn Gott unsere Erwartungen übersteigt.

KONSPIRATIVBITTEN

Kapitel 8

KAPITEL 8: KONSPIRATIV BITTEN

Als im November 2015 Terroristen des IS in Paris 130 Menschen töteten und Hunderte verletzten, war die Betroffenheit riesig. Der Terror ist längst auch in Europa angekommen und kaum ein Thema beherrschte die Medien und die Online-Welt derartig. Facebook hatte beispielsweise während der Pariser Anschläge das erste Mal die Funktion Safety-Check eingeführt, so dass viele in Echtzeit die Nachrichten über die Anschläge verfolgen und gleichzeitig sehen konnten, welche Freunde und Bekannte aus Paris sich in Sicherheit bringen konnten. Der Terror war hier auf einmal sehr nah gekommen. Jetzt waren es nicht bloß irgendwelche Opferzahlen, auf einmal war der Terror in der eigenen Freundesliste präsent.

In den Sozialen Medien drückten anschließend viele Menschen ihre Betroffenheit aus, indem Profilfotos in den Nationalfarben Frankreichs eingefärbt wurden. Das fanden viele oberflächlich, billig und unangemessen. Sollte man auf diese Weise seine Anteilnahme ausdrücken? Außerdem wurde der Hashtag #prayforparis sehr häufig genutzt. Auch das war Anlass für teils heftige Kritik. Über 5500 Menschen klickten bei Twitter auf »gefällt mir«, als ein Nutzer schrieb: »Think for Paris. Love for Paris. Laugh for Paris. Have sex for Paris. We've had enough religion for one night.« Das hat gesessen: *Wir ha-*

ben genug von der Religion für heute. In der »taz« wurde eine ganze Seite gestaltet, in der man den Hashtag #prayforparis abgeändert hatte, indem man das »pray« durchgestrichen und stattdessen »Drink – Fuck – Dance« geschrieben hatte. Joann Sfar hat diese Stimmung mit einem Bild auf Instagram besonders auf den Punkt gebracht. Dort hatte er geschrieben: »friends from the whole world, thank you for #prayforparis, but we don't need more religion! our faith goes to music! kisses! life! champagne and joy! #parisisaboutLife«

Diese Kritik am Gebet ist tendenziell überzogen. In einer freien Gesellschaft muss es jeder Person gestattet sein, auf eigene Weise zu trauern, und Gebet muss auch in Sozialen Medien möglich sein. Nebenbei bemerkt, Sfar hat seinen Satz später neu eingeordnet und erklärend hinzugefügt, dass er Gebet für eine intime Ausdrucksform hält. Man kann darüber streiten. In jedem Fall erhält man hier einen Eindruck, dass es eine Kontroverse um das Thema Gebet gibt, die auch theologisch zum Nachdenken einlädt.

Auch in der Online-Welt verschärfte sich unlängst der Ton, als das Thema Gebet neu ins Blickfeld geriet. Als im Jahr Februar 2018 in einer Schule im US-amerikanischen Parkland ein Amoklauf 17 Menschenleben kostete, hatte der damalige Präsident Trump ebenfalls per Twitter seine Anteilnahme ausgedrückt: »My prayers and condolences to the families of the victims of the terrible Florida shooting. No child, teacher or anyone else should ever feel unsafe in an American school.« Von Überlebenden des Amoklaufs ist eine medienwirksame Kampagne ausgegangen, in der lautstark eine Änderung der Waffengesetze in den

USA gefordert wurde. Über Nacht wurde die Schülerin Emma González weltberühmt für ihre Rede, in der sie verschiedene Beschwichtigungsversuche und Erklärungen von Politiker:innen auseinander nahm und gemeinsam mit der Zuhörerschaft »Bullshit« rief. Die Jugendlichen forderten eindrücklich, dass sich die Verhältnisse ändern müssten. Der von vielen Politiker:innen genutzte Ausdruck »Thoughts and Prayers« wirkte für viele der Aktivist:innen wie ein Hohn. Statt die Probleme anzugehen, die zu solchen Amokläufen führen, versteckten Politiker:innen sich hinter Gebeten. Natürlich muss man auch hier vorsichtig sein mit pauschaler Kritik. Diese Anfragen an das Gebet sind jedoch nachvollziehbar und lassen sich nicht durch platte Sprüche abwimmeln.

HANDELN STATT BETEN?

Diese Streifzüge durch öffentliche Diskurse können für Rückfragen im Bereich des Glaubens und der Theologie hilfreich werden. Angesichts von Katastrophen und Gewalt wird insbesondere im Internet also die Frage aufgeworfen, ob es nicht besser wäre, das Gebet durch andere Dinge zu ersetzen: Gute Taten, Küsse, Champagner, Lebenslust – oder politisches Handeln gegen eine übermächtige Waffenlobby und zum Schutz von schulpflichtigen Kindern.

Diesen Gedanken haben nun die drei befreundeten US-Pastoren Aric Clark, Doug Hagler und Nick Larson aufgegriffen. Sie betreiben eine Webseite mit dem Titel »Two Friars and a Fool«, auf der sie ein authentisches Gespräch über den Glauben führen möchten. Ein weiteres ihrer

Projekte ist ein gemeinsames Buch, das den Titel »Never pray again«[87] trägt. *Bete niemals wieder?* In dem Buch argumentieren die drei, dass das Gebet mit zu viel Ballast behaftet ist, sodass man das Beten am besten beiseite legen sollte. Ein wichtiger Kritikpunkt des Buches am Gebet macht sich laut der Autoren daran fest, dass Gebete dem Betenden vortäuschen, etwas Relevantes zu tun, obwohl die Person nur betet. Wer betet, gebe sich also einer Illusion hin, bereits das Richtige zu tun. Sie schlagen vor, stattdessen im Sinne der Gebete zu handeln. Dafür gehen sie die christliche Tradition durch und beschreiben verschiedene Formen von Gebet, wie Lobpreis oder Heilungsgebet. Dann streichen sie das Wort Gebet und setzen an die Stelle stattdessen eine passende Handlung. Statt für Heilung zu beten, sollten beispielsweise inklusive Formen gefunden werden, die die Ausgrenzung von Behinderten beheben. Die verbalen und passiven Praktiken des Gebets werden also ersetzt durch Verhaltensweisen, die einen direkten Einfluss auf das Leben unserer Mitmenschen haben: Statt die Hände zu falten, mit den Händen anpacken. Statt der Bitte um Vergebung ein direktes Zugehen auf seine Mitmenschen und eine Entschuldigung. Statt Gott zu bitten, anderen Menschen zu helfen, unternimmt man selbst etwas, um im Leben dieser Menschen einen Unterschied zu machen. Auf diese Weise glauben Clark, Hagler und Larson, den christlichen Glauben lebendiger und ansprechender machen zu können.

Die Autoren verweisen auf eine Untersuchung der Universität Toronto, die unter dem Stichwort »Macbeth-Effekt« bekannt ist. Die Verhaltensforscher:innen sind dabei der Frage nachgegangen, wie moralische Vorstellungen mit der Reinigung des Körpers zusammenhängen. Der Name stammt aus Shakespeares Stück "Macbeth", in dem Lady Macbeth ihren Mann dazu anstachelt, den schottischen König Duncan zu töten, um selbst den Thron zu besteigen. Voller Schuldgefühle wäscht sie sich anschließend immer wieder die Hände:

»Wie, wollen diese Hände nimmer rein werden? (...) Das riecht immer noch nach Blut; alle Gewürze von Arabien können diese kleine Hand nicht anders riechen machen. Oh, oh, oh!«[88]

Die Wissenschaftler:innen erforschten nun, ob sich Menschen wirklich von ihren Sünden reinwaschen können, ob also eine äußere Waschung psychologisch eine Auswirkung hat und Menschen sich dadurch moralisch besser fühlen. Gibt es eine Verbindung zwischen äußerer Sauberkeit und innerem moralischen Empfinden? Das Ergebnis war, dass eine Waschung wirklich einen Effekt hat und bei moralischer Gefährdung das Gewissen erleichtert.

Die Autoren argumentieren nun, dass auch das Gebet einen psychologischen Effekt habe, der der betenden Person eine gewisse Erleichterung schafft, ohne dass es der Veränderung des eigenen Verhaltens bedarf oder überhaupt irgendeiner Tätigkeit. Solche Anfragen an religiöse Praktiken sind natürlich nicht neu. Auch in der Bibel wird sehr ähnlich argumentiert, beispielsweise heißt es im Propheten Amos:

»Ich hasse und verachte eure Feste und mag eure Versammlungen nicht riechen – es sei denn, ihr bringt mir rechte Brandopfer dar –, und an euren Speisopfern habe ich kein Gefallen, und euer fettes

Schlachtopfer sehe ich nicht an. Tu weg von mir das Geplärr deiner Lieder; denn ich mag dein Harfenspiel nicht hören! Es ströme aber das Recht wie Wasser und die Gerechtigkeit wie ein nie versiegender Bach« (Amos 5, 21ff.).

Religiöse Praktiken, die am Ende keinen positiven Effekt im Leben haben, kommen auch in der Bibel sehr schlecht weg. Das Verhältnis von Gebet und Handeln sollte also stimmig sein. Ich komme später darauf zurück. Nun aber zu einem weiteren Punkt, der für ein Verständnis des Gebets zu bedenken ist, das an eine Prozesstheologie anschlussfähig ist. Es geht erneut um die Frage von Macht und Hierarchie.

GEBET ALS FRAGE DER MACHT

Eine tiefgreifende Kritik am Gebet findet man bei John Shelby Spong, dem pensionierten bekannten Bischof der Episcopal Church in den USA. Spong wird vielfach als bedeutende Stimme einer postmodernen Theologie angesehen, da er (wie wenige andere) traditionelle Formen des christlichen Glaubens dekonstruiert und kritisiert. Auch über das Gebet hat er sich einige Gedanken gemacht, beispielsweise in seinem Buch »Jenseits von Himmel und Hölle«[89]. Dort meint er, dass das Gebet ein verborgenes Ziel darin hat, die externe übernatürliche Gottheit zu beeinflussen und in den Dienst des verängstigten Menschen einzusetzen. Das Gebet sei ein Versuch, Gott zu manipulieren, sodass wir Menschen einen Vorteil im Überlebenskampf hätten. Im Grunde sei das Gebet daher eine Form der Schmeichelei. Schon immer wendeten

Menschen diese Taktik an, wenn sie es mit Autoritätspersonen zu tun bekamen, die sehr viel mächtiger sind als sie selbst. So werden Autoritätspersonen mit würdevollen Titeln wie »Eure Exzellenz« angesprochen mit dem Ziel, dass der Geschmeichelte am Ende trotz seiner Überlegenheit beeinflusst werden kann. Teil der Schmeichelei ist es auch, dass sich der Schmeichelnde betont bedeutungslos gibt und vorgibt, man sei es nicht wert, die Gegenwart des Geschmeichelten zu genießen. Zur Schmeichelei gehört also auch die Selbsterniedrigung: Man erkennt die eigene Schwäche an und wirbt um Mitleid, um die Chancen zu erhöhen, dass man von der Autoritätsperson begünstigt wird.

Spong findet Taktiken der Schmeichelei in der christlichen Religion wieder, wenn Menschen beispielsweise im Lobpreis Gottes Größe besingen oder sich durch Hinknien selbst erniedrigen. Psychologisch kann die Religion so dem Ohnmachtsgefühl der Menschen Abhilfe schaffen. Der Mensch ist angesichts von Umständen, die er nicht kontrollieren kann, einem großen Stress ausgesetzt. Durch das Gebet kann das Ohnmachtsgefühl entlastet werden und der Mensch verspürt Erleichterung. Herrschende haben diesen Mechanismus schließlich für sich übernommen und die Religion genutzt, um die eigene Machtposition zu festigen. Spong schreibt zusammenfassend:

»Die Religion lehrte uns, dass wir den Kampf ums Überleben nur gewinnen können, wenn wir die Hilfe des Übernatürlichen gewinnen und denen gehorchen, die sich selbst zu seinen göttlichen Repräsentanten erhoben haben.«[90]

Bei Spong wird deutlich, dass sich seine Kritik letztlich an ein Gottesbild richtet, das Gott an der Spitze einer Machtpyramide versteht. Wie bereits im Kapitel 3 beschrieben, geht die Prozesstheologie hier einen anderen Weg und beschreibt Gottes Macht gerade nicht so, wie Diktatoren, Kaiser und Könige Macht besessen haben.

Das Gebet wird oft aus dem Verständnis eines alles kontrollierenden Gottes heraus gedacht. Manchmal sprechen Christ:innen aus charismatischen Kontexten davon, dass ein Gebet vollmächtig sein könne. Das meint, dass bestimmte Menschen sich auf eine Weise als von Gott bevollmächtigt sehen, so dass ihre Gebete eine ungewöhnliche Kraft hätten. Auch hört man davon, dass »im Namen Jesu« gebetet und im Zuge dessen Befehle erteilt werden, wonach Dämonen ausfahren und Krankheiten weichen müssen. Die betende Person wird so zu einer Art Repräsentant:in, die aus der Autorität einer höheren Macht heraus eine eigene Autorität ableitet.

Wenn die Prozesstheologie auf der einen Seite zurecht betont, dass Gott die Welt nicht kontrolliert, dann stimmt es auf der anderen Seite ebenfalls, dass sich Gott unserer Kontrolle entzieht. Gott ist unverfügbar und nicht durch menschliche Versuche zu vereinnahmen. Man kann Gott nicht vor den eigenen Karren spannen. Entsprechend kann das Gebet niemals eine Methode sein, durch die wir irgendeine Form von Kontrolle über die Welt ausüben könnten. Auch die Kritik von Spong am Gebet als eine Schmeichelei ist bedenkenswert. Neben dem Verhältnis von Gebet und Handeln sollte also auch das Verhältnis von Gebet und Macht überdacht werden.

MAGISCHES DENKEN

Ein letzter Aspekt, den ich für eine theologisch fundierte Vorstellung von Gebet ins Gespräch bringen möchte, ist die Frage nach dem Verhältnis von Gebet und natürlichen Phänomenen. Dazu möchte ich auf ein religiöses Phänomen unter Ureinwohnern Papua-Neuguineas eingehen, das man Cargo-Kult nennt.

Während des Zweiten Weltkrieges kämpfte die US-Armee gegen Japan und baute auf der Insel Hollania (heute Jayapura) eine große Militärbasis, auf der ca. 400.000 Soldaten stationiert waren. Diese Invasion hatte für die Inselbewohner einschneidende Folgen: Oft wurden ihre Wohnstätten und Nahrungsvorräte vernichtet, um an diesen Stellen Landebahnen zu bauen. Über der Insel wurde massenhaft Material abgeworfen, z.B. Kleidung, Konservennahrung, Zelte, Waffen und anderes Kriegsmaterial. Auch die Einheimischen wurden mit Material überschüttet. Nach Kriegsende zog die Armee aus der Gegend ab; die Militärbasis war verlassen. Nun geschah etwas Erstaunliches, was oft als Cargo-Kult bezeichnet wurde: Die Einheimischen imitierten verschiedene Verhaltensweisen, die sie bei den Soldaten der US-Armee gesehen hatten. Sie schnitzten Kopfhörer aus Holz und setzten sie auf, als würden sie im Flughafentower sitzen. Sie stellten sich auf die Landebahnen und wedelten mit Fackeln oder entzündeten Signalfeuer – alles in der Hoffnung, dass am Himmel wieder Flugzeuge auftauchten, die Kriegsmaterialien (das »Cargo«) abwarfen. Die Ureinwohner glaubten, dass die US-Soldaten einen besonderen Kontakt zu den eigenen Vorfahren hatten, die in ihrer Vorstellung besonders mächtig waren. Nach dem Truppenabzug stellen sie sich nun die Frage, wie sie selber in der Lage sein könnten, solche wundersamen Geschenke dem Himmel zu entlocken. Dazu wurden später Flugzeuge aus Stroh gebaut oder eigene Landebahnen gerodet, die neue Flugzeuge anziehen sollten.

Der Cargo-Kult hängt offensichtlich mit einem mangelnden Wissen um die Zusammenhänge der Welt und fehlenden Informationen über den technischen Fortschritt zusammen. Faszinierend ist dieses Phänomen in jedem Fall. Vor allem aber wirft es verschiedene Fragen auf: Ist diese einheimische Religion des Ahnenkults vielleicht gar nicht so anders als andere Religionen? Sind andere Religionen nicht in einer vergleichbaren Situation, da sie Glaubenstraditionen weiterführen, die in einer vorwissenschaftlichen Welt entstanden und nun, in der Konfrontation mit Wissenschaft, wenig Sinn ergeben? Ist insbesondere das Gebet nicht eine rituelle Handlung, die in der Welt ebenso wenig verändert wie der Fackeltanz eines Einheimischen mit Holzkopfhörern?

Man mag davon hören, dass Gebete hin und wieder erhört werden. Aber sind hier nicht auf Vernunft und Wissenschaft basierende Erklärungen vorzuziehen? Wenn etwa für Kranke gebetet wird, die dann gesund werden, ist dann das Gebet ausschlaggebend oder hat die Natur gewisse Selbstheilungsmechanismen entwickelt, die durch moderne Medizin verstärkt werden können?

Denkt man theologisch über das Gebet nach, dann sollte man natürliche Prozesse entsprechend einordnen. Das Gebet kann nicht als Ursache für Phänomene in der Welt herangezogen werden, die auf natürlichem Weg auch ohne Gebet zustande gekommen wären. Kritisch würde ich ein Verständnis von Gebet sehen, welches im Gebet einen magischen Zugang zu übernatürlichen Ressourcen sieht. Sicherlich haben wir alle eine zu kleine Vorstellung von dem, was Gott durch unser Gebet möglich ist. Hier entsteht eine Spannung. Auf der einen Seite ergibt es nur Sinn, anzuerkennen, dass dieser Welt eine gewisse Ordnung und Struktur zugrunde liegt. Auf der anderen Seite geht es beim Gebet darum, dass wir uns dafür öffnen, dass diese Welt im Prozess ist. Dinge verändern sich und sind im Fluss. Durch das Gebet können wir uns für die Veränderungen öffnen, die Gott gerade anstoßen möchte.

WELLEN UND GEHIRNSTRÖME

Der durch verschiedene Podcasts wie »The Liturgists« bekannt gewordene Buchautor Mike McHargue, genannt »Science Mike«, beschreibt in seinem Buch »Finding God in the Waves«[91] eine längere Phase des Zweifels und Unglaubens, bis er schließlich durch eine mystische Erfahrung einen völlig neuen Zugang zum Glauben finden konnte. Zunächst beschreibt Mike seine Phase der Dekonstruktion. Diese war für ihn eine große Last, drohte doch sein komplettes, vor allem aus Christ:innen bestehendes Umfeld und seine Ehe auseinanderzubrechen, sollte bekannt werden, dass er nicht mehr an Gott glaubt. Nach einigen Jahren ließ sich sein Unglaube nicht mehr verstecken und er erlebte in seinem Umfeld starke Zerwürfnisse, da seine Absage an Gott in diesem Umfeld nicht so einfach hingenommen wurde und er auch selbst nicht mehr Teil der christlichen Subkultur sein wollte.

Durch einen Kontakt von früher wurde er dann aber zu einer Konferenz von Rob Bell eingeladen, in der es in einem übersichtlichen Kreis von vielleicht 50 Personen über ein paar Tage um die Themen Kreativität und Spiritualität gehen sollte. Irgendwann konnte Mike sich nicht mehr zurückhalten und platzte mit einem Statement in den Vortrag. Er erzählte, dass er mehrere Jahre als heimlicher Atheist in einer Baptistengemeinde gewesen ist, sich viel mit Wissenschaft auseinandergesetzt habe und darüber den Glauben an Gott verloren habe. Wozu braucht man noch Religion, wenn man in der Wissenschaft bessere Erklärungen findet? Es entstand ein Gespräch, in dem Rob Bell auf weise, freundliche und großherzige Art auf Mikes Geschichte und Situation einging und ihn ermutigte. Die gesamte Erfahrung war für Mike sehr emotional. In der anschließenden Nacht ging Mike an den Strand und machte eine mystische Erfahrung, in der er ein Gefühl von Zeitlosigkeit verspürte und Gott zu sich reden hörte. Diese Erfahrung war für ihn so real, dass er große Schwierigkeiten hatte, dies mit seinem wissenschaftlichen Weltbild zu erklären.

Einige Zeit später stieß Mike jedoch über Studien, die Gebete und Meditation aus neurologischer Sicht erforschten. Sie zeigen, dass spirituelle Erfahrungen neurologische Spuren hinterlassen, die messbar sind. Die mystische Erfahrung, die Mike erlebt hat, ist also eine reale Erfahrung, die man nicht in den Bereich von unseriösen, ausgedachten Geschichten schieben kann. Menschen machen mystische Erfahrungen, denn diese gehören zum menschlichen Dasein dazu. Das heißt nicht, dass jeder Mensch solche Erfahrungen macht, aber sie kommen vor und daher sollte man Berichte über solche Erfahrungen ernst nehmen.

Beispielsweise hat der dänische Forscher Uffe Schjodt mit Hilfe der Funktionellen Magnetresonanztomographie (fMRI) erforscht, welche Gehirnaktivitäten während des Gebets aktiv sind. Die Ergebnisse fasst er so zusammen:

»Obwohl wir eigentlich voraussetzen, dass Gott unsichtbar, allgegenwärtig, allmächtig und allwissend ist, sind während des Betens kaum Hirnareale angeregt worden, die sonst für abstraktes Denken zuständig sind. Stattdessen haben wir bei gläubigen Menschen verstärkte Aktivitäten in vier Hirnarealen gemessen, die sonst für soziale Interaktion mit anderen Menschen wichtig sind. Aus neurologischer Sicht deutet das darauf hin, dass Gläubige Gott als konkrete Person verarbeiten – obwohl zumindest im Christentum die theologische Sichtweise eigentlich sehr komplex und abstrakt ist. Als wir Menschen untersucht haben, die nicht regelmäßig beten, haben wir festgestellt, dass sich bei ihnen keine vergleichbaren Aktivitätsmuster messen lassen, auch wenn sie beten. Vielleicht lernt unser Gehirn also erst durch regelmäßiges Beten und einen starken Glauben, Gott als reale Person wahrzunehmen.«[92]

Wenn man sich Studien über Meditation ansieht, dann kann man verschiedene Ähnlichkeiten feststellen. Auch hierzu sei ein Beispiel erwähnt. In den 1990er Jahren untersuchte unter anderen der US-amerikanische Hirnforscher und Religionswissenschaftler Andrew

Newberg die Auswirkungen von Meditation auf das Gehirn. Er untersuchte buddhistische Mönche, die während ihrer Meditationen das Gefühl hatten, ihr Selbst zu verlieren und in der Ewigkeit zu versinken. Neurologisch konnte Newberg zeigen, dass während der Meditation ein Areal im Hirn an Aktivität abnimmt, das für die räumliche Orientierung zuständig ist. Der Parietallappen oder der Seitenlappen des Gehirns sind dafür zuständig, dass wir ein Bewusstsein davon haben, wo wir sind und wo unsere Körpergrenzen sind; auch unser Zeitbewusstsein befindet sich dort. Und das erklärt dann auch die Erfahrung, dass die Körpergrenzen so verfließen, dass das Ich nicht mehr so wichtig ist, beziehungsweise dass man mit dem Sein oder mit dem Göttlichen regelrecht verschmilzt und eine mystische Verbundenheit erfährt.

Diese Erkenntnis ist für das Gebet extrem wichtig und sie deckt sich mit dem, was vielfach in christlichen Kreisen gelehrt wird. Wer regelmäßig im persönlichen Gebet Zeit investiert, wird eine Veränderung in seiner mystischen Wahrnehmung erfahren. Man sagt, dass man mit der Zeit Gott besser kennenlernt. Die Neurologie kann das bestätigen. Umgekehrt heißt das aber auch, dass die Tradition des Gebets aus gutem Grund über die Jahrtausende weiter praktiziert wurde. Denn ohne diese Praxis fehlt dem christlichen Glauben die Tiefe. Anders ausgedrückt: Wenn das volle Potential des Glaubens entfaltet werden soll, dann geht am Gebet kein Weg vorbei. Es ist nicht so, dass die Beziehung zu Gott nur auf einer spirituellen Ebene reifen kann. Wir sind als Menschen nicht in Geist und Körper aufteilbar, sodass die geistlichen Übungen sich nur auf den Geist auswirken. Die spirituelle Praxis hat eben auch eine körperliche Komponente, die mit der geistlichen Dimension untrennbar zusammenhängt.

Nun können wir noch einmal über den Vorschlag der drei Autoren des Buches »Never pray again« nachdenken. Zu sagen, dass Gebet und Handlung einander ergänzen müssen, ergibt Sinn. Gebet kann Handlungen nicht ersetzen. Das Gebet kann aber durch das Gespräch und durch die erfahrene Einheit mit Gott zu einer Kraftquelle werden. Es gibt derart viele Berichte darüber, wie Menschen im Gebet Kraft für erstaunliche Handlungen gefunden haben, warum sollte man sich also dieser Ressource verschließen?

Das gilt für das persönliche Gebet, aber gerade auch für das gemeinschaftliche Gebet. In der Apostelgeschichte wird von einer Gebetsversammlung erzählt, in der eine Gruppe von Christ:innen durch das Gebet den Mut fanden, den Vertretern des römischen Reiches die Stirn zu bieten, obwohl ihre Anführer gerade erst verhaftet, bedroht und dann aber freigelassen worden waren:

»Herr, sieh an ihr Drohen und gib deinen Knechten, mit allem Freimut zu reden dein Wort. Strecke deine Hand aus zur Heilung und lass Zeichen und Wunder geschehen durch den Namen deines heiligen Knechtes Jesus. Und als sie gebetet hatten, erbebte die Stätte, wo sie versammelt waren; und sie wurden alle vom Heiligen Geist erfüllt und redeten das Wort Gottes mit Freimut« (Apostelgeschichte 4,29 ff.).

Dass nach dem Gebet die Erde bebte, mag Zufall oder ein erzählerisches Stilmittel gewesen sein. Es ist aber nicht von der Hand zu weisen, dass die ersten Christ:innen im Gebet zu Mut fanden, der buchstäblich Geschichte geschrieben hat.

Will man die Handlungen der ersten Christ:innen nun von ihrer Gebetspraxis trennen, so kommt man nicht sehr weit. Es ist letztlich schwer, zwischen Worten und Handlungen scharf zu trennen. In der modernen Sprachwissenschaft hat man längst erkannt, dass Worte Handlungen sind. Beispielsweise redet man von Speech-Acts. Worte haben eine ungeheure Macht, sie können Räume eröffnen, in denen neue Dinge möglich sind. Wird in einem gemeinsamen Gebet solch ein Raum eröffnet, dann kann eine Synergie entstehen, die auf besondere Weise ansteckend ist.

Dennoch stellt sich die Frage der Macht. Wenn die Prozesstheologie betont, dass Gott nicht in den Kategorien weltlicher Herrscher zu denken ist, dann muss das weitreichende Konsequenzen für das Gebet haben. Statt es als einen Manipulationsversuch zu denken, kann Gebet vielmehr als eine Öffnung für Gottes Werben verstanden werden.

Einer der meiner Meinung nach besten Texte der Bibel, die für ein solches Verständnis von Gebet stehen, ist das Gleichnis vom ungerechten Richter aus Lukas 18. Ein Richter hatte mit einer Witwe zu schaffen, die ihm offensichtlich den letzten Nerv raubte. Immer wieder trug sie ihm ihr Anliegen vor und ließ sich nicht abwimmeln. Denn der Richter hatte nicht vor, ihr beizustehen. Das ging einige Zeit so, bis der Richter schließlich ins Nachdenken kam und, um endlich seine Ruhe zu haben, schließlich doch einlenkte. Im Anschluss an das Gleichnis folgte eine Auslegung:

«Da sprach der Herr: Hört, was der ungerechte Richter sagt! Sollte Gott nicht auch Recht schaffen seinen Auserwählten, die zu ihm Tag und Nacht rufen, und sollte er bei ihnen lange warten? Ich sage euch: Er wird ihnen Recht schaffen in Kürze. Doch wenn der Menschensohn kommen wird, wird er dann Glauben finden auf Erden?« (Lukas 18,6 ff.).

William R. Herzog hat in seinem bemerkenswerten Buch »Parables As Subversive Speech: Jesus as Pedagogue of the Oppressed«[93] den geschichtlichen Hintergrund dieser Parabel verdeutlicht. Er stellt dar, dass zur Zeit Jesu Richter:innen den Ruf der Bestechlichkeit hatten. Ein Richter würde also vor seinem Urteilsspruch abwarten, welche Konfliktpartei ihm ein besseres Angebot machte. Jedoch war es nur Männern möglich, einen Rechtsstreit vor Gericht auszutragen, eine Frau war dazu nicht berechtigt. Man kann außerdem herauslesen, um welchen Konflikt es sich hier gehandelt hat: Mit dem Tod ihres Ehemannes hatte die Witwe einen Anspruch darauf, von der Familie ihres verstorbenen Mannes finanziell unterstützt zu werden oder ein Stück Land zu erhalten, damit sie ihren Lebensunterhalt bestreiten kann. Wenn die Familie ihres Mannes ihr jedoch nicht unter die Arme greift, dann ist sie existentiell bedroht. Nun kann sie für gewöhnlich nicht vor einem Richter vorsprechen – als Frau hat sie weder den gesellschaftlichen Status, noch hat sie finanzielle Mittel, um den Richter zu einem günstigen Rechtsspruch zu bewegen. Das einzige Mittel, das ihr zur Verfügung steht, ist eine freche Beharrlichkeit, mit der sie ihr Anliegen dennoch vorträgt. Die Witwe hat keine Machtmittel, mit denen sie ihr Anliegen durchdrücken könnte. Sie hat lediglich die Macht der Überzeugung sowie einen langen Atem. Und dies reicht erstaunlicherweise am Ende aus, um den Richter zum Handeln zu bewegen. Er hat sie schließlich gewinnen lassen, vielleicht weil er genervt war oder weil die Frau eine derartige Szene gemacht hat, dass der Richter um seinen Ruf fürchten musste. In jedem Fall hat sich der Richter beeinflussen lassen, sodass er der Witwe zu ihrem Recht verholfen hat, obwohl er das zunächst nicht wollte.

Im Lukasevangelium ist dieses Gleichnis nun in einen Zusammenhang mit dem Gebet gesetzt worden. Die Interpretation des Gleichnisses wird direkt mitgeliefert, denn es gehe darum, beim Gebet eine ähnliche Beharrlichkeit an den Tag zu legen wie die Witwe beim Vortragen ihres Anliegens. Denn wenn der Richter sich trotz seines schlechten Charakters hat umstimmen lassen, wird sich Gott entsprechend viel leichter umstimmen lassen und dem Betenden Recht verschaffen. Die Erklärung zum Gleichnis macht deutlich, dass Gott Recht schaffen will und auch nicht lange damit wartet. Warum wird das Recht aber häufig nicht umgesetzt? Der Autor des Lukasevangeliums erklärt dies mit einem Mangel an Glauben. Der Text wirft die Frage auf, ob Glaube die Voraussetzung dafür ist, dass Gebet Auswirkungen im realen Leben hat. Es ist bemerkenswert, dass Jesus hier deutlich macht, dass die Verwirklichung von Gerechtigkeit in der Welt nicht daran scheitert, dass Gott das Recht nicht wolle. Redet man über das Gebet, so hört man manchmal die Erklärung, dass Gott Gebete immer erhört. Manchmal sagt er »Ja«, ein anderes Mal

»Nein« und ein anderes Mal »Warte«. Die Erklärung des Gleichnisses nimmt dieser Erklärung einigen Wind aus den Segeln. Wenn es um Gerechtigkeit geht, dann will Gott nicht warten, sondern in Kürze Recht schaffen. Der Glaube fehlt. Aber was kann das meinen?

Es dürfte hier kaum um eine Art Wunschdenken oder um Optimismus gehen. Muhammed Ali sagte, dass er, um im Boxring zu siegen, jeden Kampf vorher in der Kabine in seinem Kopf gewinnen musste. Ohne den Glauben an den Sieg würde er es nicht schaffen. Das dürfte Jesus hier nicht gemeint haben. Wenn Jesus von Glauben redet, dann ist damit eine durch Gottes Geist veränderte Herzenshaltung gemeint, die in einem veränderten Leben sichtbar wird. Wenn Gerechtigkeit in dieser Welt Realität werden soll, dann ist Gott mehr als bereit, seinen Teil zu tun. Die Frage ist, inwiefern die Menschen kooperieren. Das könnte die Erzählabsicht des Gleichnisses sein, nämlich auf die Notwendigkeit der menschlichen Kooperation hinzuweisen.

In der theologischen Forschung nimmt man an, dass die Erklärungen zu den Gleichnissen von den biblischen Autoren hinzugefügt wurden. Entsprechend ergibt es manchmal Sinn, sich die Gleichnisse ohne Berücksichtigung der Erklärung vorzunehmen und am Ende eine direkt aus dem Gleichnis abgeleitete Erklärung zu finden. In diesem Zusammenhang ist die Strömung der Befreiungstheologie sehr interessant, weil hier versucht wird, die Bibel nicht aus Sicht der Mächtigen zu lesen, sondern aus Sicht der Unterdrückten. Aus der Befreiungstheologie kommen daher sehr ungewöhnliche Interpretationen biblischer Texte, insbesondere, weil hier die Herrscherfiguren oder Mächtigen nicht mit Gott in Verbindung gebracht werden, sondern als Unterdrücker, Ausbeuter und Ungerechte gelten. Gott wird stattdessen auf der Seite der Armen und Mittellosen gesehen.

Mit diesen Ideen im Gepäck kann man das Gleichnis vom ungerechten Richter auch völlig anders lesen – als Kritik. Der Richter hat von Berufswegen her die Aufgabe, für Recht zu sorgen. Letztlich steht der Richter damit aber sinnbildlich für die gesamte Menschheit, die dazu aufgerufen ist, Gerechtigkeit walten zu lassen. Viel zu oft kommen wir Menschen dieser Bestimmung jedoch nicht nach, sondern beugen das Recht, weil es für Einzelne Vorteile bringt. Statt für das allgemeine Wohl zu sorgen, setzen sich immer wieder Bestrebungen durch, die das eigene Wohl auf Kosten von anderen bevorzugen. In dieser Situation wirkt Gott auf die Menschheit ein. Aber ähnlich wie bei der Witwe greift Gott dazu auf die Macht der Überzeugung zurück, nicht auf Gewalt oder Zwang. Das heißt nicht, dass Gott unwirksam ist. Es heißt auch nicht, dass Gottes zwang- und gewaltlose Macht sinnlos oder ohne Erfolgsaussichten ist. Wir sind in unserer Wahrnehmung jedoch stark durch die Kategorien von Zwang und Gewalt geprägt, sodass wir uns sehr schwer damit tun, an andere Formen der Macht zu glauben.

Das Gleichnis vom ungerechten Richter ist daher sehr provokativ, denn es kann uns Gottes allmächtige Liebe in Form einer rechtlosen, in ihrer Existenz bedrohten Witwe, die gegen einen völlig überlegenen Richter und eine ungerechte Familie vorgeht, vor Augen führen. Die beharrliche Anfrage der Witwe gleicht dem göttlichen Locken. Versteht man die Botschaft Jesu als eine Einladung zu einem Lebensstil, der Gerechtigkeit in dieser Welt schaffen soll, indem die kreative und freche Macht der Liebe verwirklicht wird, dann erfordert das einen großen Glauben. Denn die Alternative, sich mit destruktiven Methoden an den Machtkämpfen dieser Welt zu beteiligen, ist in unserer Welt sehr viel weiter verbreitet. Im Gleichnistext wird gefragt, ob der Menschensohn Glauben finden werde. In meinen Worten kann das bedeuten: Lassen sich Menschen auf den göttlichen Weg der Liebe ein und bewirken so Gerechtigkeit in der Welt?

Nun kann auch deutlich werden, was Gebet sein kann. Im Gleichnis vom ungerechten Richter wird deutlich, dass Gott nicht überzeugt werden muss, das Gute in der Welt zu verwirklichen, sondern dass wir Menschen überzeugt werden müssen. Gebet ist also kein beharrlicher Versuch, Gott zu überreden; kein Schmeicheln und auch kein Manipulationsversuch. Beim Gebet appelliert Gott in kreativer Weise an uns. Gott lockt uns, überredet, klopft, nervt, taucht unerwartet auf oder spricht uns auf unterschiedliche Weisen an, damit wir unserer Bestimmung nachkommen und Recht schaffen. Im Gebet kommuniziert Gott mit uns, damit wir uns für Gottes Werben öffnen.

KONSPIRATIV BETEN

Will man Gebet kooperativ verstehen, dass es auf eine Zusammenarbeit zwischen Gott und Mensch ankommt, dann werden Gebete mit einer anderen Haltung formuliert werden müssen. Unsere theologischen Grundannahmen bestimmen am Ende bewusst oder unbewusst, wie unsere Gebete am Ende klingen und welcher Tonfall gewählt wird. Es geht mir weniger um den Klang der Stimme. Es geht um Sprachfähigkeit und um das Bewusstsein für das eigene Involviertsein. Wirksames Gebet bewegt nicht in erster Linie Gott, es bringt mich in Schwingung mit dem Herzen Gottes. Ein Beispiel, wie ein völlig anderes Gebet aussehen kann, das nicht auf einem Gottesbild basiert, wo Gott in allmächtiger Weise alle Fäden in der Hand hält, stammt von Etty Hillesum:

»Ich will dir helfen, Gott, dass du mich nicht verlässt, aber ich kann mich von vornherein für nichts verbürgen. Nur dies eine wird mir immer deutlicher: dass du uns nicht helfen kannst, sondern dass wir dir helfen müssen, und dadurch helfen wir uns letzten Endes selbst. Es ist das einzige, auf das es ankommt: ein Stück von dir in uns selbst zu retten, Gott. Und vielleicht können wir mithelfen, dich in den gequälten Herzen der anderen Menschen auferstehen zu lassen. Ja, mein Gott, an den Umständen scheinst auch du nicht viel ändern zu können, sie gehören nun mal zu diesem Leben. Ich fordere keine Rechenschaft von dir, du wirst uns später zur Rechenschaft ziehen. Und mit fast jedem Herzschlag wird mir klarer, dass du uns nicht helfen kannst, sondern dass wir dir helfen müssen und deinen Wohnsitz in unserem Inneren bis zum Letzten verteidigen müssen. Es gibt Leute, es gibt sie tatsächlich, die im letzten Augenblick ihre Staubsauger und ihr silbernes Besteck in Sicherheit bringen, statt dich zu bewahren, mein Gott. Und es gibt Menschen, die nur ihren Körper retten wollen, der ja doch nichts anderes mehr ist als eine Behausung für tausend Ängste und Verbitterung. Und sie sagen: Mich sollen sie nicht in ihre Klauen bekommen. Und sie vergessen, dass man in niemandes Klauen ist, wenn man in deinen Armen ist. Ich werde allmählich wieder ruhiger, mein Gott, durch dieses Gespräch mit dir. Ich werde in der nächsten Zukunft noch sehr viele Gespräche mit dir führen und dich auf diese Weise hindern, mich zu verlassen. Du wirst wohl auch karge Zeiten in mir erleben, mein Gott, in denen mein Glaube dich nicht so kräftig nährt, aber glaube mir, ich werde weiter für dich wirken und dir treu bleiben und dich nicht aus meinem Inneren verjagen.«[94]

Für mein Empfinden ist dies ein sehr bewegendes, ja kraftvolles Gebet. Angesichts der drohenden Hinrichtung durch die Nationalsozialisten findet sie Worte, die in einer hoffnungslosen Situation ohne Ausweg einen kleinen Raum schaffen. Sie nennt es »Gottes Wohnsitz in unserem Inneren«. In diesem Raum schafft sie es, einen lebendigen Widerstand zu beheimaten.

Mark Gregory Karris hat in seinem Buch »Divine Echos« in ähnlicher Weise über das Gebet nachgedacht. Auch er übernimmt die Grundannahme der Prozesstheologie, dass Gott niemals ohne das Hinzutun der Schöpfung in der Welt wirksam sein kann. Es bedarf immer einer Kooperation zwischen Gott und Mensch, damit Gottes Willen auf Erden geschehen kann. Er schlägt vor, anstelle des Bittgebets von konspirativem Gebet zu sprechen. Mensch und Gott können sich gemeinsam verschwören, können sich zusammentun, um das Gute in der Welt zu realisieren. Gott arbeitet durch die offenen Herzenstüren der Menschen.[95]

Ich meine, dass diese Art zu beten sehr kraftvoll sein kann. Es bedarf jedoch einiger Übung und Reflexion, da insbesondere das Bittgebet häufig unter den Vorzeichen eines alles kontrollierenden Strippenziehers gedacht ist. Bruce Epperly hat in seinem Buch »Praying with Process Theology« eine gute Vorarbeit geleistet, indem er eine Menge Gebete ausformuliert hat, die Gott nicht als kontrollierend mitdenken, sondern im Sinne einer Kooperation zwischen Gott und Schöpfung gedacht sind. Als Beispiel sei hier ein Gebet von ihm angeführt:

»Quelle von Liebe und Schönheit, inspiriere mich, sodass ich deine Kunstwerke überall erkennen kann. Inspiriere mich, mein Leben schön zu machen und aus den Materialien meines Lebens Schönheit für andere zu schaffen. Lasse die Schönheit des Geistes mein Ziel sein, lass Schönheit sich ergießen durch mein persönliches Leben, meine Beziehungen und mein Bürgersein. Amen«[96]

Gebet ist eine spirituelle Praxis, über die man zwar nachdenken sollte, deren Wirkungsmacht sich jedoch im Tun entfaltet. Ein Beispiel dafür, wie das auch in einer Gruppe gelingen kann, konnte ich selbst auf einem von Emergent Deutschland organisierten Treffen miterleben. Über ein verlängertes Wochenende trafen sich hier ungefähr 40 Christ:innen, um gemeinsam auszuprobieren, wie Glaube heute aussehen kann. Das Ganze wurde "Con:fusion" genannt. Inspiriert von den Erlebnissen und Begegnungen feierten wir am letzten Tag einen Gottesdienst, bei dem das Gebet eine ungewöhnliche Form angenommen hatte. Die Teilnehmer:innen saßen im Kreis um eine leere Wäschewanne herum. Dann wurde ein schwerer Holzklotz in die Wanne gelegt und die Teilnehmenden waren eingeladen, dieses Stück Holz zum Schwimmen zu bringen, indem man mit einem Esslöffel Wasser in die Wanne tröpfelte. Mit jedem Esslöffel konnten Gebete gesprochen und gleichzeitig symbolisch untermalt werden. Für Menschen auf der Flucht, gegen die Zerstörung der Umwelt oder auch bei persönlichen Anliegen. Die offen diskutierte Frage während des Treffens war, ob denn Gebet etwas bringen würde. Sie wurde nun übersetzt in die Frage, ob das Stück Holz jemals würde schwimmen können. Als wir später im Freundeskreis darüber diskutierten (man kann dazu online eine Podcastfolge mit dem Hashtag #derletztetropfen finden[97]), kam von Marie der wunderbare Gedanke: Wie wird sich wohl der letzte Tropfen anfühlen, der das Fass zum Überlaufen (oder in diesem Zusammenhang: das Holz zum Schwimmen) bringt?

(K)

E I N

N A C

H W O

R T

(K)EIN NACHWORT

von Marco Michalzik

Ich erinnere mich an ein Gespräch mit Jason vor einiger Zeit, das wir für seinen Podcast „schöner glauben“ führten. Dort haben wir die Prozesstheologie nur ganz kurz gestreift und ich meine gesagt zu haben, dass ich den Ansatz nachvollziehen kann, ihn aber letztlich nur für einen Ausweg halte, um elegant die Theodizeefrage zu umschiffen. Eine Aussage, die damals hauptsächlich kaschieren sollte, wie wenig ich über das Thema Bescheid wusste und dem natürlich überhaupt nicht gerecht wurde. Überzeugt der Ansatz nach intensiver und ausgiebiger Lektüre mich jetzt mehr? Selbstverständlich! Überzeugt der Ansatz nach intensiver und ausgiebiger Lektüre mich nach wie vor nicht völlig? Ebenso selbstverständlich. Genauso wie ich Gott nicht zu fassen bekomme und mich mein eigener Glaube nicht jeden Tag gleichermaßen überzeugt. Ich glaube, spannend wird es sowieso erst, wenn wir mit diesen Gedanken in Dialog treten und uns erzählen, wie sehr unsere Biografie auch unsere Theologie prägt und formt. Jason ist jemand, der das tut.

Und nicht zuletzt darum war sein Buch für mich eine fesselnde Lektüre. Egal, ob man bereits mit Prozesstheologie in Berührung gekommen ist, oder nicht. Hier schreibt jemand, der denkend glauben und glaubend denken möchte. Ich finde, wir brauchen Theologie, die anschlussfähig ist und sich den Anfragen unserer Zeit nicht verschließt, die sich selbst hinterfragt und trotzdem der Frage nachgeht, was das

Gute an der sogenannten Guten Nachricht ist, die die Liebe hochhält und Freiheit atmet. Davon finde ich in diesem Buch eine ganze Menge.

Ich mag es, denkend glauben zu dürfen. Und dennoch steckt da auch so viel Geheimnis zwischen den Zeilen. Im Schöpfungsgedicht, im Betrachten des leidenden Gottes und allem, was daraus folgt. Darum halte ich es zum Schluss wie der Theologe Tilmann Haberer, der für mehr Theopoesie plädiert, wo wir Theologie betreiben, und darf die Gedanken des Buches mit der Textform abschließen, die das Geheimnisvolle für mich am ehesten halbwegs zu fassen bekommt: Mit einem Gedicht.

GOTT KANN AUCH NICHT ALLES

Immer, wenn ich meine,
ich hätte Gott verstanden,
ist er plötzlich wieder anders.

Und werde ich ihrer erneut habhaft,
hat sie sich sicher schon verwandelt.

Was ich in meiner Hand hab'
ist verankert
im Geheimnis.
Manchmal klagt auch mein Verstand, dass
das Große ihm zu klein ist
und umgekehrt –

Unbequeme Gedanken ranken wuchernd
aus alten Bildern und Kindheitserinnern

Fast wie Fangen spielen,
oder ein verspielter Tanz,
dessen Schritte ich noch nicht ganz
verstehe.

Da sind Trotzkraft und Freiheit
und ausgeatmete Weite
Ein „Ich bin da"
nicht neben, sondern mit im Leid.

Und würde Gott nicht Liebe bleiben,
wäre Gott wohl nicht mehr Gott
und ich würde sofort aufhören
über Gott zu schreiben.

Marco Michalzik

D A

N K

E

DANKE, EINFACH NUR DANKE!

Einmal besuchte mich mein langjähriger Freund Eun-San Jo. Die Situation auf meinem Sofa, als du mich gerade heraus gefragt hattest, ob ich glauben würde, dass Gott allmächtig sei – das war ein wichtiger Anstoß. Ich war vorher nie auf diese Frage gestoßen, aber seit diesem Gespräch habe ich einen Fuß nach dem anderen in den Kaninchenbau der Prozesstheologie setzen können. Danke, Eun-San, für den ersten Hinweis!

Michael Rose, vielen Dank für deine tolle Rückmeldung zu meinem Manuskript. Dein Einsatz hat mich angefeuert! Lisa Menzel – du hast so viel Zeit in das Manuskript investiert, vielen Dank dafür. Deine klugen Rückmeldungen haben das Projekt enorm nach vorne gebracht und es überhaupt ermöglicht. Marco Michalzik, auch dir Danke für dein Lektorat, deine Flexibilität und das großartige Nachwort! Mira Ungewitter, Danke für deine Freundschaft und deinen Mut, deine Überzeugungen öffentlich zu machen. Ich fühle mich sehr geehrt, dass du das Vorwort beigesteuert hast. Danke an Svenja Nordholt, Diethard Römheld und Katharina Haubold für die theologische Beratung. Ebenfalls geht mein Dank an Julia Enxing, deine ausführlichen und konstruktiven Rückmeldungen haben mich sehr bestärkt. Andreas Sonnhüter, vielen Dank für das fabelhafte Design des Buches. Diesmal wirklich.

Mosaik – du warst Zuhause. Du bist chaotisch, liebevoll, aufregend, gnädig und inspirierend. Hier gibt es Luft zum Atmen und Raum zum Sein. Ich feier das ohne Ende und bin so dankbar für diese Community!

Ruach.jetzt! Danke für dieses tolle Netzwerk, die inspirierenden Gespräche und alle Unterstützung. Ich bin euch allen sehr dankbar, dass dieses Buch nun herauskommen darf. Danke auch insbesondere an Tobias Sauer, dass du klare Kante zeigst und progressiven Ideen eine Plattform bietest.

ENDNOTEN

1 www.wirsindmosaik.de

2 John B. Cobb, Jr. Jesus' Abba. The God Who Has Not Failed, Minneapolis: Fortress Press, 2015, XX.

3 Hans Jonas, Der Gottesbegriff nach Auschwitz. Eine jüdische Stimme, Berlin: Suhrkamp-Verlag, 1987.

4 Jerry Sittser, Wenn Gott dein Gebet nicht erhört, Witten: SCM-Verlag, 2005.

5 So in einer Präsentation, die Tom Oord im Jahr 2019 in Düsseldorf gehalten hat. Siehe dazu: Tom Oord, Gottes Liebe zwingt nicht. Ein offener und relationaler Zugang zum Wirken Gottes in der Welt, SacraPage, 2020.

6 »All nature is but art, unknown to thee; All chance, direction, which thou canst not see; All discord, harmony, not understood; All partial evil, universal good: And, spite of pride, in erring reason›s spite, One truth is clear, Whatever is, is right.« Pope Alexander. An Essay on Man, 1890, Maynard Merrill.

7 Joel B. Green & Mark D. Baker, Recovering The Scandal Of The Cross. Atonement in New Testament & Contemporary Contexts, Westmont: Inter Varsity Press, 2000.

8 John B. Cobb, Jr. Jesus' Abba. The God Who Has Not Failed, Minneapolis: Fortress Press, 2015.

9 Dietrich Bonhoeffer, Widerstand und Ergebung. Briefe und Aufzeichnungen aus der Haft. Gütersloh: Gütersloher Verlagshaus, 1998. S. 533.

10 John B. Cobb, Jr. Jesus' Abba. The God Who Has Not Failed, Minneapolis: Fortress Press, 2015. S.3.

11 Catherine Keller, Über das Geheimnis. Gott erkennen im Werden der Welt. Eine Prozesstheologie. Freiburg: Herder, 2013. S.115.

12 Das ist nicht verwunderlich. Nicht nur Facebook wird bei weiblichen Brüsten seltsam nervös. Ich möchte an dieser Stelle einer These Nachdruck verleihen: Die gängige Vorstellung von Allmacht entspringt einer männlichen Perspektive, die eine kontrollierende Zwangsmacht zur höchsten Form von Macht erklärt hat. Ich denke, dass dieses Bild wieder gerade gerückt werden sollte. Gut, dass auch innerhalb der Prozesstheologie weibliche Stimmen an Einfluss gewinnen.

13 Jürgen Moltmann, Gott in der Schöpfung: Ökologische Schöpfungslehre. München: Chr. Kaiser, 1985. S. 99.

14 Thomas Jay Oord, und Matthias Reményi. Gottes Liebe zwingt nicht: ein offener und relationaler Zugang zum Wirken Gottes in der Welt. Übersetzt von Julia Nöthling und Felix Fleckenstein, Grasmere: SacraSage, 2020. S.161.

15 Bernhard Nitsche, Christologie. Paderborn: Schöningh UTB, 2012. S.85.

16 Wilfried Härle, Dogmatik, Berlin: De Gruyter, 2012, S.263.

17 Dorothee Sölle, Gott denken, Stuttgart: Kreuz-Verlag, 1997, S.244.

18 Catherine Keller, Über das Geheimnis. Gott erkennen im Werden der Welt. Eine Prozesstheologie, Freiburg: Herder, 2008, S.138.

19 Dave Tomlinson, The Post-Evangelical. London: SPCK, 2002, S.91.

20 Jonnes und Marco Michalzik, Woran glaubst du (noch)? 2021. https://www.podcast.de/episode/576545472/woran-glaubst-du-noch

21 Der Ansatz der Redemptive Movement Hermeneutics ist für prozesstheologische Grundanliegen sehr anschlussfähig. William J. Webb, Slaves, Women & Homosexuals: Exploring the Hermeneutics of Cultural Analysis. Westmont: InterVarsity Press, 2001.

22 Michael Fishbane et.al, The Jewish Study Bible, New York: Oxford University Press, 2004, S.15.

23 Paul Tillich, Der Mut zum Sein, Berlin/München/Boston: De Gruyter 2015, S.108.

24 Der Begriff "nichts" ist ja an sich schon herausfordernd, da er sich kaum definieren lässt. Um nichts zu definieren, müsste man zunächst "alles" definieren und es anschließend negieren. Da wir aber nicht sagen können, was alles ist, wie könnte man begreifen, was nichts ist?

25 »create ex nihilo is clear and decisive for every Christian experience and assertion. It is the mark of distinction between paganism…and Christianity«. Paul Tillich, Systematic Theology. 1: Reason and Revelation, Being and God. Paperback ed, Chicago: University of Chicago Press, 1973, S.281.

26 Julia Enxing, Gott im Werden. Die Prozesstheologie Charles Hartshornes, Regensburg: Verlag Friedrich Pustet 2013, S.142.

27 René Descartes. Meditationes de prima philosophia. 1641. Siehe auch: Béla Weissmahr, Kann Geist aus Materie entstehen?" Zeitschrift Für Katholische Theologie 121, no. 1 (1999): 1–24. http://www.jstor.org/stable/24168954.

28 John B. Cobb, How Modern Metaphysics Killed God, 2016. https://trippfuller.com/2016/02/04/how-modern-metaphysics-killed-god-with-john-cobb-faniac/

29 John B. Cobb, How Modern Metaphysics Killed God, 2016. https://trippfuller.com/2016/02/04/how-modern-metaphysics-killed-god-with-john-cobb-faniac/

30 Ausführlichere Erläuterungen zu Wieman findet man bei Robert Mesle, Process Theology. A Basic Introduction, St. Louis: Chalice Press, 1993, S.127ff.

31 John Cobb, Process Theism. In: Robert Mesle, Process theology. A basic Introduction, St. Louis: Chalice Press, 1993, S.135ff.

32 Martin Luther King, A Comparison of the Conceptions of God in the Thinking of Paul Tillich and Henry Nelson Wieman, Boston: Boston University, 1955, S.516 Übersetzung vom Autor.

33 Eine genauere Darstellung findet sich bei Julia Enxing, Gott im Werden. Die Prozesstheologie Charles Hartshornes, Regensburg: Verlag Friedrich Pustet. 2013, S.147.

34 Ebd., S.147.

35 Rob Bell hat sich niemals öffentlich als Prozesstheologe bezeichnet oder verlauten lassen, dass er aus dieser Denkrichtung Ideen aufgegriffen hat. An dieser Stelle ist die Ähnlichkeit jedoch derart offensichtlich, dass ich ihn hier als Beispiel dafür zitieren möchte, wie Gedanken der Prozesstheologie in einer populären Weise verarbeitet werden könnten.

36 Rob Bell, Everything Is Spiritual, 2016.
https://youtu.be/JT09JbaEh_I (abgerufen am 13.09.2023)

37 Es gibt keine klassische Theologie in dem Sinn, dass es eine einheitliche Liste von theologischen Aussagen gäbe, die über die Zeiten unstrittig gewesen wäre. Prozesstheolog:innen verwenden diesen Begriff an manchen Stellen, um sich von weit verbreiteten Vorstellungen wie dem theistischen Allmachtsbegriff abzusetzen. Damit soll aber nicht die Legitimität von theologischen Richtungen abgesprochen werden, die im eurozentristischen Mainstream kaum Gehör finden.

38 Charles Haddon Spurgeon. Spurgeon's Sermons Volume 1. 1855. 2017. Woodstock: Devoted Publishing. S.5. (Übersetzt vom Autor).

39 Julia Enxing, Gott im Werden. Die Prozesstheologie Charles Hartshornes, Regensburg: Verlag Friedrich Pustet, 2013, S.152.

40 Ebd. S.152

41 https://chickgospel.de

42 Die Lehre der Entrückung wurde von dem Begründer der Brüdergemeinden John Nelson Darby formuliert und fand durch die Scofielt-Bibel innerhalb der evangelikalen Welt und darüber hinaus weite Verbreitung. Sie geht auf 1 Thess 4,16 zurück.

43 Walter Wink, Verwandlung der Mächte: Eine Theologie der Gewaltfreiheit. Herausgegeben von Thomas Nauerth und Georg Steins, Übersetzt von Anka Schneider und Anja Mehrmann, 2. Auflage, Regensburg: Verlag Friedrich Pustet, 2018, S. 66.

44 Mark Driscoll in einem Interview mit dem Relevant-Magazin.
https://t1p.de/dzhx6 (abgerufen am 13.09.2023; übersetzt vom Autor).

45 Heinz Giesen, Das Römische Reich im Spiegel der Johannes-Apokalypse. In Band 26/3. Teilband Religion (Vorkonstantinisches Christentum: Neues Testament [Sachthemen, Forts.]): Neues Testament (Sachthemen [Forts.]) edited by Wolfgang Haase, S. 2501-2614. Berlin, Boston: De Gruyter, 1996.

46 Brian Zahnd, Sinners in the Hands of a Loving God: The Scandalous Truth of the Very Good News. New York: Crown Publishing Group, 2017, S.176. Übersetzung durch den Autor.

47 Martin Luther King, u. a., The papers of Martin Luther King, Jr., Los Angeles: University of California Press, 1992. S.152f. Übersetzung durch den Autor.

48 Gregory A. Boyd, God of the Possible. A biblical Introduction to the Open View of God. Michigan: Baker, 2000, S.31. Übersetzung durch den Autor.

49 Nicolas Thomas Wright, Jesus. Wer er war, was er wollte und warum er für uns wichtig ist. Marburg: Francke, 2013, S.67.

50 John B. Cobb Jr., Jesus' Abba. The God Who Has Not Failed. Minneapolis: Fortress Press, 2015, S.16. Übersetzung durch den Autor.

51 So im Streit um Apollinaris; vgl. Bernhard Nitsche, Christologie. Paderborn: Schöningh UTB. 2012. S.90.

52 Ein Beispiel für derartige kritische Anfragen ist der Theologe Adolf von Harnack. vgl. Rochus Leonhardt, Grundinformation Dogmatik. Göttingen: Vandenhoeck & Ruprecht, 2009, S.296.

53 Bernhard Nitsche, Christologie. Paderborn: Schöningh UTB, 2012, S.86.

54 Monica A. Coleman, Making a Way Out of No Way. A Womanist Theology. Minneapolis: Fortress Press, 2008, S.88.

55 Kyle Swenson, A pastor admitted a past 'sexual incident' with a teen, saying he was 'deeply sorry.' His congregation gave him a standing ovation, 2018. https://www.washingtonpost.com/news/morning-mix/wp/2018/01/10/a-pastor-admitted-a-past-sexual-incident-with-a-teen-his-congregation-gave-him-a-standing-ovation/

56 Morgan Guyton, How Can We Talk Forgiveness in the Age of #MeToo? 2018. https://www.patheos.com/blogs/mercynotsacrifice/2018/01/12/can-talk-forgiveness-age-metoo/

57 Brad Jersak und Michael Hardin, Herausgeber. Stricken by God? Nonviolent identification and the victory of Christ. Grand Rapids: William B. Eerdman's Publishing, 2007. Green, Joel B., und Mark D. Baker. Recovering the scandal of the cross: atonement in New Testament & contemporary contexts. Downers Grove: InterVarsity Press, 2000.

58 Walter Wink, Verwandlung der Mächte: eine Theologie der Gewaltfreiheit. Herausgegeben von Thomas Nauerth und Georg Steins, Übersetzt von Anka Schneider und Anja Mehrmann, 2. Auflage, Regensburg: Verlag Friedrich Pustet, 2018. S.48ff.

59 Walter Dietrich, Christian Link, Die dunklen Seiten Gottes. Willkür und Gewalt. Neukirchen-Vluyn: Neukirchner. 1997, S. 155 ff.

60 Hans Steubing, Bekenntnisse der Kirche. Bekenntnistexte aus zwanzig Jahrhunderten. Wuppertal: TVG/ SCM Brockhaus, 1997, S.116.

61 Horst Georg Pöhlmann, Abriß der Dogmatik. Gütersloh: Gütersloher Verlagshaus, 1973, S.254.

62 Ebd.

63 Catherine Keller, Über das Geheimnis. Gott erkennen im Werden der Welt. Eine Prozesstheologie. Freiburg: Herder, 2013, S. 215.

64 Grace Ju-Sun Kim. The Holy Spirit. Hand Raisers, Han, and the Holy Ghost. Minneapolis: Fortress Press, 2018, S.166.

65 Catherine Keller, Über das Geheimnis. Gott erkennen im Werden der Welt. Eine Prozesstheologie. Freiburg: Herder, 2013, S. 210.

66 John B. Cobb Jr., Jesus' Abba. The God Who Has Not Failed. Minneapolis: Fortress Press, 2015, S.23. Übersetzung durch den Autor.

67 Marjorie Hewitt Suchocki, What is Processtheology? 2013, S.12.
https://processandfaith.org/wp-content/uploads/2015/07/what-is-process-theology.pdf
Übersetzung durch den Autor.

68 Miri und Nina, Lifeline Mosaik Podcast.
https://christlichesradio.de/frauen/neu-lifeline-mosaik/

69 Offenbarung 21,4

70 Julia Enxing, Gott im Werden. Die Prozesstheologie Charles Hartshornes, Regensburg: Verlag Friedrich Pustet, 2013, S.223.

71 Paul Ricœur, Symbolik des Bösen, Freiburg / München: Verlag Karl Alber, 2002.

72 Peter Enns, The Bible Tells Me so. Why Defending Scripture Has Made Us Unable to Read it. New York: Harper One. 2014. S.17f.

73 Hammann, Konrad, Rudolf Bultmann. Neues Testament und Mythologie (1941). Handbuch der Bibelhermeneutiken: Von Origenes bis zur Gegenwart. Hrsg. von Michaela HG Durst, Berlin, Boston: De Gruyter, 2016, S 905-920.

74 Ebd.

75 Ebd.

76 Mark Wallace, The Second Naiveté: Barth, Ricœur, and the New Yale Theology. Macon, GA: Mercer. 1990. S. xiv- xv. Übersetzung durch den Autor.

77 Paul Ricœur, Symbolik des Bösen, Freiburg / München: Verlag Karl Alber, 2002. S. 399

78 John B. Cobb Jr., Jesus' Abba. The God Who Has Not Failed. Fortress Press: Minneapolis, 2015, S. 24. Übersetzung durch den Autor.

79 Ebd.

80 Thomas Jay Oord, The Uncontrolling Love of God. An open an relational account of providence. Downers Grove: IVP Academic, 2015, S.203. Übersetzung durch den Autor.

81 Thomas Jay Oord, The Uncontrolling Love of God. An open an relational account of providence. Downers Grove: IVP Academic, 2015, S.203. Übersetzung durch den Autor.

82 Thomas Jay Oord, The Nature of Love. A Theology. St.Louis: Chalice Press, 2010, S.151.

83 Ebd.

84 Bo Sanders, Making sense of Miracles, 2011. https://trippfuller.com/2011/12/19/making-sense-of-miracles/

85 Rob Bell, Sunday, 2014. https://theliturgists.com/music/

86 Ebd.

87 Aric Clark, Doug Hagler, Nick Larson, Never Pray Again: Lift Your Head, Unfold Your Hands, and Get To Work. St.Louis: Chalice Press, 2014.

88 William Shakespeare, Theatralische Werke. aus dem Englischen übersetzt. Band 6. Zürich: Orell, 1765, S. 282.

89 John Shelby Spong, Jenseits von Himmel und Hölle: Eine neue Vision vom ewigen Leben. Ostfildern: Patmos Verlag, 2011.

90 Ebd. S.96.

91 Mike McHargue, Finding God in the Waves. How I Lost My Faith and Found It Again Through Science. New York: Convergent Books, 2016.

92 Uffe Schjodt, Übung schafft den Meister, 2022. https://www.theeuropean.de/uffe-schjodt/3468-das-gebet-aus-sicht-der-neurologie

93 William R. Herzog, Parables as subversive speech : Jesus as pedagogue of the oppressed. Louisville: Westminster/John Knox Press, 1994, S.215.

94 Etty Hillesum, und J. G. Gaarlandt. Das denkende Herz: die Tagebücher von Etty Hillesum, 1941-1943. Hamburg: Rowohlt Taschenbuch Verlag, 1985, S.149. Etty Hillesum ist durch ihre Tagebücher bekannt geworden, das Zitat stammt aus einer Phase ihres Lebens, kurz bevor sie im Konzentrationslager Birkenau ermordet wurde

95 Mark Gregory Karris, Devine Echos. Reconciling Prayer with the uncontrolling Love of God. Orange: Quoir, 2018, S.151.

96 Bruce Gordon Epperly. Praying with Process Theology: Spiritual Practices for Personal and Planetary Healing. Anoka: Process Century Press, 2017, S.121.

97 Jason Liesendahl, Ungewöhnliche Gedanken zum Beten, 2017. https://wirsindmosaik.de/podcast/epsidode-3-ungewoehnliche-gedanken-zum-beten-derletztetropfen/

ÜBER DEN AUTOR

Jason Liesendahl (Jg. 1984) ist Gründer und Host des Podcast-Formats schöner glauben (@schoenerglauben). Als öffentlicher Theologe (M.A.) schreibt er Essays, hält Vorträge und gibt Workshops. Immer auf der Suche nach dem, was Glaube im Hier und Jetzt schön sein lässt. Er lebt in in Offenbach a.M. und arbeitet als Lehrer für Deutsch und Geschichte. Mehr Informationen findet man unter: www.jasonliesendahl.de